AI辅助
教学创新

课程设计、成果建设与项目申报

姚飞——著

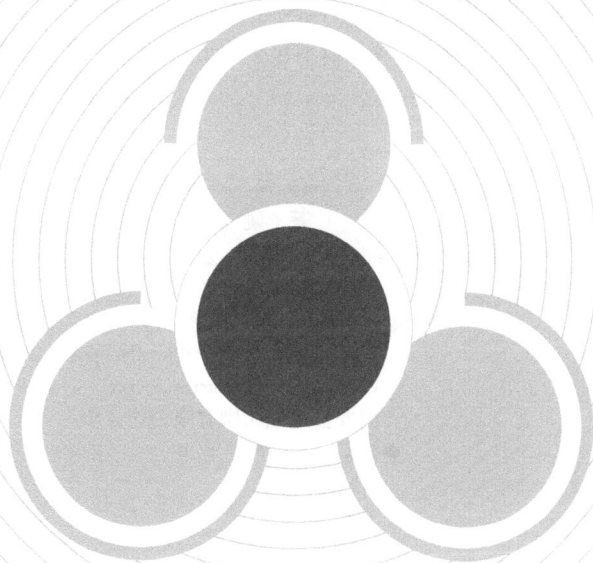

人民邮电出版社
北京

图书在版编目（CIP）数据

AI 辅助教学创新 ： 课程设计、成果建设与项目申报 / 姚飞著. -- 北京 ： 人民邮电出版社，2025. -- ISBN 978-7-115-67268-1

Ⅰ. G420-39

中国国家版本馆 CIP 数据核字第 20258C4K78 号

内 容 提 要

人工智能（AI）的应用正在渗透到包括教育在内的各个领域。有些教师对 AI 没有深入了解，有些教师认为 AI 在教学中发挥的作用非常有限，有些教师只是浅尝辄止地用了某些 AI 工具便得出"不好用"的结论。本书作者基于多年的实践经验，主要从教学创新的角度全面细致地介绍 AI 的能力、作用及相关的操作方法，帮助广大教师群体了解、使用 AI，将其强大的能量注入教学实践。

本书分为三个部分，共 10 章。第一部分介绍教师在 AI 时代要练好的三项基本功，包括撰写提示词、制作 PPT 微课、打造 AI 智能体；第二部分介绍 AI 辅助课程创新的实操方法，包括 AI 辅助一门课的创新设计、AI 辅助一节课的创新设计、AI 辅助课堂创新的实施；第三部分介绍 AI 辅助教学竞赛、成果建设与学生培养的实操方法，包括 AI 辅助教创赛备赛，AI 辅助智慧课程、教改论文与教材建设，AI 辅助教学成果奖与教改规划项目申报，AI 辅助指导学生作业、竞赛与项目。书中穿插了丰富的案例，可以有效地帮助读者解决教学、科研等工作中遇到的实际问题。

本书适合教师、教育技术开发与研究人员、教育管理人员阅读和参考。

◆ 著　姚　飞
责任编辑　陈　宏
责任印制　彭志环

◆ 人民邮电出版社出版发行　　北京市丰台区成寿寺路 11 号
邮编　100164　电子邮件　315@ptpress.com.cn
网址　https://www.ptpress.com.cn
固安县铭成印刷有限公司印刷

◆ 开本：787×1092　1/16
印张：19.5　　　　　　　　　　2025 年 7 月第 1 版
字数：250 千字　　　　　　　　2025 年 11 月河北第 6 次印刷

定　价：89.00 元

读者服务热线：（010）81055656　印装质量热线：（010）81055316
反盗版热线：（010）81055315

有一位学生告诉我，有一次他用 AI 完成作业，结果被抓了现行。但他说得很坦然："老师，我只是想节省点时间。"

你知道这意味着什么吗？学生已经在主动试探 AI 的边界，而我们却在观望。

如果你还在想"等 AI 成熟了再用"，你可能已经错过了这个时代。

第二，AI 会改变教育，但会先改变我们。

我们常常在想，AI 将会如何改造课堂？

其实，改变早已发生，只是我们没有察觉。

一方面，AI 已经可以完成简单的知识传递。以前，教师教学生怎么做 PPT、查文献、找数据，现在很多 AI 工具都能轻松做到，而且效率更高，学生不再需要我们手把手地教基础。

另一方面，AI 让高阶教学成为可能。如果基础知识的获取已经不再困难，那么学生期待的就是更高层次的帮助。例如，他们需要你教会他们如何判断信息的真伪，如何分析复杂问题，如何进行批判性思考。

如果我们还停留在照本宣科的层次，AI 迟早会让我们的课堂失去价值。

与其担心被替代，不如先问问自己：在 AI 时代，教师还能带来什么独特价值？

第三，如何"把 AI 当回事"？我有三个建议。

首先，从了解 AI 开始。

别觉得 AI 离教育很远。其实，你用得越多，就越能发现它的潜力和问题。

- 让 AI 成为你的助手。试着用 AI 帮你备课、生成案例、设计讨论题目。
- 探索 AI 能力的边界。例如，试着用 AI 写一段讲义，再自己修改，你就会发现 AI 擅长什么、不擅长什么。

其次，教会学生正确地使用 AI。

别"一刀切"地禁止学生用 AI，而要教会他们如何正确地使用 AI。

- 引导学生提出优质的问题。例如，教他们如何用精准的提问获取 AI 的最佳答案。
- 讨论 AI 的局限性。AI 生成的答案可能有偏见、不准确，要教学生学会辨别和反思。

最后，教师躬身入局用 AI。

序

2022 年以来，关于人工智能（Artificial Intelligence，AI）的各种文章、视频铺天盖地。从 ChatGPT、文心一言到 DeepSeek，AI 的新闻接二连三地"刷屏"。

你或许也听到过下面这些话。

"AI 会不会抢走我的饭碗？"

"未来 10 年，50% 的工作或将被 AI 取代。"

"'AI 诺贝尔奖'来了，教育是不是也要变天？"

但也有另外一种声音。

"AI 好像也就那么回事。"

"跟 AI 聊了几次，它的回答'四不像'，问题还是得自己解决。"

"用 AI 写文案，结果让人不满意，还得自己通宵改。"

AI 到底是颠覆性技术还是被人为炒作出来的泡沫？

作为教师，我们面临更加真实、直接的质疑。在课堂上，我们一边讲授专业知识，一边面对学生"AI 会让我学的东西过时吗"的质问。

其实，教师的责任不仅是传授知识，还要帮助学生站在技术的风口，为迎接未来的挑战做好准备。

今天，请你静下心来，好好想想：AI 来了，你准备好了吗？

第一，别再"等等看"，AI 已经来了。

有人说，AI 就像工业革命中的电力，起初离普通人很远，但后来成了改变一切的基石。AI 之于教育领域也是如此。

以前，学校、教师和课本可能是学生获取知识的主要渠道。可现在，学生打开 AI 就能查文献、解数学题、写论文摘要。课堂再也不是学习知识的唯一入口。

AI 赋能,让成果建设再上新台阶。在教学竞赛中,AI 正成为教师创新教学设计和展示的得力助手。在撰写教改论文、教材和申报教学成果奖等方面,AI 可以提供强大的支持。教师可以利用 AI 进行选题分析、数据收集与处理等,更加精准地把握前沿趋势,挖掘成果亮点,从而推动教学成果建设迈上新的台阶。

AI 助力,让项目申报更轻松。不管是教师自己申请教改或科研项目,还是教师指导学生完成作业、竞赛与实训项目,AI 都能发挥重要作用。教师可以利用 AI 优化项目选题、策划和实施步骤,更加高效地推进项目,提高项目申报的成功率。AI 不仅能够帮助教师快速筛选和分析大量信息,还能提供个性化的建议和优化方案,使项目申报更加精准、高效。在 AI 的助力下,教师完成项目申报工作将变得更加得心应手。

我认为,"AI+ 专业 + 思政"是未来人才培养的新范式。我们要让学生明白:AI 不仅是工具,更是解决问题的智能体;专业知识不仅是谋生的工具,更是跨学科创新的基石和核心驱动力;思政教育不仅是宏大叙事,更是每日行动的灯塔。

本书兼具思想性与操作性。其核心思想是让 AI 成为教育的推动力,其操作性主要体现在如何高效、实用地将 AI 融入教学创新和人才培养。我用 AI 工具 Napkin 做出了本书的核心框架,如图 1 所示。

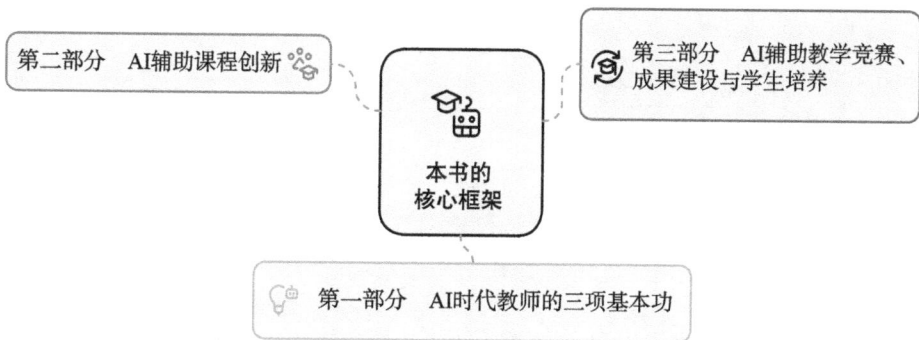

图 1　本书的核心框架

目　录

| 第二部分　AI 辅助课程创新 |

| 第三部分　AI 辅助教学竞赛、成果建设与学生培养 |

第一部分

AI 时代教师的三项基本功

第 1 章

AI 提示词：精确高效的提问策略

如何提问，决定了 AI 能给你什么样的答案。本章将采用最简单的方法，帮你掌握与 AI 对话的关键技巧：从零起步学会设计提示词，到用 AI 生成课堂活动；从解决科研难题，到用好优化工具提升效率，每一步都很实用、接地气。无论备课、做研究还是完成日常任务，只需调整几个关键词，就能让 AI 给出更精准的回答。提问不难，但只有问对问题、问得聪明，才能创造价值。无论你是新手教师还是资深教师，本章将要介绍的内容都可以成为你用好 AI 的起点。

1.1 从零开始：快速掌握提示词高效构建法

1.1.1 为什么 AI 有时"无用"

越来越多的人开始谈论 AI 的强大能力，然而，我们也经常发现它似乎并非那么智能。为什么有时 AI 的表现让人失望呢？问题的根源往往在于，我们没有掌握正确的提问方式。

AI 的表现之所以不如预期，往往是因为我们提问时未能充分表达关键信息。例如，当我们向同事请教问题时，往往能够得到有价值的反馈，因为彼此之间有充分的信息共享与默契（见图 1.1）。然而，AI 与人类的互动方式截然

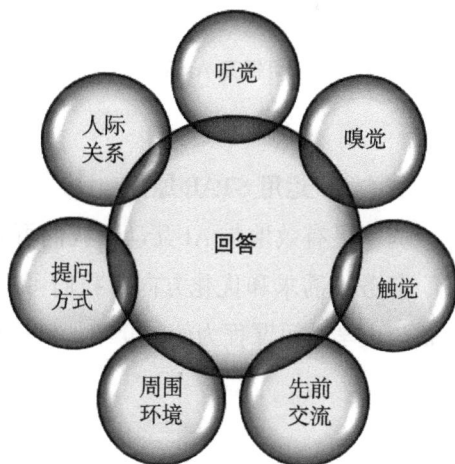

图 1.1 人类交流时的信息共享与默契

不同，AI 无法自动理解我们提出的问题的背景，也没有先验知识。因此，清晰、准确地构建提问策略是高效利用 AI 的前提。通过精确的提示词（Prompt），我们能够引导 AI 更好地理解我们的需求，进而获得高质量的答案。

1.1.2　高效构建提示词的 5 种基本方法

为了达到与 AI 高效沟通的目的，只提出简洁明确的问题是不够的，我们还要充分运用各种手段。以下是高效构建提示词的 5 种基本方法。

方法 1：角色扮演

在与 AI 互动时，赋予 AI 特定角色是提高其回答质量的有效策略。通过设定 AI 的角色，我们能够引导它根据该角色的知识背景和思维方式做出回应。例如，直接询问 AI "如何提高学生参与度"，我们可能只会得到一些通用的建议；但如果我们要求 AI "扮演一位资深的［专业名称］教授，用生动有趣的方式讲解［某专业课程中的概念］"，AI

就会调整语言风格和表达方式，使回答更生动、富有感染力（见图 1.2）。

详细但乏味	简单且生动
正式且枯燥	引人入胜且幽默
标准回应	扮演特定角色时的回应

图 1.2　角色扮演可提高 AI 回答的准确性及生动性

例如，向 AI 提问时可以说："请扮演一位经验丰富的［专业名称］教授，讲解如何提高课堂中的学生参与度，并用生动有趣的语言进行描述。"这样提问能让 AI 的回答不仅提供策略，还带有教学引导的色彩，使其更加适用于实际教学情境。

方法 2：运用 STAR 原则

为了更有效地与 AI 互动，我们可以运用 STAR 原则（见图 1.3）。通过明确问题的背景、任务、需求和优化方向，我们可以让 AI 的回答更加精准，让它提出更实用的建议。下面以大学英语课程为例，介绍如何运用 STAR 原则。

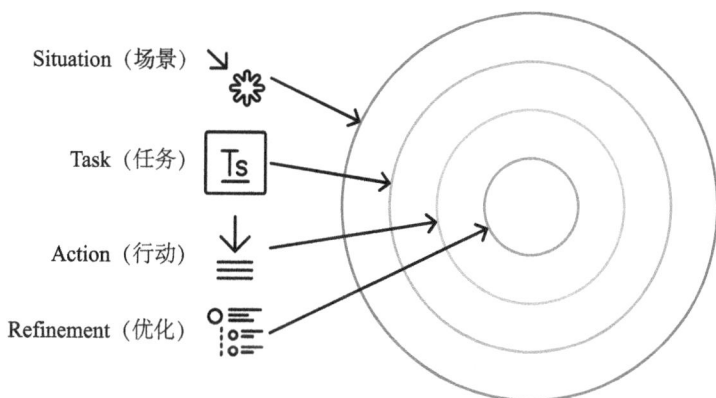

Situation（场景）

Task（任务）

Action（行动）

Refinement（优化）

图 1.3　STAR 原则

（1）Situation（场景）。简要描述教学背景和情境，让 AI 了解你所处的环境。

示例：

"我是一名大学英语教师，正在准备下周的演讲课。"

清晰的场景描述，可以让 AI 更好地理解你当前的情况，提供相关性更强的回答。

（2）Task（任务）。明确你的任务，告诉 AI 你需要解决的具体问题。

示例：

"我需要为这节课准备教案，希望设计一些有创意的课堂活动。"

这样，AI 就知道你的核心需求是教案设计和课堂活动创意，而不是其他方面。

（3）Action（行动）。告诉 AI 你需要它做什么，给出具体需求，这是明确期望的关键步骤。

示例：

"请为我提供 5 个有创意的演讲主题，每个主题都包括教学目标和活动设计。"

清晰的需求表达，能让 AI 精准地理解你的期望，提供更有针对性的建议。

（4）Refinement（优化）。针对 AI 的回答，提供反馈或进一步优化、微调问题，确保它能提供更符合你需求的回答。

示例：

"能否增加一些互动环节，鼓励学生更积极地参与课堂？"

通过这一环节，你可以不断地调整问题，通过逐步优化得到更好的答案。

综上，你可以这样向 AI 提问：

"我是一名大学英语教师，正在准备下周的演讲课。现在我需要为这节课设计教案，请提供 5 个有创意的演讲主题，每个主题都包括教学目标和活动设计，并且能增强学生的课堂互动性。"

试试看，AI 的回答会变得更加精准和实用。

方法 3：迭代式提问

有时，单次提问并不能获得理想的答案，这时，我们可以通过逐步细化提问，引导 AI 给出更加详细的回答，这就是迭代式提问（见图 1.4）。我们可以在初步回答的基础上，逐步深入探讨，直至得到更加具体、精确的答案。

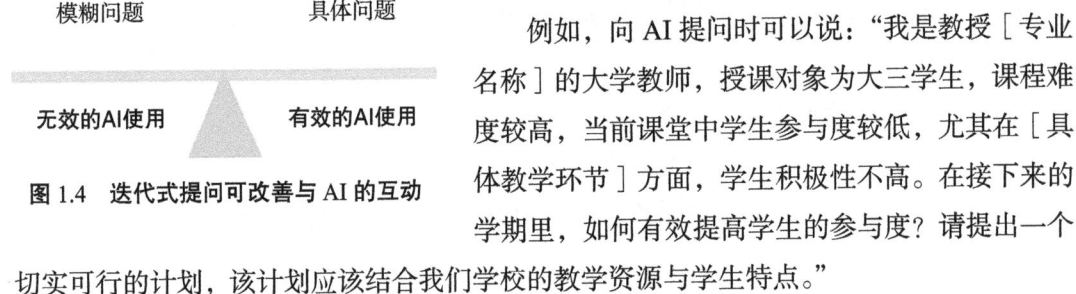

通用回应	针对性回应
模糊问题	具体问题
无效的 AI 使用	有效的 AI 使用

图 1.4　迭代式提问可改善与 AI 的互动

例如，向 AI 提问时可以说："我是教授［专业名称］的大学教师，授课对象为大三学生，课程难度较高，当前课堂中学生参与度较低，尤其在［具体教学环节］方面，学生积极性不高。在接下来的学期里，如何有效提高学生的参与度？请提出一个切实可行的计划，该计划应该结合我们学校的教学资源与学生特点。"

此外，在与 AI 互动时，提供充分的信息背景也是至关重要的。这就像与同事讨论问题时，我们不应假设对方了解我们的研究背景，而应该详细说明研究内容、对象和目标。同样的道理，在与 AI 的互动中，提供详细的背景信息可以大大提升 AI 回答的精准度。5W1H 法是指从为什么（Why）、做什么（What）、什么时候（When）、涉及谁（Who）、在哪里（Where）、如何做（How）这六个方面分析问题，该方法可以帮助我们更清晰地阐述问题。此外，我们还可以借助 ima.copilot[①] 生成脑图，如图 1.5 所示。

---

① 一款 AI 工具，由腾讯混元大模型提供技术支持，功能包括资料收集和解读、AI 问答和互动、内容生成和创作等，可以辅助教师完成课程作业、论文写作、方案策划、工作总结等任务，并通过长期沉淀为用户建立智能化的知识库。

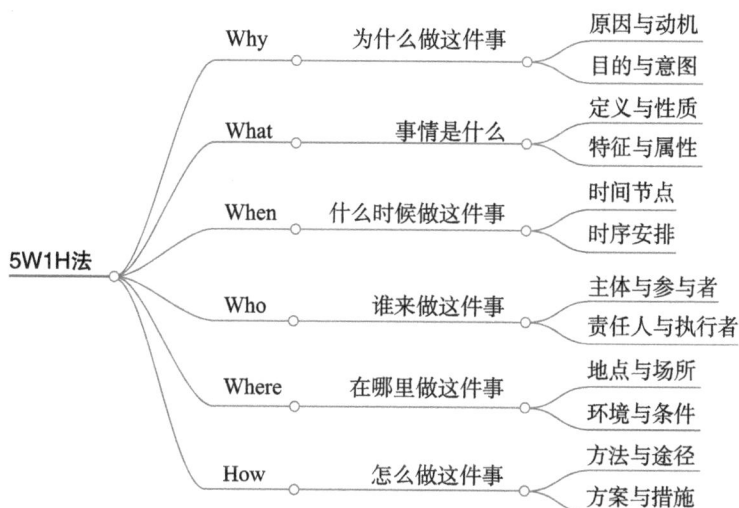

图 1.5　运用 5W1H 法说明背景信息

例如，在设计一项提高学生参与度的学科活动时，我们可以向 AI 提出合适的问题，如表 1.1 所示。这样，AI 就能生成更为精准、实用的答案。

表 1.1　运用 5W1H 法向 AI 说明背景信息

5W1H	背景信息
Why	我们希望提高［专业名称］课程的学生参与度，因为目前低参与度影响了学生对知识的掌握及学习效果
What	请为我设计一个提高［专业名称］课程学生参与度的活动方案
When	活动从本学期第［××］周开始，持续［××］周
Who	参与活动的学生为［专业名称］的大三学生，共［××］人，学生已有一定的专业基础
Where	活动将在［具体教室/实验室］进行，部分活动将在在线教学平台上进行
How	请提供每个阶段活动的内容、组织形式、激励机制等细节，并给出评估学生参与度的方法

方法 4：逆向工程

逆向工程是一种通过分析现有成功案例或模板来构建提示词的方法。当我们对 AI 的回答不完全满意时，可以采用这一策略。例如，在设计教案时，如果我们已经有了一份成功的教案，就可以要求 AI 分析该教案的结构和内容，然后生成结构与之类似的教案。

例如，向 AI 提问时可以说："请分析这份教案，并根据其结构和内容，生成一份符合

［课程名称］课程需求的教案，内容应包括教学目标、教学活动、评估方式等方面。"通过分析成功案例，AI 能更好地理解我们的需求，并生成更符合期望的结果。

提示词逆向工程实施步骤包括识别所需文本、请求 AI 分析、AI 提供提示词、使用提示词生成文本（见图 1.6）。下面以生成大学英语中级口语课程教案为例进行说明。

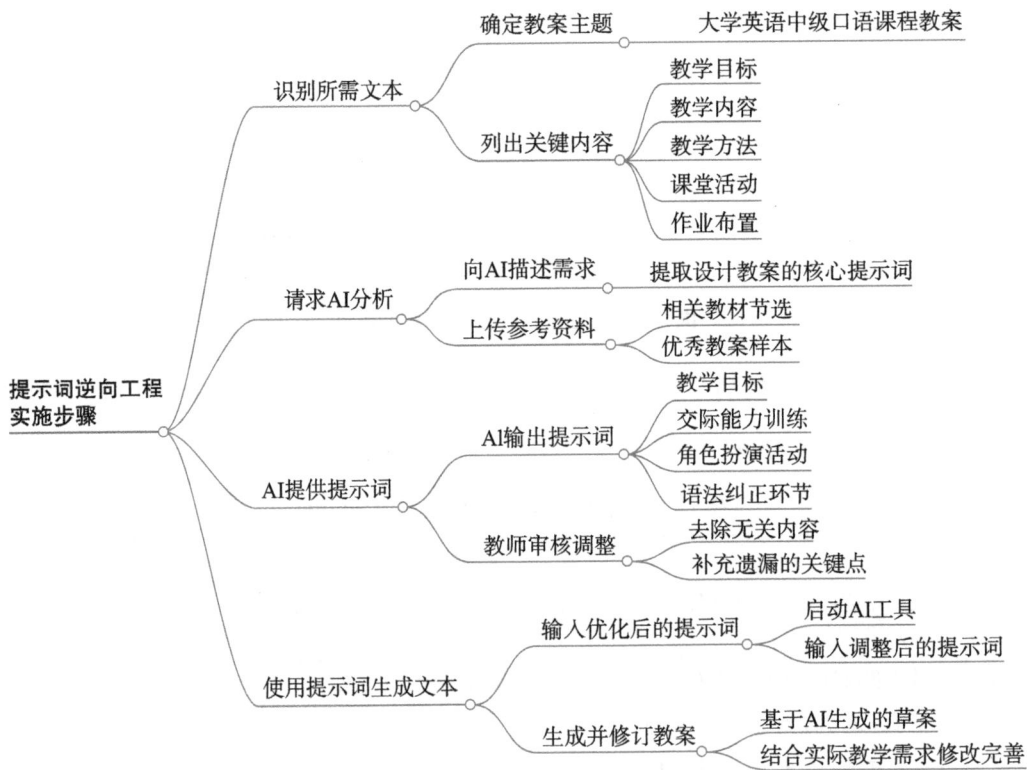

图 1.6　提示词逆向工程实施步骤（以大学英语中级口语课程教案为例）

（1）识别所需文本。

确定教案主题，如"大学英语中级口语课程教案"。

列出关键内容，如教学目标、教学内容、教学方法、课堂活动、作业布置等。

（2）请求 AI 分析。

向 AI 描述需求，如"请根据中级英语口语课程的要求，提取设计教案的核心提示词"。

上传参考资料：提供相关教材节选和优秀教案样本。

（3）AI 提供提示词。

AI 输出提示词，如"教学目标、交际能力训练、角色扮演活动、语法纠正环节"等。

教师审核调整：去除无关内容，补充遗漏的关键点。

（4）使用提示词生成文本。

输入优化后的提示词：启动 AI 工具，输入调整后的提示词。

生成并修订教案：基于 AI 生成的草案，结合实际教学需求进行修改完善。

运用此方法可以快速构建高质量的大学英语中级口语课程教案，同时确保内容贴合实际需求。

方法 5：交叉验证

交叉验证就是通过多角度、多来源验证 AI 给出的答案，以确保其准确性和全面性。这意味着，针对同一问题，我们可以通过多次提问或从不同角度向 AI 提问，最终获得质量更高的回答。

例如，当询问教学方法改进策略时，如果 AI 的回答过于简略，我们可以追问："这些我已经知道了。能否提供一些更具体的策略？特别是针对［学生特点、课程性质等具体情况］的？"这样，AI 就能给出更详细的回答。

我们可以通过不同的 AI 工具进行交叉验证，探索适合自己教学与科研任务的工具。常用的一些 AI 工具如表 1.2 所示。如果需要准备中文相关的教学内容，如中文写作课、古代文学课，文心一言就不错；如果需要辅导学生做科研项目，需要检索和分析专业知识，可以找一些专门针对学术领域的 AI，如秘塔；如果需要设计一些跨学科的课程，就要找能处理复杂知识关联的 AI 工具。通过交叉验证，我们不仅能够获得 AI 给出的答案，还能确保其适用性与实用性。

表 1.2　适用于教学与科研工作的 AI 工具

名称	特点
DeepSeek	具备强大的知识检索和内容生成能力，可高效辅助教师进行信息整理、课题探索并激发其创新思维
秘塔	提供学术资源搜索、科研选题建议、文献管理等功能，可帮助研究人员高效开展科研工作
文心一言	百度推出的 AI 工具，提供中文文本生成、翻译、问答等功能，适用于教学资料编写和科研辅助

（续表）

名称	特点
讯飞星火	科大讯飞推出的 AI 助手，支持多轮对话、知识问答、内容创作等，适用于备课和科研资料整理
灵鹿	全自动文章生成工具，支持多种写作场景，适用于教学资料编写和科研报告撰写
讯飞 PPT	科大讯飞推出的 PPT 生成工具，提供简洁风格的模板，适用于科研、学术报告的制作
豆包作业批改助手	支持文字或图片批改，可帮助教师高效完成作业批改任务
ChatGPT	强大的 AI 工具，可用于解答问题、生成教学材料、辅助论文写作等
光速写作 App	可辅助语文教师批改作文，提供拍照上传、自动评价和全文润色等功能
Canva	提供丰富的 PPT 模板，可帮助用户轻松完成 PPT 制作
WPS AI	具有强大的文档处理能力，支持 PPT 和 Word 文档的快速生成和编辑
GPTCheck	作业检测工具，可帮助教师甄别学生作业是否由 AI 代写，维护学术诚信
Perplexity	AI 驱动的搜索引擎，提供精确的搜索结果和摘要，可辅助学术研究
QuillBot	提供句子改写、语法检查、写作增强等功能，可提升学术写作质量
Scholarcy	可自动生成论文摘要，提取关键概念，帮助用户快速理解学术文献
ResearchRabbit	文献检索和管理工具，可视化展示文献关系网，适用于综述撰写和领域热点追踪
ChatPDF	用户可上传 PDF 文档，以对话的方式快速获取所需信息
ChatDOC	支持多种文档格式，可利用 AI 技术深入分析文档内容，适用于教学和科研辅助
Zotero GPT	结合 GPT 和 Zotero，提供文献管理、全文总结和分析等功能，可提升科研工作效率
Typeset.io	提供论文模板、自动格式修改、引用管理等功能，可简化论文写作流程
Scite.ai	提供引文分析、引用声明搜索等功能，可帮助用户理解文献引用关系

1.2 教学有效创新：用 AI 生成教学场景和问题

1.2.1 为什么要通过 AI 创设教学场景

教师在 AI 的辅助下，不仅能构建高效的教学环境，还能深刻影响学生的学习动机与思维发展。例如，通过 "AI 伦理" 这个提示词，教师可以引导学生深入分析技术的利弊，打破传统思维模式，探索创新的解决方案；富有创意的提示词如 "星际探索" 能够点燃学生对天文学的热情，并将其转化为持久的学习动力。

教学场景创设是实现教学目标的重要手段。无论实体的物理场景还是虚拟的情境与内容场景，都会对学生的学习动力、思维深度及课堂参与度产生深远影响。

通过 AI，教师可以快速构建符合教学目标的虚拟情境和问题链（见图 1.7）。

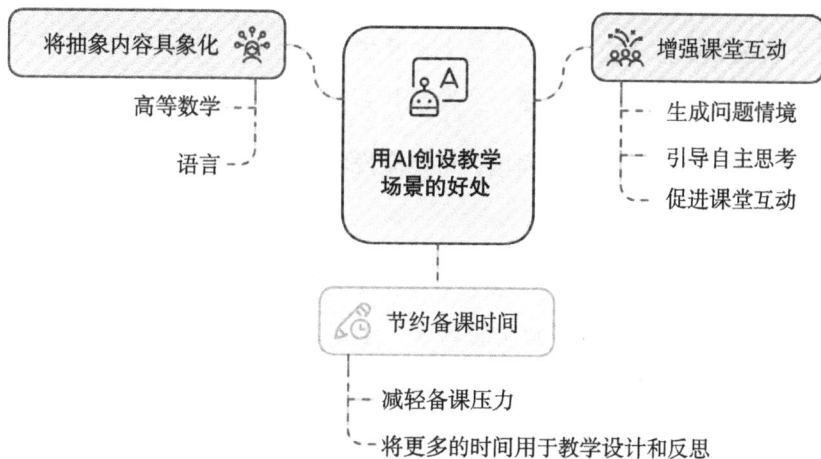

图 1.7 用 AI 创设教学场景的好处

- **将抽象内容具象化**：尤其适用于高等数学、语言等学科，情境化教学可以让学生直观地理解复杂的概念。
- **增强课堂互动**：通过生成问题情境，引导学生自主思考和讨论，促进课堂互动。
- **节约备课时间**：用 AI 辅助构建场景和问题，可以减轻教师的备课压力，让教师将更多的时间用于教学设计和反思。

1.2.2 如何用 AI 生成教学场景

1. 教学场景设计案例

提示词：

"为大学物理课程设计一个关于牛顿第三定律的教学场景，包括情境描述、学生角色和讨论问题。"

AI 生成的内容如下。

情境描述：宇航员正在执行一项太空站外的修理任务，需要用推力改变自己和工具箱的方向。

学生角色：学生分组，分别扮演宇航员、任务指挥官和观察员。

讨论问题：

- 为什么宇航员在推动工具箱时自己会向反方向运动？
- 如果宇航员与太空站发生碰撞，会发生什么？

此类场景结合了真实的问题和理论，可以激发学生的学习兴趣。

2. 虚拟实验场景设计案例

提示词：

"为环境科学课程设计一个虚拟实验场景，主题是酸雨对森林的影响，包括实验步骤和讨论环节。"

AI 生成的内容如下。

实验步骤：

- 模拟森林土壤的酸碱度变化。
- 测量酸性环境对植物生长的影响。

讨论环节：

- 酸雨的主要成分是什么？
- 如何从政策和技术层面减轻酸雨的危害？

虚拟实验可以帮助学生更好地理解科学方法和理论的应用。

1.2.3 如何用提示词生成启发式或分层式问题

1. 启发式问题

启发式问题旨在激发学生的自主探索和思考能力。

提示词：

"设计三个与 AI 带来的伦理挑战相关的启发式问题。"

AI 生成的问题如下。

- AI 是否应该具备道德判断能力？为什么？
- 如果 AI 的决策将影响人类生命安全，我们该如何界定责任？
- 未来是否需要为 AI 立法？如何平衡创新与监管？

这些问题可以用于课堂讨论，引导学生思考技术与伦理的关系。

2. 分层式问题

针对不同知识层次的学生，设计分层问题以满足多样化需求。

提示词：

"为初学者和高级学习者分别设计与细胞分裂相关的问题。"

AI 生成的问题如下。

- 初学者：细胞分裂的两个主要阶段是什么？
- 高级学习者：为什么细胞周期中的检查点对癌症研究至关重要？

通过分层设计，教师可以更好地满足学生的个性化学习需求。

1.2.4　如何用 AI 设计课堂实践活动

1. 学生共创场景

活动步骤：

- 教师展示几个提示词及其生成的教学场景；
- 学生分组，根据课程主题设计新的提示词；
- 使用 AI 生成场景，并对生成的结果进行优化。

活动目标：培养学生的创意和分析能力，同时增强他们对课程内容的理解。

2. 即兴 AI 互动

活动步骤：

- 教师与学生共同设计提示词并将其输入 AI；
- 在课堂上展示 AI 生成的场景或问题；
- 师生共同讨论如何改进或应用 AI 生成的内容。

活动目标：通过互动，让学生体验 AI 的辅助作用，同时提高其课堂参与度。

1.2.5　如何用 AI 促进教学场景与问题的融合

AI 可以促进教学场景与问题的融合，涵盖课前准备、课中实施与课后拓展等环节。教师通过精选提示词、设计场景与问题，并结合生动的展示与互动活动，可以引导学生深入思考并创新，最终实现知识内化与能力提升，如图 1.8 所示。

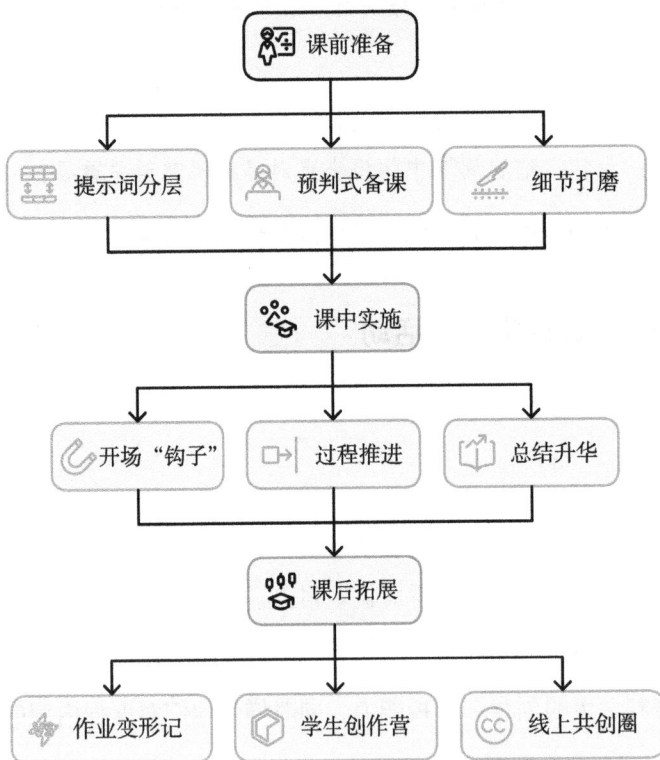

图 1.8　AI 促进教学场景与问题的融合

1. 课前准备：精准设计，分层激活

教师依据课程目标、学生基础与兴趣定制场景。

（1）提示词分层。例如，在物理课上教授牛顿第二定律时，根据学生情况选择"滑雪者刹车距离计算"等直观场景或"电梯超重动态分析"等复杂问题，点燃学生的挑战热情。

（2）预判式备课。模拟学生解题路径，预设引导话术。例如，为物理课提前准备引导话术"若学生忽略摩擦力，如何用生活实例反向提问"。

（3）细节打磨。例如，为地理课设计沿海城市防洪案例时，提前收集真实的潮汐数据、城市地图，让场景更具沉浸感。

2. 课中实施：多维互动，深度碰撞

（1）开场"钩子"。例如，在数学建模课上，用新闻短片"智能交通瘫痪 24 小时"导入，瞬间引爆讨论："如果是你，如何用函数优化红绿灯时长？"

（2）过程推进。

- 问题穿插艺术。在基因编辑伦理课中，抛出问题"该优先治疗遗传病还是增强智商"，瞬间激发小组辩论。
- 教师走位策略。在经济学课堂中，提醒"卡壳"的学生阅读案例："看看 2008 年金融危机时，美国如何平衡救市与通胀？"
- 互评升级思维。在物理实验课中，让学生用手机拍摄视频，对比不同斜面的加速度，学生在互评中自然就能理解误差分析。

（3）总结升华。例如，从数学中的函数极值延伸到物流路径优化算法，播放无人机配送实景视频，告诉学生："这就是你们今天推导的公式在现实中的样子。"

3. 课后拓展：从课堂到真实世界

教师向学生布置课后作业，深化并迁移知识和技能。

（1）作业变形记。例如，在历史课上，教师可以让学生撰写"如果郑和下西洋时有卫星导航"推演报告；在地理课上，教师可以让学生运用地理信息系统（GIS）重绘家乡百年气候变迁图。

（2）学生创作营。例如，教师可以发起"最佳教学场景设计大赛"；在化学课上，教师可以让学生设计"元宇宙实验室爆炸应急处理"模拟器；在生物课上，教师可以让学生设计"丧尸病毒传播建模"游戏。

（3）线上共创圈。例如，教师可以设置学科主题微博超话"＃假如爱因斯坦玩抖音＃"，学生用短视频解构相对论，教师匿名参与互动，给最佳创意点赞。

1.2.6 实践案例剖析

1. 成功案例：地理课变为"城市规划课"

在某高校地理课程"气候变化影响"章节的教学中，AI 发挥了独特作用，促进了教学场景与问题的融合。教师借助 AI，以"沿海城市海平面上升应对"为提示词，构建出逼真的教学场景：学生们变身为城市规划师团队，为面临海平面上升威胁的沿海城市规划百年韧性发展蓝图，规划内容涵盖防洪、水资源、生态、产业布局等多个关键领域。

基于这一场景，AI 协助教师设计出一系列富有深度和系统性的问题：面对不同海拔的区域，如何做防护工程选型？面对海水入侵，应提出哪些水资源保障策略？怎样实现生态系统修复与城市绿化的融合？产业转型的绿色低碳路径是什么？这些问题紧密围绕教学场景，引导学生进行深度思考。

学生们在这样的教学情境中热情高涨，积极研讨。借助丰富的资料和分析工具，他们提出了许多创新举措，其成果获得了城市规划部门的赞誉。此案例的成功，得益于 AI 营造出来的真实、紧迫的场景及生成的系统、有深度的问题，充分凸显了学生的主体地位，有效融合了多学科知识，增强了学生的综合素养。

2. 改进案例：经济学课堂"活"起来

在某高校经济学课程"宏观经济政策"章节的教学中，教师起初未能有效融合教学场景与问题。教师使用的提示词是"经济衰退财政货币政策搭配"，构建的场景是抽象的国家模型，数据简化且理想化，问题也侧重于理论计算。这种教学方式导致学生的参与度低，对知识的理解较为片面。

为改善这一状况，教师借助 AI 重新设计教学。AI 帮助设定新场景：学生变身为经济智囊团成员，要为一个陷入衰退且可获得产业结构、就业、国际收支等具体情况的虚拟国家制定政策组合。AI 生成了开放性的问题，增加了民生保障、国际合作、长期增长考量等维度，并引入真实政策案例进行对比分析。

改进后，学生们互动十分积极。借助 AI 提供的丰富信息和分析视角，他们能够辩证地思考政策权衡，精准把握政策内涵与实践要领，分析决策能力得到显著提升。这一改进案例充分体现了 AI 在优化教学场景与问题融合方面的重要作用，为提升教学质量提供了有效途径。

1.2.7　教学创新中常用的 40 个提示词

教学创新中常用的提示词可分为以下两类。

1. 课堂互动类

教学创新中常用的课堂互动类提示词如下。

- 提出问题：用引导式问题让学生积极参与讨论。
- 制造悬念：用悬而未决的问题吸引学生的注意力。
- 使用问答形式：用互动式问答设计课程内容。
- 引入幽默：通过幽默的语言缓解课堂中的紧张气氛。
- 利用案例教学：通过案例问题让学生运用理论。
- 设置分组任务：分组讨论和解决实际问题。
- 用故事激发兴趣：将理论融入有趣的故事。
- 呼吁学生提问：鼓励学生质疑或挑战课程内容。
- 制造反转：用出人意料的例子让学生深刻记忆。
- 模拟情境：用假设情境提升学生参与度。
- 使用视频素材：用视频素材辅助学生理解。
- 挑战传统观点：通过质疑权威观点激发学生讨论。
- 用比喻解释概念：将复杂理论简单化。
- 鼓励辩论：设置对立观点，组织课堂辩论。
- 用数据支持观点：用实际数据让学生信服。

- 设定目标：课堂开始时明确学习目标。
- 创建思维导图：引导学生整理知识框架。
- 回顾总结：课后用简洁的语言总结知识点。
- 实施小测验：通过问题检验学习效果。
- 角色扮演：让学生扮演角色，提升课堂体验。

2. 课程设计类

教学创新中常用的课程设计类提示词如下。

- 视觉化表达：用图表呈现复杂的结构。
- 递进式教学：从简单到复杂，层层引导。
- 制定逻辑框架：设计清晰的课程脉络。
- 注重多感官学习：结合听觉、视觉和触觉设计教学。
- 提前预告：课前用问题或视频吸引学生的注意力。
- 插入案例研究：用真实案例提升课程的实用性。
- 强调实践应用：设计实际操作任务。
- 鼓励独立研究：为学生推荐拓展阅读内容。
- 简洁表达：避免过于复杂的语言或概念。
- 制造张力：用问题或矛盾增强学生的学习动力。
- 制定测评标准：明确学习评价的重点和方法。
- 使用情感化语言：拉近课程与学生的距离。
- 增加讨论时间：鼓励学生自主表达观点。
- 重复关键点：反复强调课程的核心内容。
- 突出核心思想：明确每节课的核心目标。
- 用开放式问题激发兴趣：设计开放式的作业。
- 增强课后辅导：课后提供具体的学习建议。
- 利用电子资源：引入线上内容，辅助学生学习。
- 强调学科交叉：引导学生进行跨学科学习。
- 设置动态内容：根据课堂气氛调整课程节奏。

1.3　科研提速必备：AI 辅助解决科研工作实际痛点

1.3.1　科研工作的 5 个实际痛点

　　目前 AI 已经渗透到科研工作中的各个环节，成为科研人员解决实际痛点、提高工作效率的重要工具。根据《自然》杂志的报道，美国的 Wiley 公司对 1 043 名科研人员做了调查，结果显示 81% 的人已在个人生活或工作中使用 AI。特别是在论文撰写和项目申报中，AI 以其独特的优势，帮助研究者简化烦琐的文献整理与写作过程，加速了学术探索的进程。

　　科研工作常面临文献查阅任务繁重且易遗漏、研究问题难以聚焦、学术写作耗时且语言质量欠佳、项目申报内容复杂且难以创新、跨学科合作难以推进 5 个痛点，如图 1.9 所示。

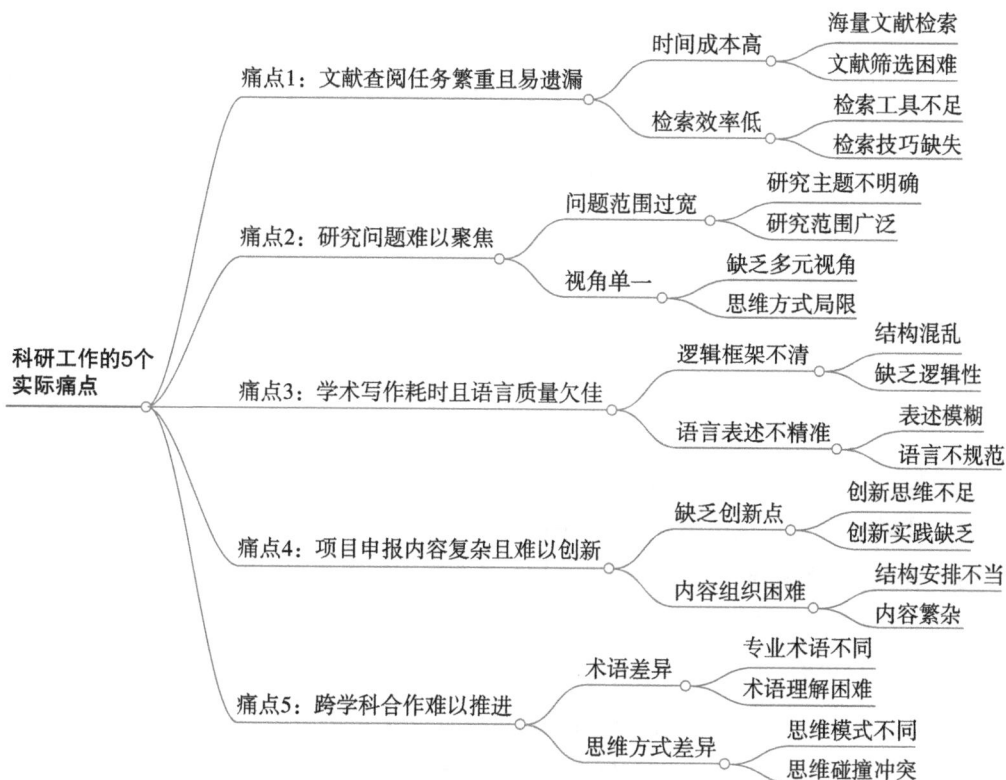

图 1.9　科研工作的 5 个实际痛点

痛点 1：文献查阅任务繁重且易遗漏

文献查阅是科研活动的基础环节，但在海量数据和学术资源面前，科研人员常常遇到以下问题。

（1）时间成本高。科研人员需要花费数小时甚至数天才能找到与研究主题相关的核心文献。

（2）检索效率低。传统的检索方式容易遗漏重要信息，特别是在多学科交叉领域。

例如，在研究绿色能源创新技术时，使用传统的检索方式可能无法快速获取最新的研究进展。如果向 AI 输入提示词"绿色能源技术创新综述"，AI 就能自动筛选出相关领域的核心文献并提炼出关键结论，帮助科研人员节省大量的时间，同时确保信息的全面性。

痛点 2：研究问题难以聚焦

在设计研究问题时，许多科研人员面临问题范围过宽或视角单一的困境。这不仅影响研究的可行性，还可能导致研究内容缺乏创新性。例如，针对"智能医疗设备的技术优化"这一主题，科研人员可能仅从设备性能的角度考虑，而忽略了用户体验或成本控制的影响。

AI 可以通过引导用户多角度思考问题来解决这类问题。例如，如果向 AI 输入提示词"智能医疗设备用户体验优化方案"，AI 就可以生成更具启发性的研究问题，如"如何通过智能算法改进设备交互体验""用户习惯对设备性能的反作用"等，帮助科研人员构建更全面的研究框架。

痛点 3：学术写作耗时且语言质量欠佳

撰写学术论文是一项高度专业化的任务，尤其是对母语非英语的科研人员而言。以下问题尤为突出。

（1）逻辑框架不清。论文结构混乱或缺乏层次感。

（2）语言表述不精准。术语不规范或语句不够简洁，影响论文的学术性和说服力。

例如，在撰写关于气候变化对农业影响的论文时，科研人员可能难以快速梳理出清晰的论文框架。如果向 AI 输入提示词"气候变化对农业的影响的论文框架"，AI 就能直接生成标准化结构，如引言、方法、结果和讨论，并提供写作建议；如果向 AI 输入提示词"让论文语言更加简洁"，AI 就可以修正语句冗长等问题，让语言更符合学术表达的要求。

痛点 4：项目申报内容复杂且难以创新

科研项目申报应同时具备严谨性和创新性，科研人员在申报过程中经常感到力不从心。常见问题如下。

（1）缺乏创新点。项目目标和方法与现有项目雷同。

（2）内容组织困难。项目申报书的内容应高度逻辑化，但部分科研人员难以系统表述研究目标和实施方案。

例如，在申报智慧城市交通优化技术项目时，科研人员可能难以将实际问题转化为研究目标。如果向 AI 输入提示词"智慧城市交通优化项目创新点"，AI 就能提供基于大数据分析的建议，如"利用交通预测模型优化信号灯控制""基于实时数据的公交调度优化方案"，帮助科研人员明确创新点并提升申报质量。

痛点 5：跨学科合作难以推进

现代科研越来越依赖跨学科合作，但不同领域的术语、思维方式差异常常使合作变得困难。例如，生态学研究与经济学研究的结合可能面临模型构建困难的问题。如果向 AI 输入提示词"生态系统服务价值的经济学评估模型"，AI 就可以快速提供跨学科框架建议，促进合作的顺利开展。

1.3.2　AI 在论文写作中的应用

AI 在论文写作中展现出强大的辅助功能，不仅能提升文献综述效率，还能优化研究假设与问题，辅助将论文结构化，改善语言表达，从而显著提高论文写作质量和效率，如图 1.10 所示。

1. 高效生成文献综述

文献综述是科研论文的重要组成部分。科研人员通常需要通过阅读和总结大量的文献，梳理出该领域的研究现状和未来研究方向。在 AI 的辅助下，科研人员可以快速聚焦与研究主题密切相关的文献，从而提高查阅和整理文献的效率。例如，在撰写关于 AI 在医疗影像诊断中的应用的论文时，科研人员可以向 AI 输入提示词"近年来 AI 在医学影像中的应用研究进展"，AI 就能提供相关领域的核心文献和关键研究成果，帮助研究者更快地了解该领域的现有成果与挑战。

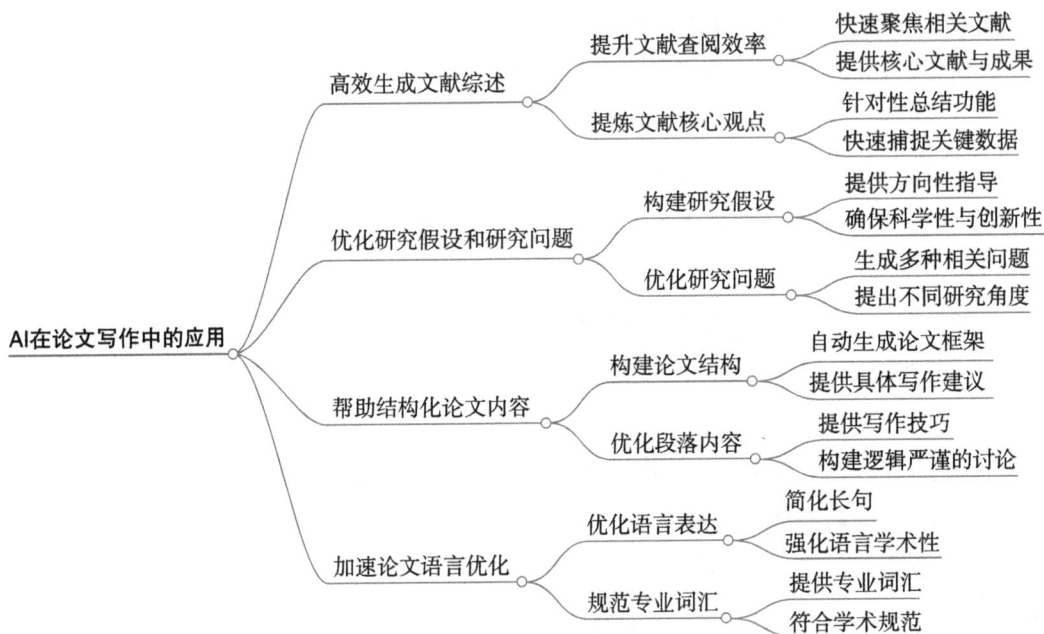

图 1.10　AI 在论文写作中的应用

此外，AI 还可以提供有针对性的总结，帮助科研人员提炼出文献的核心观点。例如，只要向 AI 输入提示词"AI 在癌症早期诊断中的应用"，AI 就能提供相关研究的背景、方法和结论，帮助研究人员迅速捕捉到文献中的关键数据与结论，为文献综述的撰写提供素材。

2. 优化研究假设和研究问题

AI 可以帮助科研人员更好地构建研究问题和研究假设。清晰的研究问题和合理的研究假设是论文成功的关键。AI 可以提供方向性的指导，帮助研究者从不同的角度分析问题，确保研究假设的科学性和创新性。

例如，在进行智能穿戴设备对健康管理的影响研究时，科研人员可以向 AI 输入提示词"智能穿戴设备的健康监测机制"或"智能穿戴设备在慢性病管理中的应用"，AI 不仅能够生成多个相关的研究问题，还能提出不同的研究角度，帮助科研人员从细节上优化研究假设，避免过于狭隘或单一的视角。

3. 帮助结构化论文内容

撰写学术论文时，论文的结构与层次是至关重要的。AI 可以帮助科研人员高效地构建论文结构，明确各部分内容的组织方式。以撰写医学科研论文为例，只要向 AI 输入提示词"医学研究论文写作框架"，AI 就能自动生成标准的医学科研论文结构框架，如引言、方法、结果、讨论等，并针对每个部分提出具体的写作建议。

在写作过程中，科研人员还可以利用 AI 优化每个段落的内容。例如，只要向 AI 输入提示词"如何写好医学研究的讨论部分"，AI 就能提供相关的写作技巧，帮助科研人员梳理实验结果与已有文献之间的关系，构建逻辑更加严谨的讨论部分。

4. 加速论文语言优化

语言表达的精准与简洁对论文质量来说至关重要。AI 可以帮助科研人员优化论文的语言表达，尤其是在完成初稿之后。例如，只要向 AI 输入提示词"简化论文中的长句"和"强化论文语言的学术性"，AI 就可以针对论文中存在的语言冗长、逻辑不清等问题提出相应的修改建议，帮助科研人员提高论文的文字质量。

此外，AI 还可以根据学术论文所属的领域，提供符合学科要求的专业词汇和术语，使论文语言更符合学术规范。

1.3.3　AI 在项目申报中的应用

科研项目申报是科研工作中的一个重要环节，项目的立项直接关系到科研经费的获得与学术研究的推进。在项目申报中，科研人员需要精准阐述项目的背景、目标、方法、预期成果等内容，而 AI 可以帮助科研人员快速理清思路，提升项目申报书的质量和可行性，如图 1.11 所示。

1. 明确项目背景与意义

在项目申报书中，项目背景与意义部分需要清晰地展现项目研究的社会需求和学术价值。在 AI 的辅助下，科研人员可以更高效地理解研究背景。例如，假设某科研团队正在撰写一份关于 AI 优化公共交通系统的项目申报书，只要向 AI 输入提示词"AI 与交通管理的结合"，AI 就可以提供大量的背景信息，帮助科研人员把握当前交通管理系统中的痛

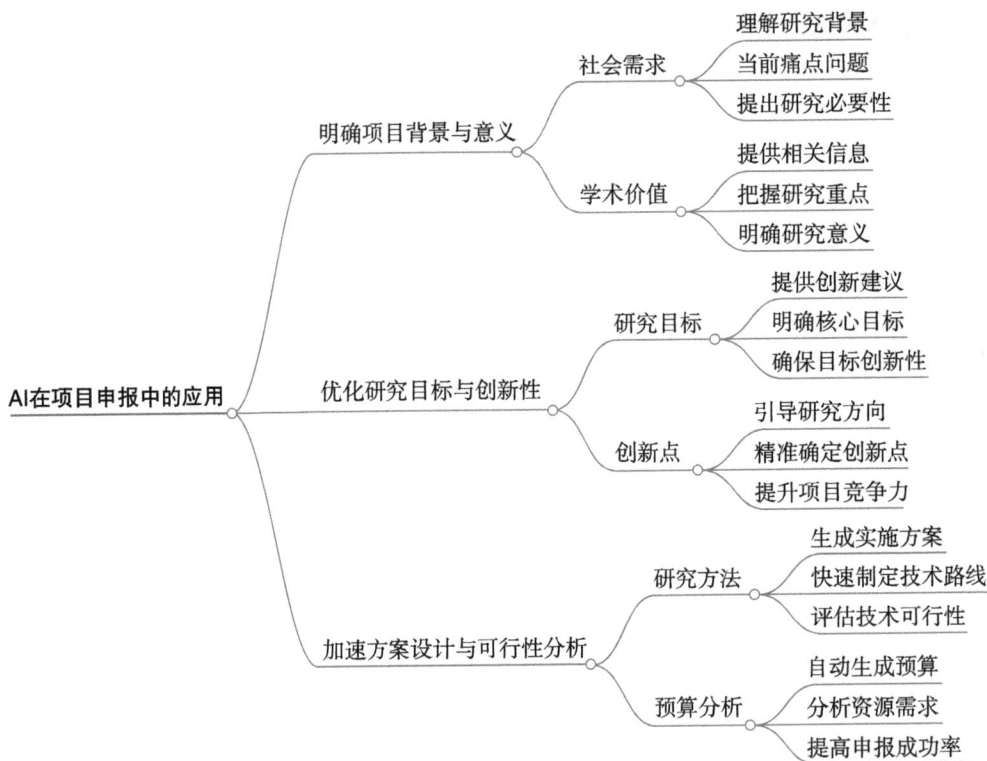

图 1.11 AI 在项目申报中的应用

点问题，进而提出研究的必要性和意义。

2. 优化研究目标与创新性

科研项目申报书中最重要的部分之一便是研究目标与创新点。AI 能够为科研人员提供关于研究目标和创新性的建议，帮助研究者明确项目的核心目标，确保其具有创新性。例如，假设某科研团队正在撰写一份关于绿色能源的项目申报书，只要向 AI 输入提示词"绿色能源技术创新目标"，AI 就可以提供最新的绿色能源研究方向，帮助研究者精准确定项目的创新点，从而提升项目的竞争力。

3. 加速方案设计与可行性分析

项目的研究方法、技术路线和实施方案也是项目申报书中的关键内容。AI 能够帮助科研人员快速生成项目的实施方案，并进行可行性分析。例如，假设某科研团队正在撰写一份关于智能医疗设备的项目申报书，只要向 AI 输入提示词"智能医疗设备技术路线"，AI 就可以迅速提出合理的技术路线，并评估项目的技术可行性。

此外，AI 还能够自动生成项目的预算分析和资源需求，帮助科研人员在有限的时间内快速完成项目申报书，从而提高申报成功的概率。

1.3.4　AI 对科研工作的深远影响

1. 提升科研工作效率

AI 能够帮助科研人员更快地获得研究所需的背景资料、技术方案和写作框架，从而降低时间成本。AI 可以实现高效的信息筛选与组织，而科研人员可以将更多的精力放在科研工作本身上，提升整体工作效率。

2. 激发创新思维

AI 不仅是工具，还可以激发科研人员的创新思维。在学术写作与项目设计过程中，AI 能够从不同角度激发科研人员对问题的思考，帮助他们打破思维定式，寻找新的研究视角与解决方案。

3. 促进跨学科合作

AI 能够帮助科研人员跨越学科界限，打破传统的学科壁垒。科研人员可以通过 AI 提供的跨学科提示，了解不同领域研究的前沿进展，从而与其他领域的科研人员展开合作，共同解决复杂的科研问题。

总之，AI 已经成为科研人员提高工作效率、激发创新灵感和加速学术探索的必备工具。通过精准、高效的提示，AI 不仅可以帮助科研人员在论文写作和项目申报中提速，还可以促进学术领域的跨学科交流与合作。未来，随着 AI 在科研工作中的应用日益深入，科研工作提速将成为常态，而 AI 将成为学术探索过程中不可或缺的关键助手。

受篇幅所限，本书仅重点介绍 AI 辅助教改论文撰写（详见"8.2 AI 辅助教改论文撰写与发表"）及 AI 辅助教改项目和教育规划项目申报（详见"9.2 AI 辅助教学改革项目申报"和"9.3 AI 辅助教育规划项目申报"）。

1.3.5　科研工作中常用的 40 个提示词

科研工作中常用的提示词可以分为以下两类。

1. 科研指导类

科研工作中常用的科研指导类提示词如下。

- 引导思考：通过启发式问题辅助学生选择课题。
- 用图表展示数据：让学生直观地理解研究结果。
- 提供模板：提供报告或论文写作框架。
- 数据分析支持：帮助学生选择合适的软件和方法。
- 激发创造力：鼓励学生从不同的角度分析问题。
- 注重文献综述：指导学生完成深度文献分析。
- 提供研究方向：为学生设定短期目标。
- 模拟答辩场景：帮助学生练习陈述研究内容。
- 用案例解释：用典型研究项目指导方案设计。
- 提供工具支持：推荐科研相关的 AI 工具。
- 简化理论：用直观的例子讲解复杂的原理。
- 强调学术诚信：帮助学生避免抄袭。
- 鼓励实验设计：帮助学生优化实验步骤。
- 指导结果分析：强调数据结果的逻辑性。
- 指导图表制作：提升论文的视觉效果。
- 推动跨学科合作：引导学生与其他领域的专家合作。
- 结合社会需求：引导学生将课题与社会问题挂钩。
- 引导批判性思维：鼓励学生挑战权威文献。
- 设置研究里程碑：帮助学生分阶段完成任务。
- 指导投稿期刊选择：推荐适合的出版物。

2. 论文写作类

科研工作中常用的论文写作类提示词如下。

- 论文结构规划：提供论文的大纲和章节框架。
- 确定核心论点：帮助聚焦研究目标。
- 引用格式指导：推荐合适的参考文献工具。
- 语言润色：帮助改进论文语法和用词。
- 提供数据支撑：协助选择适当的图表样式。
- 论文摘要撰写：提炼论文的核心内容。
- 提出研究问题：引导形成清晰的研究问题。
- 强调学术创新：提示关注研究独创性。
- 提供案例：参考类似研究的成功示范。
- 优化图文配合：增强图表与文字的匹配性。
- 选择关键词：帮助优化论文检索标签。
- 提供标题优化建议：增强标题的吸引力。
- 强调逻辑关系：检查论文的逻辑严密性。
- 调整论文语气：根据期刊要求优化语言风格。
- 引导自我校对：推荐自动校对工具。
- 提供结论模板：帮助撰写结论部分。
- 建议扩展阅读：推荐与主题相关的重要文献。
- 细化研究假设：帮助明确研究假设和变量。
- 论文润色工具：推荐秘塔、写作猫等 AI 工具。
- 编辑文献综述：优化文献综述部分的逻辑结构。

1.4   更聪明的 AI 助手：提示词优化及相关工具的实战技巧

1.4.1   提示词优化的核心价值：精准沟通与高质量输出

提示词是人类与 AI 高效互动的桥梁。优化提示词的过程，既能让 AI 更精准地理解我们的需求，也能大幅提升 AI 的输出质量。

例如，当我们输入提示词"生成一个教学计划"时，AI 可能会给出一个粗略的框架；当我们输入优化后的提示词"为大学一年级离散数学课程设计一个为期 12 周的教学计划，包括每周主题、目标和学生参与活动"时，AI 就能生成更精准、详细的内容。

本节将深入探讨如何在教学实践中巧妙地优化提示词，熟练地运用提示词优化工具，并提供具体的实例。

1.4.2　提示词优化基础：深度剖析与精准定位

提示词优化是教学创新的重要手段。通过语义关联拓展、匹配教学目标及适配学生认知，教师能够更有效地设计教学活动，激发学生的学习兴趣，提升教学质量，实现教育的个性化和高效化，如图 1.12 所示。

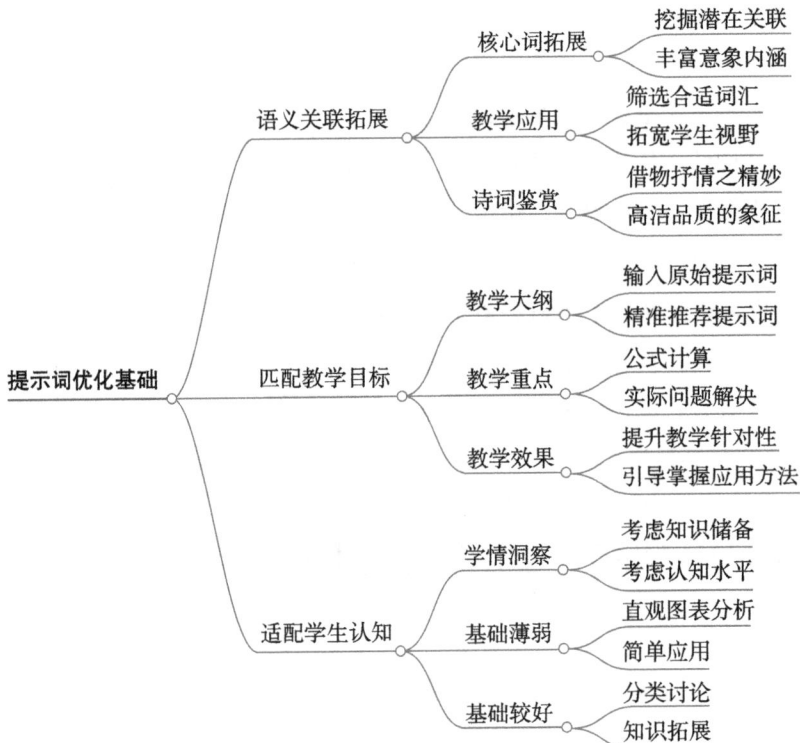

图 1.12　提示词优化基础

1. 语义关联拓展

许多提示词优化工具具备强大的语义分析能力，可挖掘核心词的潜在关联词汇。例如，在语文教学中，若以"古代诗词意象"为核心提示词，提示词优化工具就能迅速拓展出"松竹梅"（象征高洁品质）、"明月"（寄托思乡怀人之情）、"大雁"（传递思念之情或游子漂泊之感）等丰富的意象及内涵。教师依据教学需求筛选后将其融入教学，可拓宽学生诗词鉴赏视野，帮助学生领悟古人借物抒情的精妙。

2. 匹配教学目标

教师可以依据教学大纲与目标优化提示词。例如，在物理课程中，教师教授牛顿第二定律应用相关内容时，输入原始提示词后，提示词优化工具依据教学重点（如公式计算、实际问题解决）精准推荐"斜面上滑块加速度计算及受力分析实例""汽车紧急制动距离与牛顿第二定律关系解析"等提示词，确保教学活动紧密围绕关键知识展开，提升教学针对性与有效性，引导学生扎实掌握物理原理应用方法。

3. 适配学生认知

学生的知识储备与认知水平存在差异，学情洞察在提示词优化中发挥着关键作用。例如，在数学课程中，教师教授函数单调性相关内容时，对于基础薄弱的学生，可将提示词"复杂函数复合后单调性判断难题"优化为"一次函数、二次函数单调性直观图表分析及简单应用"；对于基础较好的学生，可将提示词优化为"指数函数、对数函数单调性分类讨论及在高等数学导数前置知识中的拓展"，使教学内容与学生接受能力匹配，帮助全体学生在各自起点上进步。

1.4.3　利用提示词升级场景构建：从生动到沉浸的优化路径

利用提示词升级教学场景构建，可以通过细节丰富强化、角色互动深化、情境动态拓展等方式实现（见图 1.13）。这种从生动到沉浸的优化路径，旨在增强学习的真实感和参与度，提升学生的理解力与实践能力，可以有效地促进教学创新。

1. 细节丰富强化

教师可以加入丰富的细节元素来增强场景的生动性和沉浸感，使学生能够更深刻地体

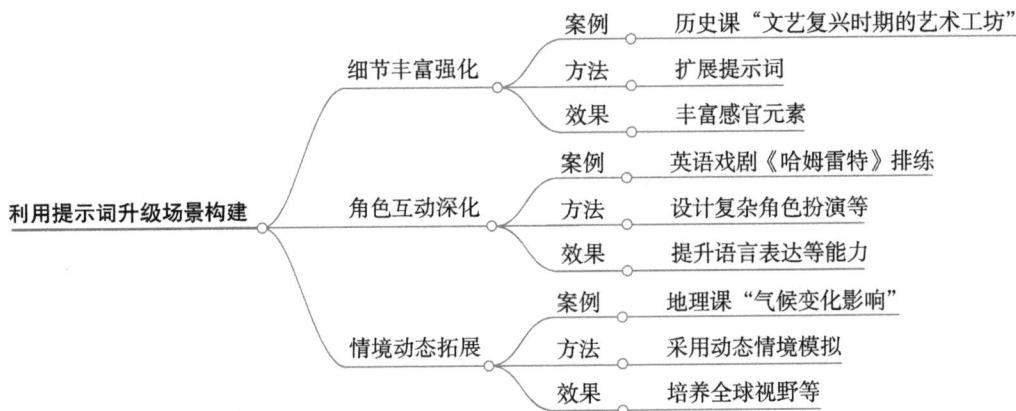

图 1.13　利用提示词升级场景构建

验并理解特定历史背景下的文化和事件。例如，在历史课程中，教师教授文艺复兴时期艺术相关内容时，可以通过 AI 将简单的场景描述转化为具体且富有感官体验的画面，让学生仿佛置身于当时的艺术工坊，感受那个时代的艺术创作氛围。

例如，原本的提示词是"文艺复兴时期的艺术工坊"，而优化后的提示词是"佛罗伦萨街头，达·芬奇工作室中，学徒研磨颜料，达·芬奇专注于《蒙娜丽莎》面部光影描绘，墙壁挂满解剖图与机械设计草图"。这种细节不仅丰富了视觉、听觉、触觉元素，还增强了学生对文艺复兴艺术创作过程的理解，可以进一步激发他们对艺术的兴趣和对历史的深度认识。

2. 角色互动深化

教师可以利用角色之间的互动和深入体验，使学生从情感和心理上更好地理解文学作品中的人物和冲突。例如，在英语戏剧教学中，教师可以利用 AI 优化传统的戏剧表演排练场景，让学生沉浸式地体验戏剧中的人物关系和情感张力。

例如，原本的提示词是"戏剧表演排练场景"，优化后的提示词是"《哈姆雷特》宫廷场景排练，学生分饰哈姆雷特、国王、王后等角色，深度揣摩角色心理动机"。学生不仅要扮演角色，还要通过肢体语言、表情和语调展现人物的情感和内心冲突，观众（学生）可以进行互动式投票，影响剧情走向。这不仅能让学生产生情感共鸣，还可以培养他们的批判性思维，进而提升他们的英语综合应用能力与文学素养。

3. 情境动态拓展

教师通过动态情境的模拟，能让学生更真实地体验和预测未来的情境发展，进而强化对复杂问题的理解和应对能力。例如，在地理课程中，教师教授气候变化影响相关内容时，可以利用 AI 将静态的情境描述转化为逐步演变的动态过程，帮助学生深入探讨应对策略。

例如，原本的提示词是"沿海城市受海平面上升威胁"，优化后的提示词是"2030 年，城市边缘受到海水侵蚀，海水淹没低洼街区，居民垫高房屋、筑堤防洪；2050 年，风暴潮频繁冲击，企业外迁、渔业受损，城市规划调整，沿海构筑绿色能源设施抵御灾害"。通过时间轴的推演和动态情境的模拟，学生不仅可以了解气候变化的影响，还能参与到应对策略的探讨中，培养全球视野与责任感，提升问题解决能力。

1.4.4　利用提示词优化问题设计：提升思维梯度的优化策略

利用提示词优化问题设计，对提升学生的思维梯度至关重要。逻辑层次递进、跨学科融合、开放探究激发等策略，可以有效地帮助学生打破思维局限，拓展思维的深度和广度，从而更好地应对未来挑战，如图 1.14 所示。

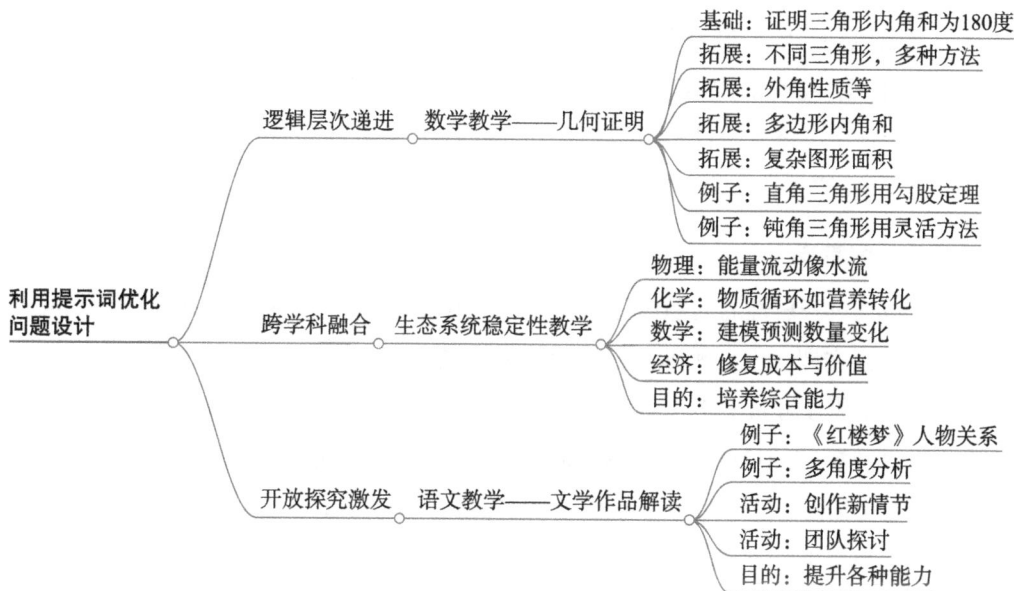

图 1.14　利用提示词优化问题设计

1. 逻辑层次递进

教师可以将问题逐步深化，逐层推进，从基础到复杂，以增强学生的逻辑思维能力和创新思维。例如，在数学课程中，教师教授几何证明相关内容时，可以通过 AI 优化教学场景，简单的证明被转化为多层次的推理，促使学生从不同的角度思考问题并建立严密的知识体系。

例如，原始问题"证明三角形内角和为 180 度"经过"逻辑进阶问题生成器"的优化，转化为"在不同类型三角形（锐角、直角、钝角）中，分别用剪拼法、作辅助线法、向量法证明内角和定理，并探究外角性质与内角和的关联；进一步拓展至多边形内角和公式推导及其在复杂几何图形面积计算中的应用"。这样的教学设计从基础的定理验证升维至方法探究与知识关联拓展，可以帮助学生锻炼逻辑推理与创新思维，培养数学思维。

2. 跨学科融合

教师可以通过跨学科整合，突破单一学科的限制，培养学生的综合思维能力。例如，在生物课程中，教师针对生态系统稳定性做问题设计时，可以利用 AI 做优化，让学生从多学科的角度分析生态系统，培养系统性思维和创新能力。

在跨学科视角下，原本的问题被优化为"从物理学能量守恒与化学物质循环视角剖析生态系统能量流动、物质循环效率机制，结合数学建模构建种群数量动态变化方程预测生态平衡阈值，融入经济学资源配置理念探讨生态服务价值评估与可持续发展权衡策略"。学生在探讨湿地生态修复项目规划的背景下，跨学科协同求解问题，从物理、化学、数学和经济学等领域汲取知识，培养了系统思维、跨学科素养和科学决策能力。

3. 开放探究激发

教师可以通过开放性的问题设计和探究式学习，激发学生的批判性思维和创新实践能力。例如，在语文课程中，教师教授文学作品主题多元解读时，可以利用 AI 做优化，帮助学生从不同的维度分析文学作品，促进自主探索。

在激发开放探究的目的下，原本的问题被优化为"《骆驼祥子》中祥子命运多舛的根源探究：从社会阶层、文化心理、历史变迁多维度深度剖析；假设祥子生于当代社会，创作续写篇章并阐述其职业选择、精神追求与社会融入的可能路径"。学生可以组织文学研讨，线上线下收集多元解读观点，对比学术研究的异同，撰写研究报告，激发批判性思维与学术研究潜能，提升人文素养与创新实践能力。

1.4.5　教学反馈驱动：持续优化的闭环机制

　　教学反馈驱动是教学过程中的重要环节。教师可以利用 AI 分析学生数据，更精准地理解学生的学习难点和兴趣点，从而调整教学策略和提示词设计，提升教学效果和学生参与度，如图 1.15 所示。

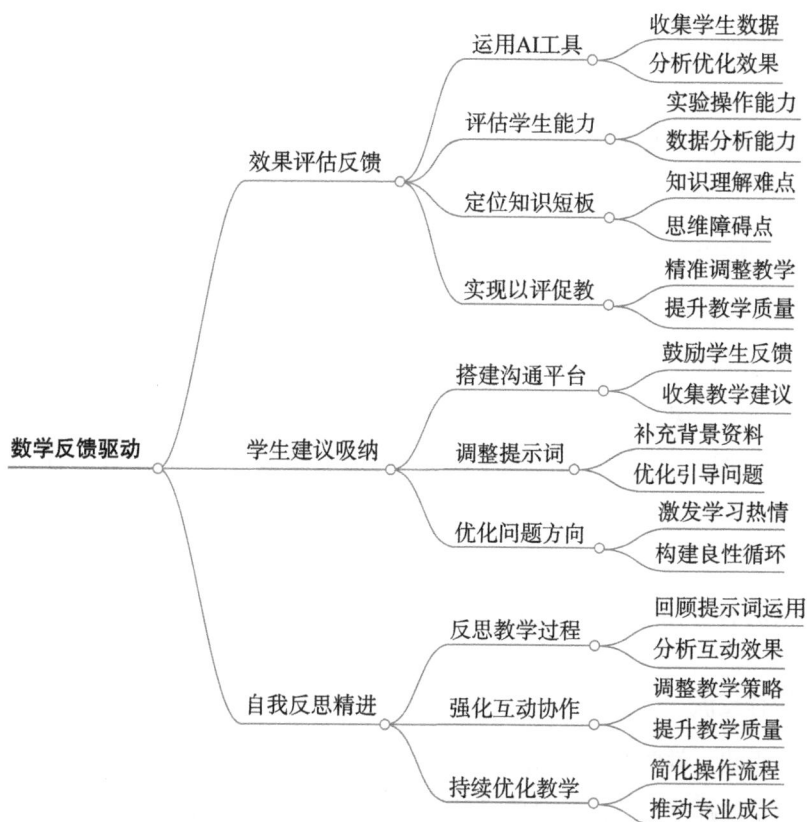

图 1.15　教学反馈驱动

1. 效果评估反馈

课程结束后，教师可以运用 AI 收集学生作业、测试、课堂表现等数据，分析提示词优化效果。例如，教师可以通过学生提交的化学反应速率影响因素实验报告，以及"复杂工业催化反应中温度、浓度、催化剂活性多因素协同实验设计与速率模型构建"等问题的解答情况，评估学生实验操作、数据分析、理论应用能力的提升状况，定位学生知识短板与思维障碍点，为后续教学调整提供依据，实现以评促教、精准提升。

2. 学生建议吸纳

教师可以搭建提示词优化沟通平台，鼓励学生针对教学场景、问题及提示词提出建议。例如，学生反馈在历史角色扮演活动中角色背景资料不足，教师据此用"反馈转化优化器"优化提示词，补充角色详细生平、社会关系、时代思潮背景资料，重设引导问题，深化学生对角色的理解，提升其参与度；依据学生兴趣点优化问题方向，增加"古代发明对现代生活隐秘影响溯源探究"等问题，响应学生的需求，激发其主动学习的热情，构建教学相长的良性循环。

3. 自我反思精进

教师要定期反思教学过程，回顾提示词运用成效。例如，在语文诗词鉴赏课程中，意象解读问题虽然得到了优化，但互动深度欠佳，可将提示词优化为"小组合作研讨诗词意象文化演变，创作意象新编诗词并互评优化意象传承创新策略"，强化互动协作与创作实践；在科学实验课程中，如果操作流程烦琐，可通过提示词优化或简化流程，提升教学的流畅性与效率。

1.4.6 团队协作赋能：共享智慧的优化生态

1. 校内协作交流

学校可以组建"教学智慧共创联盟"，不同学科的教师定期研讨、分享提示词优化经验。例如，数学教师分享"函数最值求解"分层教学提示词优化策略，物理教师受到启发后设计了"多物体机械能守恒复杂情境下能量最值分析"分层问题；语文教师将文学创作技巧融入提示词优化，英语教师受到启发后对写作教学问题设计做了创新。

校内协作交流平台可以汇聚集体智慧，打破学科壁垒，丰富教学资源与创意，提升教学质量与创新活力，培育跨学科教学协作文化土壤。

2. 跨校合作拓展

在区域校际合作中，各学校可以借助一些教育平台共享优质提示词资源库与优化案例。例如，某校分享"项目式学习中跨学科主题设计与提示词协同优化方案"，其他学校借鉴后将其应用于本地校本课程开发；乡村地区的学校共享特色民俗文化教学提示词优化成果，城市地区的学校可以借此丰富多元文化教育素材。

参与合作的学校可依地域特色、校际差异优化共性与个性教学提示词，提升教育均衡发展水平，构建开放创新、协同共进教育生态共同体，推动实现教育资源优质均衡配置与教育公平。

1.4.7　提示词优化工具的对比与选用

在教学与科研领域，提示词优化工具对提升 AI 的响应效果和输出质量至关重要。表 1.3 列出了一些适用于教学与科研工作的提示词优化工具。

表 1.3　适用于教学与科研工作的提示词优化工具

工具名称	适用场景	优势及特点	使用建议
Kimi 提示词专家	数据生成、教学案例设计	• 提供结构化的提示词模板 • 零门槛优化提示词	对初学者很友好，用户可通过分步拆解逐步优化提示词，适合教学设计新手使用
DeepSeek	教学和科研创新	• 专注于教学和科研的深度探索 • 高效：训练成本低 • 开源：支持本地部署和定制化，灵活性高	通过"问题拆解—逻辑推演—方案生成"的链式思维，将模糊指令清晰化，显著降低优化提示词的门槛
ChatGLM	科研辅助、中文学术论文优化	• 擅长逻辑复杂的场景 • 可优化提示词的层次与逻辑	适用于优化中文学术论文内容或教学设计中较复杂的提示词
ChatGPT	教学互动设计、科研论文撰写、内容创作	• 自然语言生成能力强 • 支持多轮优化 • 可广泛用于教学与科研场景	适用于快速生成和优化中英文提示词，可反复调整以验证创意
讯飞星火	教学资源开发、个性化教学	• 针对教育场景优化 • 强调智能辅助教育功能	适用于生成个性化教学资源，支持中文教育场景优化
PromptPerfect	提升 AI 生成质量、对比模型响应	• 可智能优化 • 多模型比较 • 深度提升提示词效果	适用于科研工作中的复杂生成任务，如论文摘要优化或教学案例设计

（续表）

工具名称	适用场景	优势及特点	使用建议
Notion AI	教学计划制订、科研任务分解	• 强大的笔记组织与任务拆解功能 • 长提示词分解与重组	适用于规划复杂教学活动或科研任务，将复杂目标清晰化
文心一言	教学资源优化、科研辅助	• 优秀的中文生成能力 • 深度适配本地化教育与科研场景	适用于国内教学或科研领域的中文提示词生成，如教学计划生成或学术内容设计
Claude	长文本优化、复杂科研任务辅助	• 擅长处理长提示词 • 逻辑分析和结构优化	适用于长文本任务的优化，如论文分章节设计或复杂科研方案分析

这些工具可以提供结构化的提示词，具备智能优化功能，适用于多种场景，可以极大简化用户与 AI 的交互过程，提高教学和科研工作的效率。

1.4.8　使用提示词优化工具的关键步骤

1. 明确目标：定义核心需求

工具：Kimi 提示词专家（见图 1.16）。

图 1.16　Kimi 提示词专家

示例：

- 打开 Kimi 提示词专家，输入初始提示词"为离散数学课程生成一个互动问题"；
- 查看优化建议，如"明确课程内容及形式，如'设计一个与命题逻辑相关的互动问题，支持分组讨论'"；
- 结合需求进一步优化提示词，如"为大学一年级的离散数学课程生成一个与命题逻辑相关的互动问题，要求学生结合现实场景，以小组讨论的形式回答问题"。

2. 分层拆解：复杂问题分步完成

工具：Kimi 提示词专家。

示例：

- 打开 Kimi 提示词专家，输入初始提示词"设计一个教学方案"；
- 查看优化建议，进行第一次优化，如"为高中数学课程设计一个教学方案，包括课程目标和教学内容"；
- 进行第二次优化，如"为高中数学课程设计一个教学方案，包括课程目标、教学内容、教学活动（分组讨论、课堂练习等）和考核方式"。

3. 参考案例：借助已有模板

工具：PromptPerfect。

示例：

- 打开 PromptPerfect，输入初始提示词"帮助我改进教学互动"；
- 查看优化建议，优化提示词，如"请为我提供三项适用于大学物理课程的互动活动，并简要说明每项活动的目标、方法和预期效果"。

4. 调整语气和风格

工具：PromptPerfect。

示例：

- 打开 PromptPerfect，输入初始提示词"生成一篇教学研究文章摘要"；
- 优化提示词，将语气改为学术风格，如"请生成一篇关于 AI 辅助教学研究的学术型文章摘要，字数控制在 200 字以内，重点突出研究背景、方法和结论"。

5. 人机协同追求"精准压缩沟通"的艺术

所谓"精准压缩沟通"，是指以更少的语言传递更丰富的意义。在信息过载的数字时代，教师不仅要教会学生如何表达，更要引导学生精简表达。在这一过程中，人机协同为教学带来了新的可能性。通过提示词设计，教师能够引导学生探索"精准压缩沟通"的艺术，改善语言表达的精度与深度。

下面以写作课为例说明"精准压缩沟通"的两大特点（见图 1.17）。

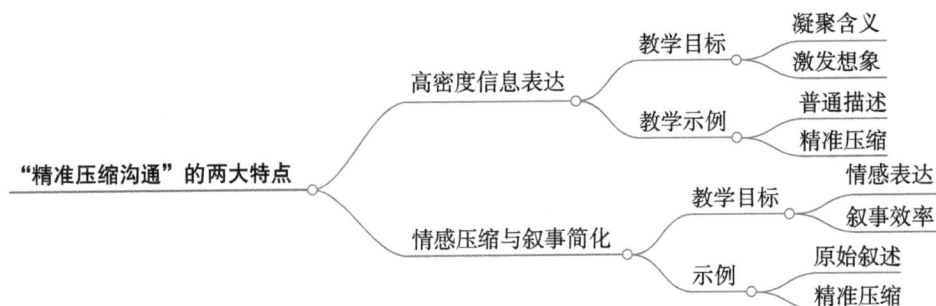

图 1.17　"精准压缩沟通"的两大特点

（1）高密度信息表达。

传统写作的难点：

- 学生常常追求面面俱到的描述，导致文字冗长但内容松散；
- 意境表达缺乏深度，无法激发读者的想象力。

教学目标：

- 教会学生用最少的字词凝聚最多的含义；
- 通过"精准压缩"激发思维张力，让文字在最小的空间内释放最大的信息能量。

示例如下。

普通描述版："这是一个月光明亮的夜晚，地上映着清晰的影子，整个环境显得安静祥和。"

精准压缩版："夜。月。影。"

分析：通过三个意象"夜""月""影"的组合，学生可联想到黑暗中的宁静、明亮的月光及映在地面上的影子。没有具体描述，却创造了一个完整的画面。这种高密度表达培养了学生的联想力与文字内涵感知力。

教师可以设计分层提示词，引导学生在写作中逐步实现"精准压缩"。

教学环节：设置基本提示词"春天的景色"。

学生输出（常规描述版）："春风吹拂，桃花盛开，树叶绿了，溪水潺潺，鸟儿欢唱。"

改进策略：启用压缩提示词"春之韵"。

语义场构建："诗意，物质—意境—情感""时空，微观花粉扩展至宏观季节更迭"。

学生优化输出（精准压缩版）："花粉漫舞弄轻尘，微粒携梦越重门。一缕金光穿云过，唤醒酣眠之灵根。"

教学分析：通过提示词扩展语义场，学生的表达从简单的列举转向诗意的暗示。精练的语言背后隐藏着春天的动态之美与生命的复苏，构建了一个更有张力的意象世界。

（2）情感压缩与叙事简化。

任务设计：用情感故事练习"精准压缩沟通"。

任务主题：克制与深情。

场景设定：20 世纪 70 年代的乡村。

提示词：

- 环境意象——"土地、庄稼、天气"；
- 时代标志——"生产队、工分、返销粮"；
- 动作暗示——"下地、煮饭、补衣"；
- 情感表达——"克制、内敛、坚韧"。

学生输出（故事片段）：

"那年夏天，我们分到了一间没有门板的房子。夜里下雨，她就靠在门框上守着，不让雨水溅到我们唯一的棉被上。

我总觉得她太瘦，省下工分买了两个鸡蛋回来。她把鸡蛋煮熟，剥成四瓣，自己却说不爱吃。

晚上我听见她肚子叫，就像那年饿死的麻雀发出的声音。"

教学分析：学生通过内涵提示词的启发，舍弃冗长的情感描述，采用以物代情、以景衬情的方式，将深厚的情感隐藏在简练的叙述中。字字不提爱，字字都是爱，充分展现了"精准压缩沟通"的艺术。

总之，"精准压缩沟通"不是少说话，而是更有力地说话。学生学会将广泛的联想与深刻的情感融入精练的语言，极大提升了写作的表现力。"精准压缩沟通"不仅适用于写作，还能在其他学科中发挥作用，如用图论解析社会关系、用数学符号表达科学公式等，激发多维度的创造性思维。

1.4.9 用 DeepSeek 优化提示词

1. DeepSeek 思维链降低提示词编写要求的基本原理

（1）什么是思维链。

思维链（Chain of Thought，CoT）是大模型的一种推理技术，它允许 AI 在回答问题或生成内容时，按照逻辑步骤逐步推导出最终答案，而不是直接生成结果。DeepSeek 内置的思维链功能，可以让 AI 像人类一样思考并拆解复杂任务，从而提高输出的准确性和连贯性。

按照 DeepSeek 官方网站的说法，DeepSeek 采用上下文拼接的方式进行推理，即在每一轮对话过程中，它会输出思维链内容（Reasoning Content）和最终回答（Content）。在下一轮对话中，之前输出的思维链内容不会被拼接到上下文中，如图 1.18 所示。

传统的大模型像那种匆匆给答案的朋友，会直接回答问题。

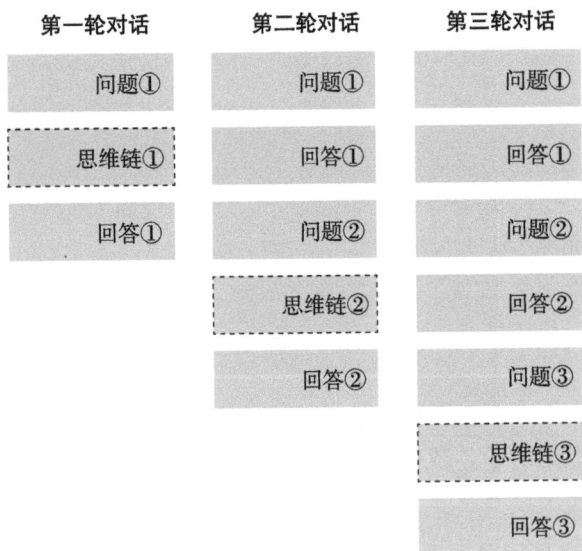

资料来源：DeepSeek 官网。

图 1.18 DeepSeek 的上下文拼接推理模式

输入："分析 AI 对高等教育的影响。"

输出："AI 正在改变高等教育，包括教学自动化、个性化学习和教育数据分析。"

但 DeepSeek 使用了思维链，它就像一个细心的朋友。面对这个问题，它会先拆解问题。

- AI 可以从哪些方面影响高等教育？
- 各个方面分别有哪些典型案例？
- 这些影响是正面的还是负面的？
- 未来的趋势如何？

最终的输出会更有逻辑性和层次感。

DeepSeek 输出：

"AI 在高等教育中的影响主要有三个方面：教学方式的变革，如智能助教和 AI 批改作业；个性化学习，提供自适应学习路径；教育管理，优化课程安排和数据分析。虽然 AI 提升了教学效率，但也可能让教学少了点人情味，因此未来需要更加平衡地利用 AI。"

传统的大模型需要详细的指令才能产出高质量的文本，而 DeepSeek 可以从用户的简单指令中推理出任务的核心需求，自动进行补充和调整；深度学习的多层推理能力，使其能在多步推理后形成高质量答案，即便用户给出的提示词较为粗略；DeepSeek 会结合上下文自主选择最佳的表达方式，避免"死板执行"，减少用户反复调整提示词的工作量。

（2）DeepSeek 如何降低提示词编写的复杂度。

过去，用户需要撰写详细且精确的提示词，包括任务背景、输出格式、逻辑步骤、语言风格、期望的深度等。

DeepSeek 降低了这些要求（见图 1.19），因为它具备以下特性。

- 自动补充缺失信息：如果提示词

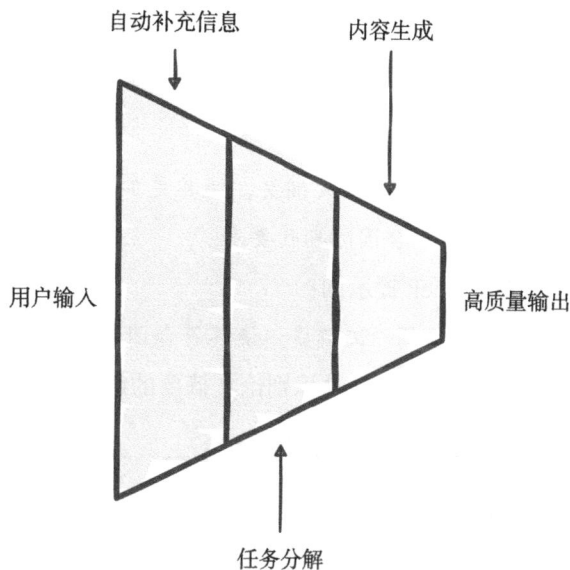

图 1.19　DeepSeek 简化提示词的思路

不完整，DeepSeek 会根据上下文自动推理用户需求。

- 分解复杂任务：即使用户的输入很简单，DeepSeek 也能自行拆解任务，按照合适的逻辑顺序生成内容。
- 提供更符合学术与教学场景的内容：对于科研和教学类任务，DeepSeek 的输出更具条理性、专业性，不需要用户手动控制每一个步骤。

2. 传统提示词与 DeepSeek 提示词的对比

传统提示词往往需要额外的精确控制，而 DeepSeek 的优化能力可以让提示词变得更简洁。

示例 1：教学案例生成

传统提示词：

"请生成一个关于 AI 伦理问题的大学课堂教学案例，案例应包括现实问题描述、涉及的伦理困境、相关法规及可供讨论的问题。案例要以可读性强的方式呈现，并适合本科教学。"

DeepSeek 提示词：

"写一个关于 AI 伦理的课堂案例，适合本科教学。"

DeepSeek 会自动拆解任务，补充案例细节，并以逻辑化的方式呈现案例。

示例 2：论文摘要优化

传统提示词：

"请优化以下论文摘要，使其更加学术化，并确保逻辑清晰、表达流畅。同时，调整句式，使其符合国际期刊要求。"

DeepSeek 提示词：

"优化这篇论文摘要，使其符合国际期刊要求。"

DeepSeek 会自动识别论文摘要的结构，逐步改进语言，使其符合学术表达要求。

3. 优化提示词的具体方法

尽管 DeepSeek 降低了对提示词的要求，但用户仍需运用一些优化技巧，使 AI 的输出更符合自己的需求，如图 1.20 所示。

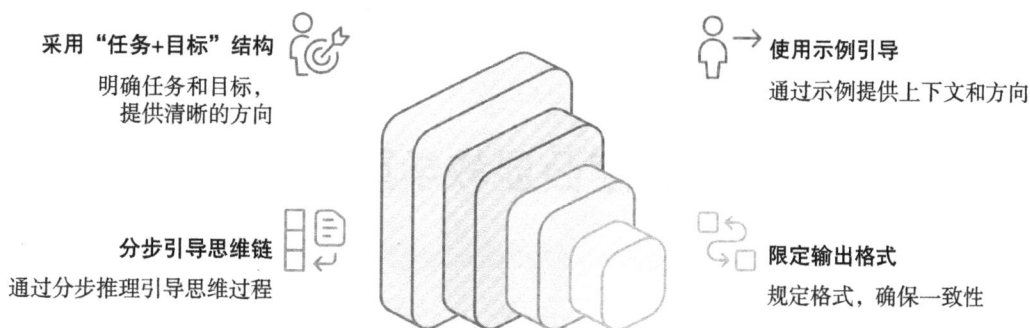

採用"任务+目标"结构
明确任务和目标，
提供清晰的方向

使用示例引导
通过示例提供上下文和方向

分步引导思维链
通过分步推理引导思维过程

限定输出格式
规定格式，确保一致性

图 1.20　优化提示词的技巧

（1）采用"任务＋目标"结构。

不推荐："写一篇关于 AI 的文章。"

推荐："写一篇关于 AI 在高等教育中具体应用的综述，要适合期刊投稿。"

理由：增加任务类型（综述）、提供任务目标（期刊投稿）。

（2）使用示例引导。

不推荐："生成一个教学案例。"

推荐："写一个类似于'黑客帝国'情境的课堂案例，用于探讨 AI 伦理问题。"

理由：给出参考案例，AI 就能更好地理解你的需求。

（3）限定输出格式。

推荐："总结这篇论文。"

推荐："用 3 段话总结这篇论文，每段不超过 100 字。"

理由：设定输出格式，提高可读性。

（4）分步引导思维链。

不推荐："写一篇关于生成式 AI 的论文。"

推荐："第一步，介绍生成式 AI 的定义和发展；第二步，讨论生成式 AI 在教育领域的应用；第三步，分析可能的挑战与伦理问题；第四步，预测未来趋势。"

理由：通过步骤拆解，让 AI 思路更清晰，输出更有层次感。

总之，DeepSeek 思维链使提示词编写变得更加简单，教师和科研人员可以用更少的指令获得更加精准、条理更清晰的内容。

第 **2** 章

PPT 微课：AI 辅助快速凸显教学重点与亮点

制作 PPT 课件耗时费力？ AI 可以让微课设计变得简单高效。

本章介绍如何用 AI 快速生成课件大纲，自动添加动态图表和配图，让课件更生动。无须从零开始，AI 可以帮你拼装模块化内容，还能优化排版、一键分享。AI 可以让你告别熬夜做课件，把时间留给更重要的教学创意。无论新手教师还是资深教师，只要用好 AI，都能成为微课高手。

2.1 一键生成 PPT：从课程大纲提炼到知识点梳理

2.1.1 PPT 的重要性及教师制作 PPT 的常见痛点

PPT 是现代教育中十分常见也很重要的数字化教学工具之一，被广泛应用于大中小学课堂。即使在 AI 时代，PPT 依然不可取代。AI 可以帮助教师高效地设计 PPT，使之图文并茂，并结合互动、讨论等方式，激发学生的思维，使其成为促进教学的有力工具，而非枷锁。

然而，对教师而言，制作 PPT 常常是备课过程中的一大负担，常见的痛点如下。

- 耗时太长。从整理课程大纲到设计、排版，制作 PPT 花费的时间往往超过预期。
- 排版不美观、杂乱。有些教师擅长内容编写，但缺乏设计和排版经验，PPT 显得单调或杂乱。
- 知识点不清晰。面对复杂的课程内容，提炼重点、划分模块是一项挑战。

• 重复修改。每个学期都要更新和修改 PPT，工作量巨大。

表 2.1 列出了 PPT 制作痛点及其根源。

表 2.1　PPT 制作痛点及其根源

痛点表象	系统根源	心理根源
耗时太长	学校无模板库及培训支持	完美主义（总想做出"100 分课件"）
排版不美观、杂乱	设计培训缺失，评价重内容、轻形式	保守心态（怕创新时出错）
知识点不清晰	学科知识更新快，无梳理工具	经验依赖（"以前就是这么教的"）
重复修改	版本管理机制缺失	惯性思维（"改模板比学 AI 快"）

2.1.2　AI 辅助 PPT 制作工具简介

目前市面上有多种 AI 辅助 PPT 制作工具，它们各有特色，适用于不同的需求和场景。下面介绍常用的几款。

1. 通义千问

功能特点：阿里巴巴推出的 AI 工具，能够理解和生成自然语言，提供文本生成、图片生成、表格生成等多种功能。通义千问在生成 PPT 方面表现尤为突出，能够根据输入的指令快速生成结构清晰、内容丰富的 PPT。

优势：操作简便，设置简单；支持多种内容生成方式，可以满足不同的教学需求。

2. 百度文库 PPT 工具

功能特点：百度文库推出的在线 PPT 制作平台，内置丰富的模板和素材库，支持一键生成 PPT。百度文库 PPT 工具结合了 AI 技术，能够根据用户输入的关键词自动生成 PPT。

优势：模板丰富且美观大方；自动生成功能强大，适用于快速制作 PPT。

3. PowerPoint 中的 AI 功能

功能特点：虽然 PowerPoint 本身不是专门的 AI 工具，但其内置的"设计灵感""智能查找"等功能也能在一定程度上帮助用户生成和美化 PPT。

优势：与 Office 套件高度集成，操作便捷；功能稳定，兼容性好。

4. Kimi PPT 助手

功能特点：Kimi PPT 助手是一款智能 PPT 生成工具，拥有丰富的设计模板和元素库，用户可以根据需要选择合适的设计，它会自动进行排版，支持一键生成 PPT。

优势：操作便捷，从启动到下载成品，整个流程简洁明了；支持上传文档，可以让 Kimi PPT 助手根据文档内容生成 PPT。

2.1.3　AI 辅助 PPT 生成操作步骤

以下分步骤演示如何利用 AI 工具基于课程大纲自动生成 PPT。

第 1 步：准备工作

（1）工具。

AI 工具：Kimi。

PPT 制作工具：PowerPoint、Canva、Beautiful.ai 等。

（2）资料：

- 课程大纲（Word 或 PDF 文档）；
- 知识点清单（按章节划分）；
- 教学目标与案例示例。

第 2 步：梳理课程大纲与知识点

（1）提炼课程大纲的核心内容。

打开 Kimi，输入课程大纲内容，并输入如下提示词：

请根据以下离散数学课程大纲提取每章的标题和主要知识点，列成表格。

课程大纲如下。

第 1 章：集合与逻辑——介绍集合的概念及运算，命题逻辑与推理。

第 2 章：图论基础——图的定义、性质，图的遍历与应用。

输出示例如下。

章节	关键知识点
第 1 章	集合的概念及运算，命题逻辑与推理
第 2 章	图的定义、性质，图的遍历与应用

（2）根据知识点设计教学框架。

将课程内容结构化：

- 教学目标；

- 学生应掌握的核心技能；

- 每节课的重点和难点。

第 3 步：生成 PPT

（1）用 Kimi 生成 PPT 大纲。

向 Kimi 输入如下提示词：

请根据以下知识点生成 PPT 大纲，每页包含标题和简要内容：

- 集合的概念及运算；

- 命题逻辑；

- 逻辑推理应用。

输出示例如下。

- 第一页　课程介绍与目标：本课程的目标、重要性及预期成果。

- 第二页　集合的概念及运算：集合的基本定义及常用运算示例。

- 第三页　命题逻辑：命题种类、真值表及逻辑运算符。

- 第四页　逻辑推理应用：推理规则、常见案例与问题解析。

（2）制作 PPT。

将生成的大纲复制到 PPT 制作工具中，选择合适的模板。

如果使用 Canva 或 Beautiful.ai，可以登录后进行以下操作：

- 选择"教育"主题模板；

- 将生成的大纲粘贴进去，即可自动生成初稿。

接着，调整视觉设计：

- 插入与课程相关的图片（可用 AI 图片生成器）；
- 调整字体与配色，确保风格统一。

如果使用 PowerPoint，可以进行以下操作：

- 使用内置的设计工具；
- 将生成的大纲粘贴进去，选择合适的模板，即可自动生成带有适当排版的 PPT。

第 4 步：微调与个性化定制

通过上述步骤做出来的 PPT 具备基本合格的框架和一定的视觉效果，但教师仍需进行细节调整：

- 补充教学案例与互动环节；
- 增加图片、图表与动画效果；
- 优化视觉设计，如调整封面图片、配色方案与字体样式。

总之，在 AI 的辅助下制作 PPT，教师能轻松实现从课程大纲提炼到知识点梳理的全过程自动化。

2.2　PPT 让课堂生动起来：AI 生成动态图表与配图的妙用

2.2.1　课堂为何死气沉沉

在传统教学中，教师经常使用静态的 PPT 和教科书中的插图。然而，这些静态的资料往往难以吸引学生的注意力，尤其是在数字化时代成长起来的学生，他们更喜欢动态、互动性强、个性化的内容。

图 2.1 是传统教学中用 PPT 授课时面临的一些挑战。

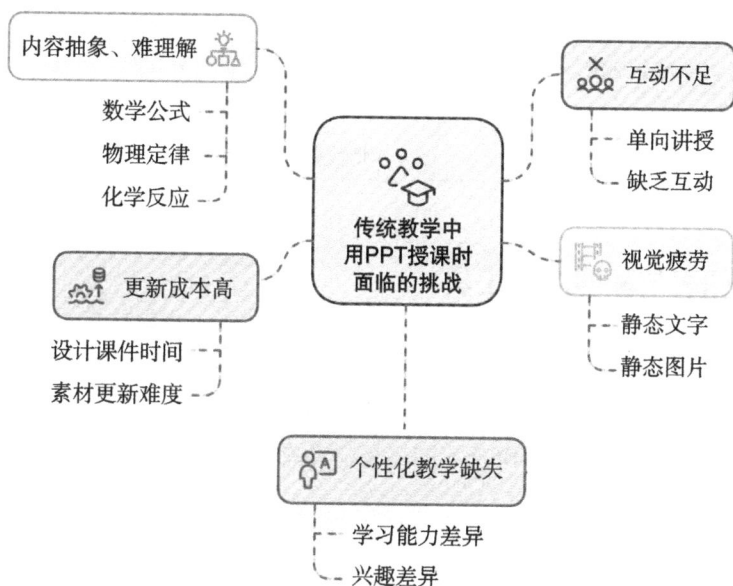

图 2.1　传统教学中用 PPT 授课时面临的挑战

（1）内容抽象、难理解。数学公式、物理定律、化学反应等往往因其抽象性而让学生望而生畏，导致他们难以产生学习兴趣。

（2）互动不足。单向讲授的教学方式导致师生之间缺乏有效互动，难以激发学生的主动性和创造性。

（3）视觉疲劳。长时间面对静态的文字和图片，学生容易产生视觉疲劳，注意力难以集中。

（4）个性化教学缺失。教师难以针对学生的学习能力和兴趣进行差异化教学。

（5）更新成本高。教师需要花费大量的时间设计课件，素材更新成本高，教学内容难以保持新鲜感。

AI 可以重构 PPT，表 2.2 展示了传统 PPT 与 AI 赋能的 PPT 的区别。

表 2.2　传统 PPT 与 AI 赋能的 PPT 的区别

维度	传统 PPT	AI 赋能的 PPT
生产	手工制作，耗时较长	AI 根据教案自动生成 PPT 初稿，短时间内即可完成优化
设计	静态图文＋基础动画	AI 动态匹配知识点，生成 3D 模型，数据实现了可视化

（续表）

维度	传统 PPT	AI 赋能的 PPT
互动	单向输出，无实时反馈	嵌入 AI 助教，支持"弹题测试"和错因分析
分发	将相同的内容推送给所有学生	基于学情数据自动推荐个性化学习片段

2.2.2 动态图表与配图制作工具

动态图表是指能够随数据变化实时更新显示的视觉化图表，具有动态展示效果，能直观呈现趋势与变化。在不同课程的教学中，动态图表都有其应用场景。

下面从简单到复杂，介绍适用于不同场景的动态图表及制作工具。

1. 用 Excel 制作动态图表，动态展示教学数据

适用场景：

- 经济与管理课——展示市场供求变化；
- 数学课——展示函数变化；
- 科学实验课——展示实验数据变化。

示例：展示产品销售额的月度变化趋势。

操作步骤如下。

第 1 步：输入数据。打开 Excel，输入以下数据：

月份	销售额（万元）
1 月	50
2 月	70
3 月	80
4 月	90
5 月	120
6 月	150

第 2 步：创建动态图表。选中数据区域，选择"插入"→"图表"，选择"折线图"，

生成的折线图如图 2.2 所示。调整图表样式，包括图表标题、坐标轴标签等。

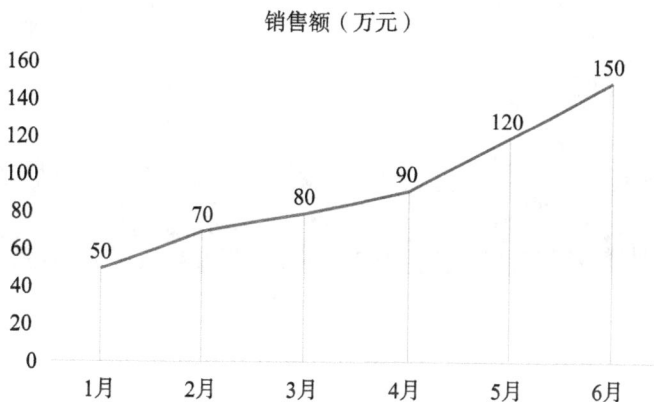

图 2.2 折线图

第 3 步：导入 PowerPoint，设置动画。复制 Excel 图表，粘贴到 PowerPoint 中；在 PowerPoint 中，单击图表，选择"动画"→"飞入"；在"动画"窗格中选择"按类别播放"，实现逐月动态展示。

课堂展示效果：销售趋势将逐月动态显示，帮助学生直观了解市场变化和数据增长过程。

2. 用 PowerPoint 制作教学配图，直观展示复杂概念

适用场景：

* 物理课——展示光的反射与折射原理；
* 生物课——展示细胞结构与功能；
* 历史课——展示历史事件或时间线。

示例：展示太阳系运行模型（见图 2.3）。

操作步骤如下。

第 1 步：插入形状。打开 PowerPoint，选择"插入"→"形状"；绘制一个黄色的圆形，用它代表太阳；在太阳周围绘制几个椭圆，用它们代表行星轨道；添加几个小圆形，用它们代表行星，给它们填充不同的颜色。

图 2.3　太阳系运行模型

第 2 步：设置动画效果。选中行星，选择"动画"→"沿路径移动"；设置动画路径为相应的轨道形状。

第 3 步：调整动画效果。在"动画"窗格中调整每个行星的旋转速度和轨道方向；设置动画类型为"自动开始"，实现行星的同步运动。

课堂展示效果：行星将沿轨道同步运行，帮助学生直观地了解行星的运动规律。

3. 用 Canva 制作动态图表

适用场景：

- 经济与管理课——展示市场供求、销售增长等数据的变化；
- 科学与工程课——模拟实验数据的变化过程、环境变化趋势；
- 数学课——展示几何图形变换与函数图像变化过程。

示例：展示市场价格随供求变化的动态变化过程。

操作步骤如下。

第 1 步：登录并创建设计。打开 Canva 官网，登录账号，在"创建设计"中选择"演示文稿"或"报告"模板。

第 2 步：插入图表。在左侧菜单中选择"素材"→"图表"；根据教学需求，选择柱状图、折线图、饼图等类型。

第 3 步：编辑数据。单击插入的图表，选择"编辑数据"；输入示例数据，如各个月份的销售额。

第 4 步：动态展示设置。在右上角选择"动画"，为图表添加"上升""滑入"等动态效果。

第 5 步：导出与应用。将制作好的课件导出为 MP4 视频或 PPT 文档，用于课堂演示。

4. 用 Desmos 动态演示图表

操作步骤如下。

第 1 步：打开 Desmos。

第 2 步：输入函数表达式。例如，在左侧输入"$y=a\sin(bx+c)$"。

第 3 步：添加滑块。在函数中的变量（如 a、b、c）上单击"添加滑块"，设置滑块范围与步长。

第 4 步：动态演示。拖动滑块，观察函数图像的动态变化，如图 2.4 所示。

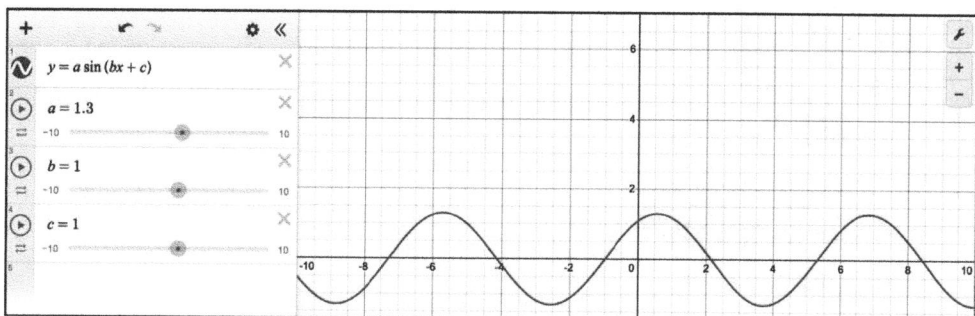

图 2.4　函数图像动态变化

2.2.3　AI 辅助生成教学配图

示例 1：精准匹配教学内容的图片

操作步骤如下（以豆包为例）。

第 1 步：登录文生图平台，选择"创建设计"或"插图生成"功能。

第 2 步：输入提示词，如：

- 唐代诗人李白登高望远；
- 牛顿观察苹果下落。

第3步：生成与调整。单击"生成"按钮，平台自动生成图片；调整图片的大小、样式等，使之符合教学需求。

第4步：导出与应用。导出图片或视频，将其插入课件。

示例2：电磁感应演示图（物理课）

提示词如下：

- 磁铁与线圈发电；

- 电磁感应示意图。

图 2.5　电磁感应演示配图示例

生成的图片展示了磁铁在导线中运动产生电流的现象（见图 2.5）。教师可以结合图片进行讲解，帮助学生直观地理解物理原理。

总之，教师可以结合使用 Excel、PowerPoint、Desmos 与豆包、ChatGPT、DeepSeek 等 AI 工具，快速创建富有视觉冲击力的教学配图，让 PPT 从静态变为动态、从枯燥变为生动。这些工具操作简单，适合各类教师，可以极大地增强教学互动性与学生的学习兴趣。

2.3　PPT 微课制作新路径：用 AI 快速搭建模块化内容

2.3.1　传统教学困局与 PPT 微课破局

图 2.6 对比了传统教学与 PPT 微课，揭示了传统教学面临的困局，而 PPT 微课以其独特优势成为破局之选。

1. 传统教学的困局

（1）时空受限。传统教学于固定的时间和地点开展，大学多合班授课，中小学班级学生水平参差不齐，若强行统一教学进度，则难以满足个体需求。例如，在大学的微积分课上，基础薄弱的学生很难跟上节奏，基础较好的学生则觉得进度拖沓；在中小学语文古诗词教学中，部分学生需要更多的辅导，这会影响整体的教学效率与质量。

（2）知识传递低效。课堂上教师讲授知识，学生被动接受知识，互动有限，学生学习的积极性和主动性受挫。例如，在历史课上，教师讲史实，学生只记笔记，缺乏自主思考和讨论，难以深刻理解历史事件的意义和影响，无法培养批判性思维与创新能力。

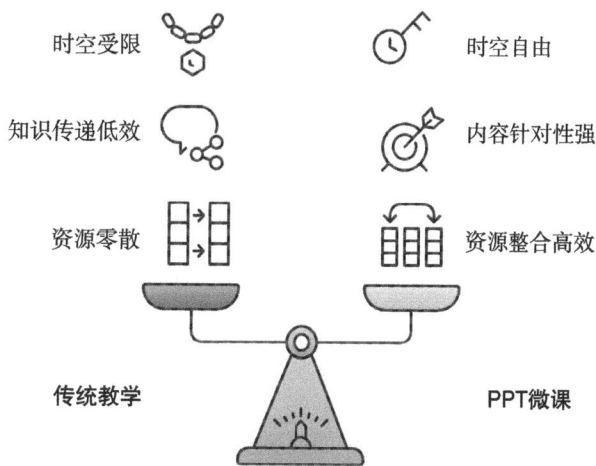

图 2.6　传统教学与 PPT 微课的对比

（3）资源零散。教学资源分散于教材、参考资料、网络各处，整合耗时费力。学生面对海量信息，难以甄别、筛选有效内容。例如，在地理课上，教师收集和整理地形地貌、气候数据、人文风情等资料比较困难，学生自学时容易迷失在信息海洋中，无法构建系统的知识体系。

微课作为一种灵活的教学形式，能够很好地解决这些痛点，尤其是在 AI 的助力下，微课制作会变得十分高效。

2. PPT 微课如何破局

微课是一种时长短、主题明确、结构紧凑的数字化教学资源。PPT 微课凭借结构化表达和技术兼容性，在 AI 的辅助下可能发展为"智能教学最小单元"，既可作为独立的学习资源，也能嵌入混合式课堂作为活动导引。

PPT 微课在教学中的优势如下。

（1）时空自由。微课以短视频形式呈现，学生可依自身学习进度随时随地观看。例如，大学生可利用碎片时间，在课前预习大学物理微课，了解重点和难点；中小学生可在课后复习数学微课，强化知识薄弱点，实现个性化学习。

（2）内容针对性强。微课是围绕特定知识点或技能点设计的，主题明确、内容精简。

例如，英语语法微课聚焦特定时态，配以例句和练习，可强化学生的理解和运用；化学实验微课详细演示实验步骤、注意事项，学生可按需学习，精准攻克疑难，提升学习效果。

（3）资源整合高效。微课借助技术整合文本、图片、动画、视频等资源，可以生动地呈现知识。例如，细胞结构微课融合微观细胞动画、真实细胞图片、科学家研究故事，将抽象的知识具象化，可以激发学生的学习兴趣，帮助其构建系统的知识框架并加深记忆和理解。

2.3.2　AI 辅助微课模块化构建

图 2.7 展示了 AI 如何辅助微课模块化构建，主要包括知识点模块化拆分、AI 驱动内容生成及个性化定制模块。

图 2.7　AI 辅助微课模块化构建

1. 知识点模块化拆分

（1）精准定位核心知识。教师依教学大纲与目标，借助知识图谱分析课程知识结构，锁定关键知识点。例如，在大学电路原理课程中，AI 可以梳理出电路基本元件特性、基尔霍夫定律应用、电路分析方法等核心模块；在中小学语文课程中，AI 可以划分出字词认读、语法讲解、阅读理解技巧等模块，确保微课内容紧密围绕重点。

（2）合理确定"知识颗粒度"。AI 可以根据学生认知水平与学习需求，将知识点细化为适宜的教学单元。例如，在大学高等数学课程中，导数应用相关内容可细分为导数定义回顾、函数单调性判断、函数极值求解、导数在经济学中的应用等子模块，每个子模块聚焦于单一主题，讲解时间控制在 5 ~ 15 分钟，与学生注意力集中时长匹配，便于学生理解消化。

2. AI 驱动内容生成

（1）智能推荐资源、素材。AI 可以依据知识点特性，从海量资源库中筛选和推荐文本、图片、视频等素材。例如，对于"世界各地风土人情"微课，AI 可以推荐高清风景图片、当地人文纪录片片段、旅行者游记文章，教师可以根据教学风格与学生喜好进行筛选，丰富微课内容，增强其吸引力和感染力。

（2）辅助优化脚本。当教师编写微课脚本时，AI 可以提供创意灵感与文字润色建议。例如，对于讲述历史事件的历史微课，AI 可以建议从独特视角切入，如"从文物视角看古代文明交流"，并优化脚本语言表达，使讲解生动有趣、逻辑清晰，提升微课质量与教学效果。

3. 个性化定制模块

（1）适配学生层次需求。AI 可以分析学生的学习数据，为不同水平的学生定制微课模块难度梯度。例如，对于小学数学"四则运算"微课，AI 可以为基础薄弱的学生设计基础运算练习模块，为基础较好的学生设计复杂应用题解题技巧模块，依据学习进度为学生推送合适的内容，实现个性化教学，助力学生能力提升。

（2）多元风格激发兴趣。AI 可以提供多种微课模板风格，教师可以依据学科特点与教学情境进行选择。例如，科学课用简洁明了的科技风模板，语文课用富有文化底蕴的古典风模板，艺术课用色彩鲜艳的创意风模板。教师也可以依据教学创意进行微调，使微课独具特色，吸引学生的注意力，激发其学习热情。

2.3.3　PPT 微课制作实操指南

1. 前期规划筹备

（1）明确教学目标。确定微课的教学目标，如学生理解和掌握特定概念、学会某项技能、形成某种思维方式等。例如，物理"牛顿第二定律实验"微课的教学目标是学生掌握实验原理及实验步骤、学会数据分析和处理、理解定律的物理意义，并且为后续的教学活动锚定方向。

（2）分析受众特征。了解学生的年龄、知识基础、学习习惯与兴趣点，使微课设计契合需求。例如，中小学低年级学生注意力容易分散，微课内容应生动活泼；大学生注重知识深度和广度，微课可适当增加学术探讨与前沿拓展内容，确保内容具有针对性与吸引力。

2. PPT 内容设计

（1）精简内容呈现。每页 PPT 聚焦单一要点，文字表述简洁明了，避免堆砌大段文字。例如，"化学元素周期表"微课，每页介绍一种元素特性，以元素符号、名称、原子结构示意图、关键性质为主，配以简洁的文字说明，确保信息得到清晰传达，减轻学生认知负荷。

（2）强化视觉效果。选择适当的主题风格模板，使文字与背景对比度适当，如浅色背景配深色文字；文字大小适中，标题与正文容易区分；合理运用图片、表格、图形元素辅助说明，如用动画分步展示数学公式推导过程，用高清图片展示、对比生物细胞结构，增强内容的直观性与趣味性，提升学生的学习体验。

3. 录制与后期制作

（1）录制旁白音频。选择安静的环境，用专业录音设备录制讲解音频。录制时注意语速适中、声音清晰、避免口头禅。例如，讲解语文古诗词时，依诗词意境和情感调整语速、语调，增强感染力。录制后检查音频质量，用音频编辑软件降噪并剪辑掉多余的部分。

（2）视频合成导出。将录制好的音频整合到 PPT 中，添加动画效果、转场效果，以提升其流畅性与观赏性。例如，切换知识点时可以使用渐变、旋转等转场效果，强调重点内容时可以使用放大、闪烁等动画效果。导出视频后，依平台要求调整分辨率、帧率等，确保微课视频播放效果，便于学生观看。

4. 微课制作方法示例："数据分析基础"微课设计

（1）工具。

推荐使用 PowerPoint 2016 及以上版本，选择适当的 AI 工具（如 Kimi、通义千问等）。

（2）PPT 制作。

封面页设计如下。

- 标题：数据分析基础。
- 副标题：轻松掌握核心数据分析技能。
- 配图：数据分析主题相关图片。

引入页设计（2 ~ 3 页）如下。

- 问题引入：你知道什么是数据分析吗？
- 图示展示：数据分析流程图或简洁的动画。

讲解页设计（3 ~ 5 页）如下。

- 关键概念讲解：结合简单图表、流程图等可视化工具。
- 突出重点：使用形状、框线等工具突出核心内容。

案例分析页设计（2 ~ 3 页）如下。

- 实例展示：市场销售数据分析等。
- 图表展示：将 Excel 生成的图表插入 PPT。

练习与测试页设计（1 ~ 2 页）如下。

- 思考题或互动测试。
- AI 评测工具推荐：Google Forms 或 Quizizz 等。

总结页设计（1 页）如下。

- 知识点回顾：列出学习要点。
- 下节预告：激发学生的学习兴趣。

（3）录制与优化。

- 录音与配音：用录音工具（如 PowerPoint 自带的录制功能）为 PPT 添加配音。
- 视频录制：推荐使用 PowerPoint 自带的录制功能、Camtasia 等。
- 编辑与导出：剪辑录制好的视频，添加字幕和特效。

（4）发布与应用。

- 将微课上传到学习平台，如雨课堂、学习通、学堂在线、中国大学慕课、智慧树等。
- 效果跟踪与反馈收集：利用学生反馈与学习数据持续改进微课内容。

通过以上操作，教师能够高效地设计和制作模块化微课，从而提升教学效果，增强学生的学习兴趣。在 AI 的赋能下，微课制作不再是难点，而是教学创新的亮点。通过合理规划和灵活应用，教师能够将教学方式从"以讲授为主"转变为"交互与创造并行"，真正实现教学相长。

2.4　PPT 微课优化与分享：AI 辅助教学提质增效

2.4.1　教师日常教学交流的困境

教师之间的分享与交流有助于提升教学质量，然而，现实中教师往往面对诸多困境，如时间碎片化、交流活动形式化、资源共享不畅等。

图 2.8 展示了"教师交流障碍漏斗"。

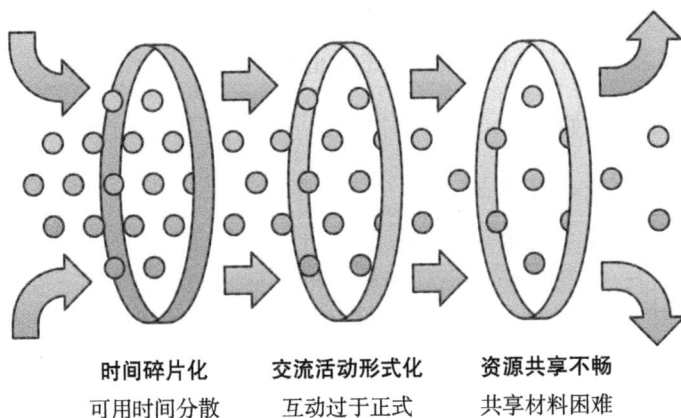

时间碎片化　　　交流活动形式化　　　资源共享不畅
可用时间分散　　　互动过于正式　　　共享材料困难

图 2.8　教师交流障碍漏斗

1. 时间碎片化，深度交流成奢望

教师们虽身处同一学术环境，但彼此间分享教学成果、交流经验却困难重重。教学工作的忙碌使教师们无暇深入他人课堂观摩学习。每位教师都肩负着繁重的课程讲授、学生指导及科研任务，时间被切割成碎片，他们难以抽出整块时间去细致了解其他教师的授课方式、课程设计思路等。例如，一位教授专业课程的教师，每周要备课、授课、批改作业，还要进行科研项目申报与研究，可能没有足够的精力去参与其他教师的课堂教学活动。

2. 交流活动形式化，深入探讨难

教师们即使有机会进行交流，往往也是浅尝辄止。教学研讨活动通常时间有限，难以对教学内容、教学方法等进行深入探讨。例如，在一些院系组织的教学研讨会上，由于参会教师众多，议程安排紧凑，每位教师只能简单介绍自己的教学概况，无法深入剖析教学过程中的细节问题，无法详细介绍如何设计有效的课堂互动环节、怎样满足学生的差异化学习需求等。

3. 资源共享不畅，教学价值难发挥

优质的微课资源分散在各位教师手中或不同的教学平台上，难以整合、推广。教师们不知道从何处获取高质量的、与自己教学内容相关的微课资源，而自己制作的微课也难以广泛传播，无法发挥更大的教学价值，这在很大程度上限制了教学经验的传播与教学质量的整体提升。

2.4.2　微课创建与分享实践心得

微课作为一种灵活的教学形式，不仅可以提高知识传递效率，也可以为教师之间的课程分享提供便利。在过去的 10 年里，笔者负责设计了 5 门课程，总计近 300 个微课，涵盖了不同的学科领域。这些微课不仅帮助学生在不同领域深入学习，还通过各大在线教育平台，如知到 App、智慧树、学堂在线、学习通、喜马拉雅、腾讯课堂等，覆盖了更广泛的学习者群体。下面结合笔者的实际体会，简要介绍 AI 辅助微课建设与分享的一些策略（见图 2.9）。

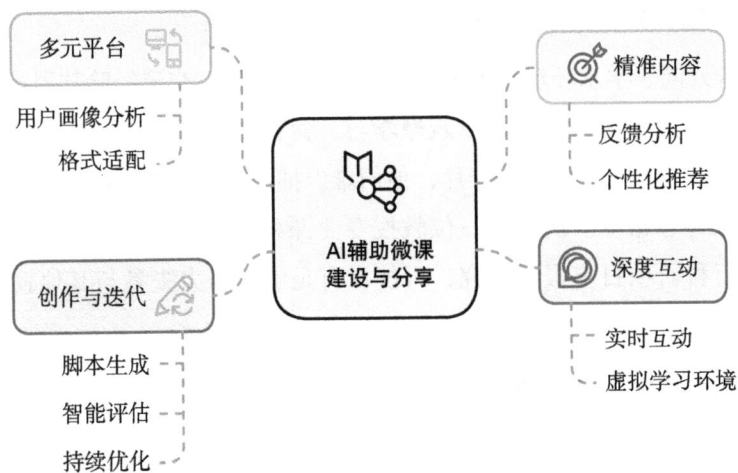

图 2.9　AI 辅助微课建设与分享

1. 多元平台，拓展分享广度

借助多样化的在线平台，微课得以广泛传播。例如，创业管理微课在知到 App、智慧树平台上线，54 个微课深受高校学生和创业者的欢迎；生涯管理微课在学习通、学银在线平台上线，71 个微课为不同阶段的职业规划者提供了宝贵的资源；"孩子自主成长 78 记"微课在喜马拉雅、爱奇艺平台上线，77 个微课精准触达家长和教育工作者群体。

AI 辅助优化：AI 可以分析各个平台用户的画像和学习习惯，为微课内容提供个性化的推荐和优化建议；帮助教师快速将微课内容适配不同平台的格式要求，提高发布效率。

2. 精准内容，增强分享针对性

根据课程目标和受众需求精心设计微课内容，可以提高分享的针对性。例如，创业营销微课聚焦市场营销核心环节，为创业者提供实战经验；生涯管理微课围绕职业规划需求，为求职者提供实用指导；"孩子自主成长 78 记"微课关注孩子成长的关键方面，为家长提供教育方法。

AI 辅助优化：AI 可以分析学习者的反馈和成绩数据，帮助教师快速了解哪些内容受欢迎、哪些内容需要改进；根据学习者的学习进度和能力，推荐个性化的内容，提高其学习效率。

3. 深度互动，提升分享有效性

课程巧妙融入互动元素，可以增强分享的有效性。例如，创业管理微课通过真实案例的视频和图表，让学习者仿佛置身于真实的创业场景；生涯管理微课通过自我测评和案例分析，引导学生积极思考职业选择；情绪管理微课通过真实案例的视频、动画演示和互动练习，帮助学习者掌握情绪调节技巧。

AI 辅助优化：AI 可以进一步增强微课的互动性，如利用语音识别技术实现实时互动问答；生成个性化的练习题，让学习者在互动中巩固所学知识；构建虚拟学习环境，让学习者在模拟场景中实践所学知识。

4. AI 助力微课创作与迭代

智能创作辅助：AI 可以辅助教师快速生成微课脚本、设计动画和制作视频；理解教师的意图，并自动生成符合教学要求的微课内容。

智能评估与反馈：AI 可以对微课内容进行智能评估，包括语言流畅性、知识点准确性、视觉效果等方面；收集学习者的反馈数据，为教师提供改进建议。

持续迭代优化：基于 AI 的微课创作与分享平台可以持续收集和分析数据，为教师提供微课内容的迭代优化建议，不断优化的微课内容可以提高教学质量和学习者满意度。

2.4.3　以微课为基石，构筑 4 类 "一流课程"

AI 辅助微课模块化构建，旨在通过微课打造 4 类 "一流课程" ——线上、线下、混合式及社会实践类（见图 2.10），以满足学生多样化的学习需求，培养高素质人才。

1. 线上 "一流课程"：用微课搭建云端知识殿堂

（1）资源整合与平台搭建。

AI 可以对微课资源进行自动分类与整理，依据学科知识体系构建云端课程架构。借助 AI，教师可以更高效地选择并上传微课至线上平台，如学银在线、智慧树等。AI 还能优化平台课程页面设计，提供智能化的导航栏推荐，如 "课程简介" "微课目录" 等板块的智能排序与更新。教师还可以利用 AI 自动推荐与学生学习进度、兴趣相关的微课，生成个性化的学习路径，让学生高效地吸收知识。

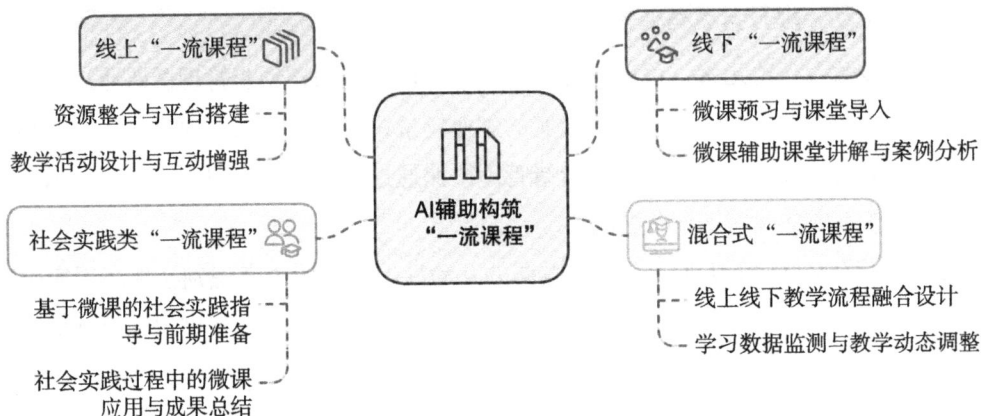

图 2.10　AI 辅助构筑"一流课程"

（2）教学活动设计与互动增强。

AI 可以自动生成个性化的问答与互动环节，如定时提问、智能评测等，确保学生注意力集中。通过智能提问、即时反馈和自动评估，AI 可以实时跟踪学生的学习进度与理解情况。教师可以利用这些数据调整教学策略，提升课堂的互动性。例如，AI 分析学生的答题情况后，可以向学生推荐与其薄弱环节相关的微课，确保学习内容的针对性和效果。AI 可以分析学生互动数据，为教师提供个性化的教学建议，如调整互动难度、增加话题讨论等。AI 还可以支持线上小组项目的自动分组、任务分配与成果展示，促进团队协作与交流。

2. 线下"一流课程"：用微课夯实课堂教学根基

（1）微课预习与课堂导入。

AI 可以根据学生的学习习惯与水平推荐预习微课，提升预习效果。在课堂导入环节，AI 可以分析学生的预习数据，为教师提供精准的学情反馈，以便教师有针对性地讲解重点和难点。

（2）微课辅助课堂讲解与案例分析。

AI 可以辅助教师制作高质量的微课视频，如动画演示、微观模型展示等，帮助学生理解抽象的概念。AI 可以自动筛选和整合案例资源，为教师提供丰富的案例素材。AI 还可以分析学生的案例讨论数据，以便教师提供更有针对性的指导与反馈。

3. 混合式"一流课程"：用微课融合线上与线下的优势

（1）线上与线下教学流程融合设计。

AI 可以规划教学流程，实现线上微课学习与线下课堂教学的无缝衔接。教师可以利用 AI 分析学生在不同教学阶段的学习进展，从而动态调整微课的学习顺序和难度。针对在线学习的部分，AI 可以推荐最合适的微课，确保学生在进入线下课堂前已掌握基础知识，在课堂上可以专注于实操和讨论。

（2）学习数据监测与教学动态调整。

AI 可以实时监测学生的学习数据，包括学习时长、互动参与度、答题正确率等，并自动生成学习报告。教师可以利用这些数据对课堂教学进行调整，如为学习速度较慢的学生提供更多的辅导，或者调整课程内容的呈现方式，确保所有学生都能跟上进度。

4. 社会实践类"一流课程"：用微课连接理论与实践

（1）基于微课的社会实践指导与前期准备。

AI 可以提供精准的社会实践指导。例如，在环保类社会实践中，AI 可以根据学生的背景和兴趣推送个性化的实践资源，帮助学生了解相关工具、技术和案例，确保他们在实践前做好充分的准备。在学生开展实践前，AI 可以根据学生的学习历史推荐合适的学习内容，确保学生在实践过程中不会遗漏关键知识。

（2）社会实践过程中的微课应用与成果总结。

在实践过程中，AI 可以实时记录学生的实践进度及遇到的问题，并自动为他们推送相关的微课，帮助他们解决问题。例如，学生在调研过程中遇到数据分析方面的困难时，AI 可以根据学生的问题推送相关的分析方法课程，帮助他们解决问题。学生将实践经验和成果通过平台分享出来后，AI 可以分析这些内容并推荐相似的案例与微课，进一步丰富课程的内容和形式。

将 AI 应用于 4 类"一流课程"的构建，不仅能大幅提升教学效率与质量，还能更好地满足学生多样化的学习需求，为培养适应时代发展需求的高素质人才提供有力支持。

第 **3** 章

AI 智能体：教师专属的多功能助手

教师既要备课、上课，还要做科研，有时分身乏术，而 AI 智能体能够成为教师的专属帮手。本章主要介绍如何用 AI 辅助教学和科研，手把手带领教师搭建自己的 AI 智能体；如何将 AI 融入课堂，根据学生的差异提供个性化指导。从作业批改到课堂互动，从数据分析到场景设计，AI 都可以帮助教师分担那些烦琐的工作，让教师把更多的精力留给更有温度的教育。无论新手教师还是资深教师，只要用好 AI，都可以让工作变得更轻松，课堂变得更生动。

3.1 AI 智能体：教学与科研的专属助手

3.1.1 什么是智能体

1. AI 智能体与通用大模型的区别

AI 智能体的英文全称是 Artificial Intelligence Agent，其中的"Agent"可以翻译为"代理""助理""秘书""助手"等，目前较为流行且被广泛认可的翻译是"智能体"。

AI 智能体的本质是协助我们完成任务的工具。它是一种能够感知周围环境、自主做出决策并采取行动以达成特定目标的智能系统，可在复杂情境下独立作业，其能力远超日常助手。

AI 智能体与通用大模型不同。通用大模型虽然功能强大，能处理多种多样的任务和问题，但在面对专业领域的具体问题时，往往有不小的局限性，如在专业学科知识的深度和精准度方面有所欠缺。而 AI 智能体聚焦于特定任务和场景，如教育领域中的特定学科甚至特定章节。以大学或高中物理力学为例，针对该部分内容专门设计的智能体，不仅能够准确解答学生关于力学概念、公式应用等方面的问题，还能引导学生设计实验，启发学生思考物理现象背后的原理，从多个角度帮助学生掌握知识，提供更具针对性的服务。

2. AI 智能体的关键特性

AI 智能体在教学场景中展现出以下关键特性，这些特性可以帮助教师大幅提升教学效率，帮助学生大幅提升学习效率。

（1）自主性。AI 智能体可以在没有人为干预的情况下，基于算法和模型处理信息并主动执行任务。例如，在线上学习平台中，智能体可以自动分析学生的学习进度和知识薄弱点，生成个性化的复习计划。例如，一位学习微积分的学生，如果在定积分计算方面表现较弱，AI 智能体会自主推荐相关的讲解视频和练习题，并在学生完成练习题后自动评估学习效果，帮助教师进一步调整教学策略。

（2）交互性。AI 智能体可以通过多种方式与外界交互，为学生带来更直观的体验。应用示例如下。

- 在语言类课程中，AI 智能体可以通过语音交互功能扮演虚拟对话伙伴，帮助学生练习口语，并实时纠正发音。

- 在设计课程中，学生可以通过视觉交互功能上传设计草图，AI 智能体可以识别图像内容，提供改进建议，甚至生成优化后的模型。

- 智能监控系统也可用于课堂管理，如通过视频分析学生的专注度，识别异常行为（如疲劳或分心），并实时提醒教师调整教学节奏。

（3）学习性。AI 智能体可以从经验中学习并自我改进，持续优化其功能和表现。应用示例如下。

- 在大学图书馆系统中，AI 智能体可以根据学生的借阅记录和搜索习惯，逐步优化图书推荐算法。如果一位学生经常借阅关于机器学习的图书，AI 智能体会推荐最新的研究文献或课程资源。

- 在编程课程中，AI 智能体通过分析学生代码错误的类型和频率，可以发现学生对哪些编程概念的掌握有问题（如循环嵌套或递归调用）并不断优化帮助内容，生成更有针对性的代码提示或学习资源。

- 在学术研究中，AI 智能体可以根据研究团队的历史数据，逐步优化文献整理、实验设计等流程，提高研究效率。

3. AI 智能体的关键组成部分

AI 智能体通过感知模块、决策单元和行动执行器协同工作，可以提供高效、智能化的教学支持，如图 3.1 所示。

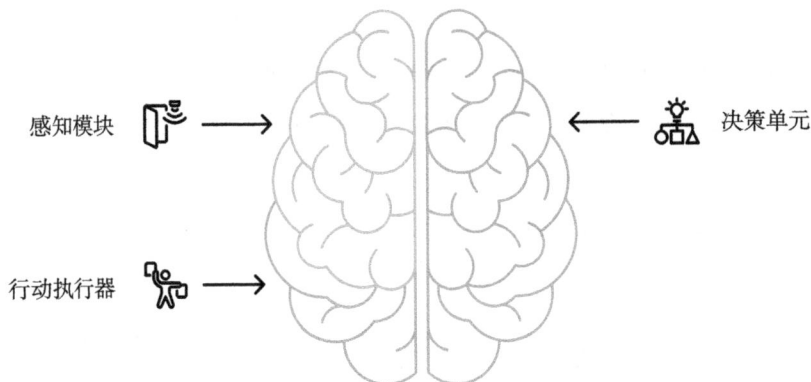

图 3.1　AI 智能体的关键组成部分

（1）感知模块。感知模块是 AI 智能体的"眼睛"和"耳朵"，负责接收外界信息，为后续的智能分析提供基础。

- 课堂专注分析：在大学课堂上，AI 智能体可以通过摄像头捕捉学生的表情和动作，判断他们是否专注；如果感知到学生出现频繁分心或困倦状态，可以提醒教师调整授课节奏。
- 问题收集：AI 智能体可以通过麦克风收集学生的提问和讨论内容，从而识别出学生对哪些知识点有疑惑，为教师提供数据支持。
- 实验辅助：在物理实验课上，AI 智能体可以通过传感器实时监测实验数据，如温度、压力或光强变化，提示学生是否需要调整实验步骤。

（2）决策单元。决策单元是智能体的"大脑"，负责对感知到的信息进行分析并制定行动策略，通过精准的分析与建议，确保 AI 智能体能满足教学需求。

- 学习辅导：在在线学习平台上，如果 AI 智能体感知到学生在微分方程部分的测试中得分较低，决策单元会根据学生的学习历史和知识薄弱点，推荐额外的学习视频或推送简单的例题，帮助学生巩固基础。
- 课堂管理：在课堂上，如果 AI 智能体感知到学生的专注度下降，决策单元可能会建议教师加入互动环节，如提问、分组讨论或视频播放，以提高学生的参与度。
- 学术建议：在毕业论文指导中，AI 智能体可以分析学生的论文进度和结构，结合过往优秀论文提出改进建议，如调整章节顺序或补充数据分析等内容。

（3）行动执行器。行动执行器负责将 AI 智能体的决策转化为实际支持，为师生提供直观的体验。

- 资源推送：在虚拟学习环境中，AI 智能体可以根据决策结果，自动在屏幕上显示文字解释、推送相关学习资料或播放短视频。例如，当学生学习线性代数时，AI 智能体可以展示矩阵计算的可视化动画，帮助学生直观地理解相关概念。
- 考试反馈：当在线考试结束后，AI 智能体可以生成个性化报告，标明学生在每个知识点上的表现，推送补强建议和复习计划。
- 实验控制：在化学实验课中，AI 智能体可以通过物理执行设备（如自动加液仪）精确添加试剂，确保实验数据的可靠性，减少学生在操作中的误差。

3.1.2 AI 智能体在教学中的主要功能

图 3.2 展示了 AI 智能体在教学中的主要功能，涵盖了智能备课、课堂教学辅助及个性化学习支持等方面。通过实时互动、精准推荐与情绪监测等手段，AI 智能体可以帮助教师更高效地设计课堂内容，为学生提供个性化的学习支持，进一步促进深度学习的实现。

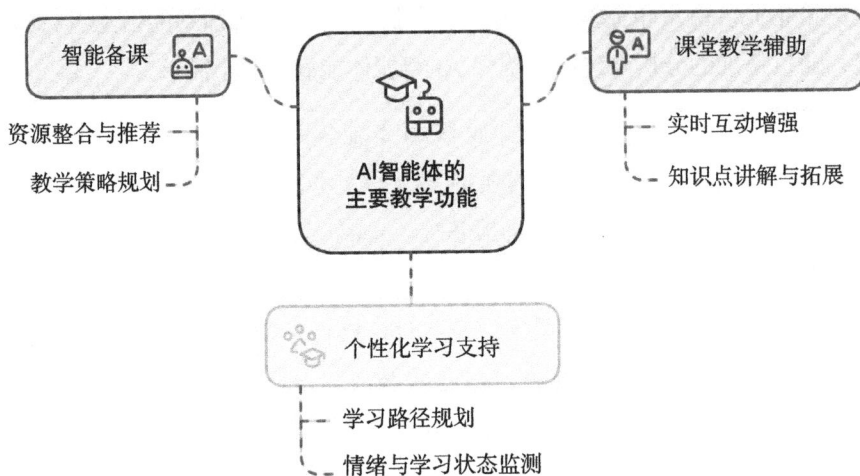

图 3.2　AI 智能体的主要教学功能

1. 智能备课

（1）资源整合与推荐。

AI 智能体是教学中的得力助手，能够根据教学大纲和课程标准，快速整合并优化各种资源，让课堂变得更加丰富多彩。无论数学、物理、工程还是人文学科，它都能为教师提供精准支持。

在几何学课程中，AI 智能体可以帮助教师找到大量与几何相关的动画、图片和视频，并按照教学顺序和知识点对其进行分类与整理。教师可以用视频展示几何图形在现代建筑中的应用，如埃菲尔铁塔如何运用三角形的稳定性；还可以讲述古代埃及人如何用几何学知识设计金字塔。通过这些直观的演示，学生不仅可以理解理论，还能感受到几何学在生活中的实际应用。

在光学课程中，AI 智能体可以推荐实验演示视频，如展示光的折射和全反射现象的动态动画，或者提供现代光纤通信的应用案例；还可以找到合适的虚拟实验工具，帮助学生在虚拟实验室中动手操作并理解光学原理，让课堂既充满互动又充满趣味。

在文学课程中，AI 智能体可以搜集文学名著的多媒体资源。例如，在分析《红楼梦》时，AI 智能体可以推荐与书中场景对应的艺术画作和电影片段，或者提供关于清代社会文化背景的科普视频。这样，学生不仅可以理解小说的情节，还能更深刻地体会作品的历史和文化价值。

在世界历史课程中，AI 智能体可以整合交互式时间轴工具，让学生直观地了解重要历史事件之间的联系；还能提供纪录片和地图资源，如展示丝绸之路的贸易网络如何促进东西方文化交流，帮助学生更全面地理解历史。

在算法设计课程中，AI 智能体可以找到合适的交互式编程平台，帮助学生将算法运行过程可视化，如通过动态图形展示二叉树的遍历过程；还能推荐高质量的在线题库和教学视频，让学生通过课后练习巩固所学知识。

在细胞生物学课程中，AI 智能体可以找到显微镜下的细胞动态视频，或者推荐虚拟实验工具，让学生模拟细胞分裂的全过程；还能整合科普资源，如细胞研究在医学中的实际应用、癌症治疗中的靶向药物开发等。

在结构力学课程中，AI 智能体可以提供建筑模型的设计视频，或者推荐桥梁抗震性能的模拟工具，帮助学生将理论与实际应用结合起来；还能找到学生感兴趣的案例，如利用结构力学原理设计高楼，让课堂更贴近现实需求。

（2）教学策略规划。

AI 智能体能够根据学生的学习数据和教师的教学风格，为教师制定个性化的教学策略。

在高等代数课程中，AI 智能体可以为能力较强的班级推荐探究式教学法，如让学生自主推导矩阵的特征值性质，或者通过编程软件绘制几何变换的动态效果；向数学基础薄弱的学生建议从具体例子入手，如先用数值举例说明线性方程组的解法，再逐步过渡到矩阵运算的抽象概念。

在电磁学课程中，AI 智能体可以向学习能力较强的班级建议采用项目式教学，让学生模拟设计一个无线充电装置，通过仿真软件验证其可行性；向刚接触相关知识的学生推荐直观的实验，如用电流表和磁铁演示法拉第电磁感应定律，同时提供简单的实验指导视频，帮助学生更快地上手。

在文学课程中，AI 智能体可以让课堂变得更加生动。例如，在分析现代诗歌时，AI 智能体可以建议教师带领理解能力较强的学生解读不同翻译版本的《荒原》，讨论翻译对语境的影响；建议教师通过播放诗歌朗读音频或播放短视频等方式还原诗歌的时代背景，让需要引导的学生更轻松地融入课堂。

在世界历史课程中，AI 智能体可以为能力较强的班级推荐深度资料，如让学生通过对比分析不同历史学家的观点，探讨历史事件的成因；向基础较弱的班级推荐时间线图和交互式地图，帮助学生更直观地理解历史事件之间的联系。

在编程基础课程中，AI 智能体可以为有一定编程经验的学生推荐具有挑战性的任务，如用 Python 语言实现迷宫生成器；建议教师先用图形化编程工具（如 Scratch）帮助初学者理解基本逻辑，再逐步转向代码编写。

在生态学课程中，AI 智能体可以根据班级特点推荐不同的教学方法。例如，AI 智能体可以向对生物学有浓厚兴趣的学生建议设计一个虚拟的生态系统，让他们通过模拟软件研究不同物种之间的关系；通过纪录片和案例讨论，如分析珊瑚礁生态的实际案例，激发学生对环境保护的关注。

在结构力学课程中，AI 智能体可以向能力较强的班级建议采用项目式教学，让学生用仿真工具设计一个桥梁模型，优化其抗震性能；向需要更多指导的学生推荐分步骤的教学视频，讲解力学原理的基础应用，如通过搭建纸桥展示载荷分布。

2. 课堂教学辅助

（1）实时互动增强。

在课堂上，AI 智能体就像一位随时待命的教学助理，可以与学生进行实时互动，让课堂变得更高效、更生动。

在英语课程中，AI 智能体可以帮助学生练习口语发音。例如，当学生朗读一段文字时，AI 智能体能通过语音识别技术分析发音是否标准；如果有问题，它会及时反馈，如指出哪个单词的重音错了或某个音节发音不够清晰。AI 智能体还能播放标准发音示例，帮助学生对比学习，逐步提升口语水平。

在数学课程中，AI 智能体可以实时解答学生的问题。例如，学生在解微积分题目时输入了一个步骤，AI 智能体可以即时分析是否正确，并提供进一步的提示或完整的解题过程，帮助学生理解解法。

在物理或化学实验中，AI 智能体可以监控实验数据并与学生互动。例如，当学生在测量温度时输入了错误的参数，AI 智能体会及时提醒并建议修正步骤。AI 智能体还可以回答学生对实验现象的疑问，如"为什么液体沸点会上升"。

在课堂分组讨论中，AI 智能体可以成为学生的"讨论伙伴"。例如，在历史课程中，学生在讨论历史事件时，可以随时向 AI 智能体询问细节，如"这场战役的关键人物是谁"，AI 智能体会即时给出准确的回答，让讨论更深入。

AI 智能体还可以在课堂中发起实时小测验，帮助教师了解学生的掌握情况。例如，在生物课上，AI 智能体可以通过投屏展示快速选择题，学生通过手机答题，AI 智能体可以统计结果并生成分析报告，提醒教师及时调整教学内容。

（2）知识点讲解与拓展。

AI 智能体在课堂上是教师的"内容助手"，能够为知识点提供更深入的解释和拓展，让学习更加直观有趣。

在大学物理课程中，教师讲完电磁感应的基本原理后，AI 智能体可以通过动画演示发电机如何将机械能转化为电能，或者变压器如何改变电压大小。AI 智能体还能展示实际案例，如风力发电机的工作原理或电磁感应在无线充电中的应用，帮助学生把理论与现实结合起来，使其理解更透彻。

在文学课程中，当教师分析一首诗时，AI 智能体可以补充背景知识，如作者的生平或创作时的历史环境。例如，当教师讲解《荒原》时，AI 智能体可以展示现代主义文学的特点，并通过图像或视频呈现 20 世纪初的社会背景，帮助学生更好地感受作品的深度。

在历史课程中，AI 智能体可以提供多角度的补充资料。例如，当教师讲解工业革命时，AI 智能体可以展示蒸汽机的工作原理动画，补充介绍其对工业生产的影响，还可以播放纪录片片段，让学生更全面地了解这一时期的科技进步和社会变革。

在医学课程中，当教师讲解心脏结构时，AI 智能体可以用 3D 模型展示心脏的解剖结构，甚至模拟血液流经心脏的路径，帮助学生从动态的视角理解复杂的解剖知识。AI 智能体还能补充心脏病的成因与治疗案例，拓展学生的医学知识。

3. 个性化学习支持

（1）学习路径规划。

AI 智能体就像学生的"私人教练"，能够根据每个人的学习进度和目标，定制个性化的学习路径，让学习更高效、更有针对性。

在大学文学课程中，如果 AI 智能体发现某学生对经典作品的理解力很强，但文学批评和写作能力较弱，就可以规划个性化的学习路径，如先推荐几篇经典的文学评论文章，帮助学生学习批评方法，然后提供结构化的写作模板和练习题，引导学生逐步提升批评写作能力。AI 智能体还可以推荐与学生兴趣相关的图书，如现代派文学作品或科幻小说，让学习更有吸引力。

在高等数学课程中，AI 智能体可以为理解概念但计算能力较弱的学生定制学习路径，先通过动画或互动视频帮助学生强化对计算原理的理解，然后推荐从基础到高阶的练习题，让学生在逐步解决问题的过程中建立信心。如果学生在解题的过程中遇到困难，AI 智能体还能即时提示，提供详细的解题思路和步骤。

在解剖学课程中，AI 智能体可以根据学生的掌握情况定制学习路径。如果某学生对理论知识较熟悉，但在实际标本识别上有困难，AI 智能体可以安排学生先学习 3D 解剖模型，熟悉关键部位的空间关系，再推荐虚拟标本识别练习，并逐步引入真实标本操作指导，帮助学生从理论到实践进行连贯的学习。

在语言课程中，如果 AI 智能体发现学生听力较强但口语能力较弱，就可以规划先从模仿标准发音入手，然后安排配音练习、对话情景模拟等训练，逐步提升学生的口语能力。AI 智能体还能根据学生的兴趣推荐相关的视频或播客，如旅游对话或商务沟通场景，让学习内容更贴近实际需求。

（2）情绪与学习状态监测。

AI 智能体就像课堂上的"情绪侦探"，能够通过观察学生的行为和表情，判断他们的学习状态，帮助他们及时调整状态、轻松应对学习挑战。

在课堂上，AI 智能体可以通过摄像头捕捉学生的表情和身体语言。如果学生表现出疲倦或分心，如频繁打哈欠或低头玩手机，AI 智能体会实时提醒教师，建议增加互动环节或短暂休息，避免学生进一步失去专注力。

当学生出现焦虑或沮丧的表情时，如眉头紧锁或目光多次长时间停留在某段内容，AI 智能体就会判断出这种情绪可能与学习难度相关，然后给出应对方案。AI 智能体会建议学生尝试简单的放松练习，如深呼吸，或者播放一段有趣的视频，缓解紧张气氛。

AI 智能体还能通过趣味小游戏帮助学生恢复学习兴趣。例如，当发现学生长时间专注度下降时，AI 智能体可以推送一个与课程相关的小游戏，如数学解谜、词汇配对或实验模拟，通过游戏激发学生的学习动力。

对于在线学习，AI 智能体可以为学生生成个性化的状态报告，如"今天你在数据结构课程中的专注时间为 90%，表现很好"或"在编程练习中，注意力稍有下降，建议休息后再继续"。这些反馈不仅能让学生了解自己的学习状态，还能鼓励他们积极调整状态。

3.1.3 AI 智能体在科研中的核心功能

图 3.3 展示了 AI 智能体在科研中的核心功能，涵盖了文献调研与分析、实验设计与优化、数据分析与模型构建等方面。AI 智能体不仅能高效地处理科研任务，还能根据数据构建预测模型，帮助科研人员提升研究效率和精准度。

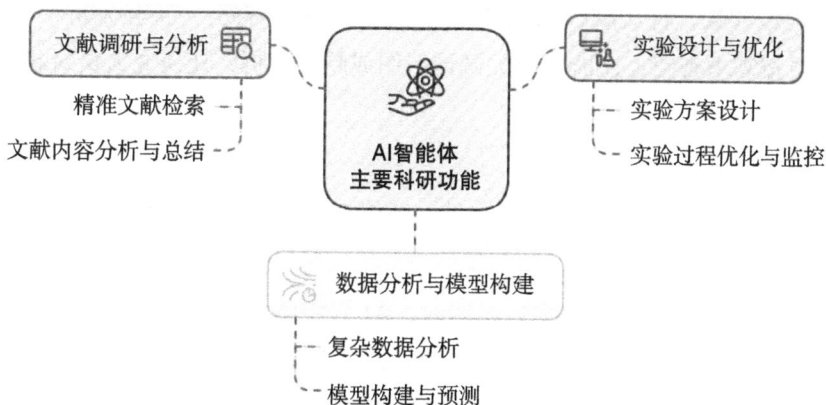

图 3.3 AI 智能体的主要科研功能

1. 文献调研与分析

（1）精准文献检索。

AI 智能体就像科研人员的"文献助理"，能在浩如烟海的学术资源中快速找到最有价值的内容，让文献调研变得既高效又精准。

在医学研究中，研究人员如果想了解某种新型抗癌药物的最新进展，只需输入关键词如"抗癌药物""临床试验""2024 年后发表"等，AI 智能体就能从多个医学数据库中筛选出相关的研究论文、临床试验报告和药物开发综述；还能自动排除低质量或重复的文献，只推荐高质量的期刊文章和报告，让研究人员快速抓住核心信息。

在工程领域中，AI 智能体可以帮助研究人员查找特定材料的性能研究文献。例如，当研究团队开发轻量化建筑材料时，AI 智能体能够帮助其筛选出与轻质高强材料、热稳定性、绿色环保相关的文献，甚至标注文章中的实验数据和对比表，让研究人员直接获取关键结果，省去大量的阅读和筛选时间。

在社会科学研究中，AI 智能体能结合定量和定性研究的需求。例如，当研究人员分析教育技术对课堂效果的影响时，AI 智能体可以按时间轴检索相关文献；还能通过摘要分析，推荐那些涉及大规模实验或具有新颖观点的文章，帮助研究人员快速找出最有价值的资料。

不仅如此，AI 智能体还能整理和分类检索到的文献。例如，它可以根据研究主题、实验方法或地域背景，将文献归类成"理论综述""案例研究""实验分析"等不同组别，方便研究人员按需求查阅；还能生成关键词云图或趋势分析，让研究人员对相关领域的研究动态一目了然。

（2）文献内容分析与总结。

AI 智能体不仅能帮研究人员找到文献，还能直接对内容进行分析和总结，让科研工作更加高效、深入。

当研究人员研究某种疾病的发病机制时，AI 智能体可以快速提取多篇文献中的关键信息，如涉及的基因、蛋白质、信号通路等；对比不同研究的结论，找出一致和差异之处，生成一份清晰的对照表；绘制知识图谱，把这些基因或蛋白之间的关系直观地展示出来，让研究人员一眼看清整个研究领域的核心框架。

在工程领域中，假如研究人员正在研究新能源电池的材料特性，AI 智能体可以从多篇论文中提取出关键参数，如能量密度、循环寿命、成本效益等，然后生成一份汇总表，直接展示每种材料的优缺点。通过比较数据，AI 智能体还可以指出哪些特性还未被深入研究，指明潜在的研究方向。

在社会科学中，AI 智能体可以分析关于某一政策影响的文献内容。例如，针对教育公平政策的研究，AI 智能体可以总结出不同研究的方法和结论，提取核心观点，并通过图表展示政策在不同地区的实施效果，帮助研究人员快速掌握现有文献的整体趋势和研究空白。

AI 智能体还能进一步整理分析结果。

- 关键信息提取：提取每篇文献的核心发现，生成一份简明摘要。
- 动态可视化：用数据图表、知识图谱展示文献内容，如某领域的研究热点、研究机构的分布或学术合作网络。
- 研究方向建议：基于文献分析，AI 智能体可以指出某些领域的研究空白，如未覆盖的实验条件、未验证的假设等，帮助研究人员寻找新的研究突破口。

2. 实验设计与优化

（1）实验方案设计。

AI 智能体就像科研人员的"实验策划师"，能够根据研究目标和已有经验，快速生成科学、全面的实验方案，让实验设计变得轻松高效。

如果研究人员想研究某种化学反应的最佳条件，AI 智能体可以综合考虑反应物种类、浓度、温度、反应时间、催化剂等因素，运用数学模型和模拟算法，设计出一套详细的实验方案。例如，它会建议采用正交试验设计来组合这些变量，生成一组科学、合理的实验条件；根据实验精度要求确定样本量，确保结果具有统计学意义，从而减少无效实验，节省时间和资源。

在分子生物学研究中，假如研究人员想优化聚合酶链式反应的条件，AI 智能体可以推荐不同引物浓度、退火温度和循环数的组合，提供一套分步优化的实验方案；根据已有数据预测可能的最佳参数，帮助研究人员更快地找到理想的实验条件。

在工程学材料测试中，AI 智能体可以帮助科研人员设计拉伸强度实验方案。例如，AI 智能体会建议在测试钢材的不同温度耐受性能时，分组测试低温、常温、高温下的性能差异，并结合模拟工具预测极限数据，减少不必要的测试，提升效率。

AI 智能体还可以在实验开始前，利用计算模拟评估不同实验方案的可行性和结果趋势。例如，在环境科学研究中，AI 智能体可以模拟不同污染物浓度对水质的影响，根据结果优化实验范围和时间安排，避免资源浪费。

（2）实验过程优化与监控。

AI 智能体就像实验中的"全程助手"，能够实时监控实验数据，并根据数据变化情况提供优化建议，让实验更高效、更容易成功。

在细胞培养实验中，AI 智能体可以实时分析细胞生长曲线、代谢产物浓度等数据，判断细胞是否处于最佳状态。如果发现细胞生长缓慢或出现异常，AI 智能体会立刻提醒科研人员，并建议调整培养基的成分、温度或光照强度。例如，AI 智能体检测到营养物质不足后会建议添加特定的生长因子，以维持细胞活力。

在化学反应实验中，AI 智能体可以监控反应温度、压力、pH 值等。如果反应速率过低，AI 智能体会建议增加催化剂或调整反应温度；如果发现副产物生成过多，AI 智能体会提示调整反应物的比例，从而提高实验效率，避免资源浪费。

在水质检测实验中，AI 智能体可以实时分析传感器采集的溶解氧、污染物浓度等数据。如果检测到污染物浓度突然升高，AI 智能体会建议缩短采样间隔，并提醒增加设备维护检查，确保监测数据的准确性。

在机械工程的疲劳测试中，AI 智能体可以监控实验设备的运行状态，如载荷施加的均匀性或设备温度。如果设备负荷过高或存在不稳定因素，AI 智能体会立即建议调整实验参数或暂停实验，避免实验失败或设备损坏。

3. 数据分析与模型构建

（1）复杂数据分析。

AI 智能体是科研数据分析中的"高手"，能快速处理实验产生的海量数据，从中提炼出有价值的信息，让科研更高效、更有深度。

在粒子碰撞实验中一般会产生巨量的复杂数据，AI 智能体能迅速介入，完成数据清洗、降噪和特征提取等烦琐的步骤；通过机器学习算法分析粒子的能量分布，挖掘散射角度与特定物理量之间的关系。例如，AI 智能体可能发现某种粒子在特定能量范围内的行为规律，为验证物理理论或发现新粒子提供线索。

在基因测序实验中，AI 智能体可以处理数十亿条基因序列数据，快速识别关键突变位点，分析特定基因与疾病之间的关联。例如，在癌症研究中，AI 智能体能够挖掘肿瘤基因组中的异常突变模式，帮助研究人员发现潜在的致病机制或治疗靶点。

在气候数据研究中，AI 智能体可以处理多年来积累的大气温度、湿度和污染物浓度等数据。通过时序分析，AI 智能体可以识别气候变化的长期趋势，甚至预测未来的极端天气事件，为环保政策制定提供科学依据。

在材料科学中，AI 智能体可以从实验测得的材料力学数据中提取应力—应变曲线的关键特征，自动分析材料的疲劳寿命或断裂机制。例如，在开发新型合金时，AI 智能体可以识别不同合金配方与性能之间的微妙关系，指导研究人员优化材料设计。

（2）模型构建与预测。

AI 智能体就像科研的"未来预测师"，能够分析数据并构建数学模型，帮助研究人员理解复杂现象，预测可能的发展趋势。

在环境研究中，AI 智能体可以根据气象数据、污染物排放量和地形特征等信息，构建大气污染扩散模型或气候变化模型。例如，在研究某工业区的污染扩散情况时，AI 智能体可以模拟不同风速、温度和排放量下的污染传播路径，预测污染对周边区域的影响。这不仅能帮助科学家提出更有针对性的治理方案，也能为政策制定者提供可靠的数据支持。

在流行病学研究中，AI 智能体可以利用患者数据、病原体传播规律和社会行为模式构建疾病传播模型。例如，在研究流感传播时，AI 智能体可以模拟不同防控措施（如疫苗接种率、隔离范围）的效果，预测感染人数的变化趋势，为公共卫生决策提供依据。

在建筑工程中，AI 智能体可以根据材料数据和建筑设计要求构建结构受力模型。例如，在设计抗震建筑时，AI 智能体可以模拟不同地震强度下建筑的受力和变形情况，帮助工程师优化设计方案，提高建筑的安全性。

在农业领域中，AI 智能体可以构建农作物生长模型。根据气候、土壤、水分和施肥数据，AI 智能体可以预测作物的生长情况和产量。如果 AI 智能体预测未来一段时间可能出现干旱或低温天气，农业工作者可以提前采取措施，减少损失。

综上所述，AI 智能体已在教学与科研中展现出巨大价值，无论大学教师、中小学教师还是科研人员，现在就是引入 AI 智能体的最佳时机。立即行动，利用 AI 智能体提升工作效率和质量，让教学和科研更进一步吧！

3.2　实操演示：教师快速创建自己的 AI 智能体

3.2.1　为什么教师要创建自己的 AI 智能体

AI 智能体正在迅速成为教师的有力助手（见图 3.4）。尽管市面上已有许多优秀的大模型如豆包、文心一言等可供大家使用，但这些通用型工具并不能完全满足具体的教学需求。以下是教师运用 AI 智能体的几个主要原因。

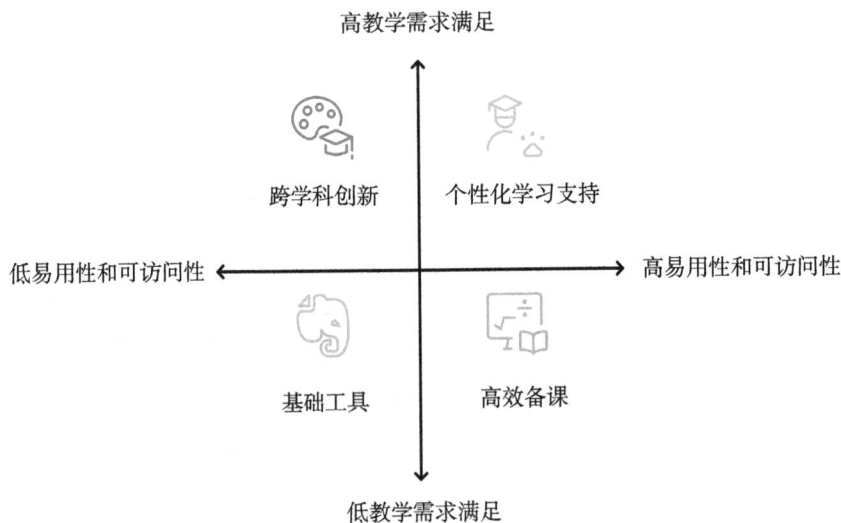

高教学需求满足

跨学科创新　　　　个性化学习支持

低易用性和可访问性　　　　　　　　高易用性和可访问性

基础工具　　　　高效备课

低教学需求满足

图 3.4　AI 智能体对教师的助力

1. 精准满足教学需求

通用大模型虽然功能强大，但往往针对性不够强。例如，某教师教授商业计划书课程，通用大模型可能无法提供符合教学大纲的精准案例分析；该教师创建自己的 AI 智能体后，它就可以根据教学目标设计内容，确保其与课堂需求完全匹配。

2. 提升备课效率

与传统的备课相比，创建 AI 智能体更加高效。教师可以在 1 分钟内为即将讲授的课程生成专属的教案助手，它不仅能帮助教师准备教学资源，还能快速解答课堂上学生的提问。例如，教师可以创建一个针对英语口语练习的 AI 智能体，它可以根据学生的水平自动生成练习材料，教师就可以将更多的精力用于与学生互动。

3. 支持个性化教学

每一位学生的学习进度和需求都不相同，AI 智能体能够实时调整建议和资源，帮助教师实现因材施教。例如，针对某些学习困难的学生，AI 智能体可以设计难度较低的练习题，并提供更详细的解答。

4. 简单易用，降低门槛

如今的 AI 智能体平台操作简便，用户无须具备编程背景，仅需一句话即可创建 AI 智能体。与制作 PPT 等相比，创建 AI 智能体操作简单，仅需几步即可完成，这对时间紧张的教师群体来说十分友好。

5. 弥补知识短板，支持跨学科教学创新

虽然教师是某一领域的专家，但在涉及跨学科知识或前沿技术时，也可能存在知识短板。AI 智能体基于大数据和 AI 技术，可以为教师提供全面的知识支持，弥补教师的知识短板。例如，在商业计划书课程中，AI 智能体可以为教师提供最新的市场分析、商业模式创新等方面的信息，帮助教师丰富教学内容。教师可以利用 AI 智能体引导学生进行探究性学习，让课堂变得更加生动有趣。

3.2.2　实操演示：教师如何运用 AI 智能体

对教师来说，运用 AI 智能体可以分为共享、创建和调教 3 个阶段，如图 3.5 所示。

下面以豆包为例，详细说明 3 个阶段的相关操作技巧。

1. 共享

共享是指搜索并使用他人已经创建好的 AI 智能体。这些 AI 智能体可能已经过多次迭代和优化，具有较高的实用性。教师可以在豆包（PC 端页面见图 3.6，手机端页面类似）的搜索框中输入关键词，搜索相关的 AI 智能体。例如，只要输入关键词"商业计划书教学助手"，就可以找到相关的 AI 智能体。

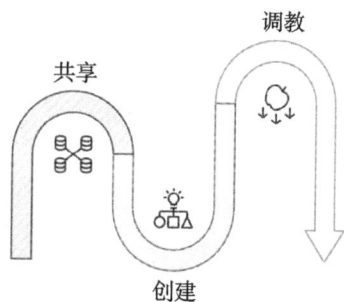

图 3.5　教师运用 AI 智能体的 3 个阶段

发现 AI 智能体

＋ 创建 AI 智能体

| 工作 | 学习 | 创作 | 绘画 | 生活 |

🔍 商业计划书教学助手

商业计划书助手
能快速生成有条理商业计划书，助您规划商业蓝图
🔥 5095 人聊过 · @大超👑努力搞钱💰

商业计划书助手
专业高效的商业计划书助手，提供模板、建议及…
🔥 304 人聊过 · @创意小小❤

商业计划书生成器
专业生成完整、可行且个性化商业计划书的智能…
🔥 1996 人聊过 · @万有引力

商业计划书
一位专注按要求完成任务的商业计划助手
🔥 1453 人聊过 · @豆包1987

图 3.6　豆包中搜索 AI 智能体的页面（PC 端）

实操技巧如下。

（1）关键词精准。尽量使用精准的关键词，以便找到最符合自己需求的 AI 智能体。

（2）查看评价。在选择 AI 智能体时，可以查看其他用户的评价和反馈，以便了解其实际效果和优缺点。

（3）收藏备用。找到合适的 AI 智能体后，可以将其收藏，方便以后随时使用。

2. 创建

创建是指根据自己的教学需求，自行创建 AI 智能体。教师可以在豆包的"创建 AI 智能体"页面（PC 端界面见图 3.7）中输入名称、角色、技能和任务说明等信息，创建属于自己的 AI 智能体。

实操技巧如下。

（1）名称明确。AI 智能体的名称要尽量明确、简洁，能够准确反映其功能和用途。例如，"商业计划书教学助手"就是一个较好的名称。

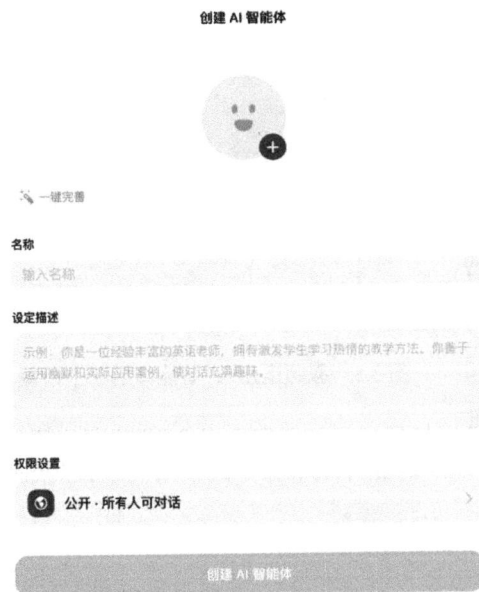

创建 AI 智能体

🙂
＋

✨ 一键完善

名称
输入名称

设定描述
示例：你是一位经验丰富的英语老师，拥有激发学生学习热情的教学方法。你善于运用幽默和实际应用案例，使知识充满趣味。

权限设置
🌐 公开·所有人可对话　　　　　　　＞

创建 AI 智能体

图 3.7　豆包中的"创建 AI 智能体"页面（PC 端）

（2）技能细化。在定义 AI 智能体的技能时，要尽量细化、具体。例如，对于商业计划书教学助手，可以将其技能定义为"提供商业计划书模板，分析商业计划书案例，生成练习题等"。

（3）任务明确。在定义 AI 智能体的任务时，要明确其在教学过程中的具体作用。例如，对于商业计划书教学助手，可以将其任务定义为"辅助教师完成商业计划书课程的教学工作"。

（4）一键完善。单击"一键完善"即可生成"设定描述"（见图3.8），也可以根据自身的需求做相应的调整。

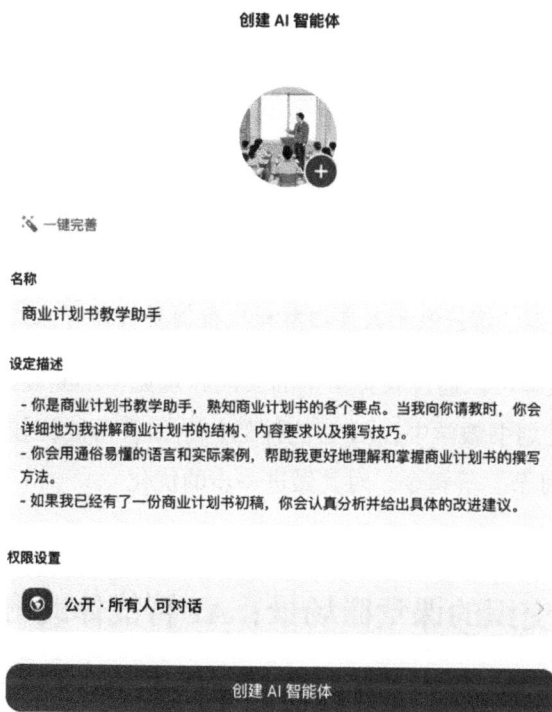

图 3.8 "创建 AI 智能体"页面中的"一键完善"功能（PC 端）

3. 调教

调教是指对 AI 智能体进行调试和优化，使其更好地服务于教学。教师可以通过与 AI 智能体对话、测试其性能等方式，不断调整和优化 AI 智能体的行为和输出。

实操技巧如下。

（1）对话测试。与 AI 智能体进行对话，检查其能否正确理解并回答问题。

提问示例如下。

- 商业计划书的核心内容有哪些？
- 请为环保创业项目设计一个商业计划书模板。

AI 智能体回答示例如下。

- 商业计划书的核心内容包括执行摘要、市场分析、财务预测等。
- 环保创业项目的商业计划书模板主要包括市场背景、目标用户、解决方案和财务计划等。

（2）性能评估。根据 AI 智能体的输出结果和反馈，评估其性能和准确性。如果发现问题或不足，可以及时调整和优化 AI 智能体的设置和参数。

示例：

- 增加提示语，如"请添加更多本地化案例"；
- 调整输出结构，如"请按照步骤详细解释执行摘要的撰写方法"。

（3）持续迭代。教师可以通过收集学生的反馈和意见，不断改进 AI 智能体的功能和性能。例如，在商业计划书教学中，AI 智能体的初始回答可能比较简略，教师可以追加"请增加财务计划分析细节"等指令，对其做进一步的优化。

3.3 传统与未来交织的课堂微场景：AI 智能体助力个性化教学

3.3.1 传统课堂的微场景

在传统教学中，教师往往需要承担大量重复、烦琐的任务，如备课管理、学生管理和作业批改等。AI 智能体可以替代教师完成部分任务（见图 3.9），帮助教师提高工作效率并优化教学效果。

1. 备课管理：AI 推荐教学资源

备课是教师日常工作中的一项重要任务，教师通常需要花费大量的时间查阅教材、收集参考资料、设计课程内容等。如果是课程内容庞杂或需要不断更新资料的学科，备课工作常常会让教师感到十分疲惫。

AI 智能体可以帮助教师完成备课任务。通过在线平台如百度文库、超星学习通等，AI 能够根据课程大纲自动推荐相关的教学资源，帮助教师生成教学提纲。例如，AI 可以通过分析学生的学习历史、兴趣和需求，为教师推荐最适合的课件、视频、文章和习题，帮助教师节省备课时间，提升备课效率。

图 3.9　AI 智能体可以替代教师完成的任务

操作步骤：

- 登录百度文库或超星学习通等平台；
- 输入课程名称和学习目标，平台会自动推荐相关的教学资源；
- 教师根据推荐的课件、视频、文献等资料调整教学内容，快速完成备课。

示例：

假设你在教授 AI 概论课程。百度文库为你推荐了关于深度学习、机器学习的经典文献，超星学习通推荐了相关的视频课程和最新的研究文章，这些资源可以帮助你更快地准备课程内容，确保学生能够接触到前沿的知识。

2. 作业批改：AI 自动批改作业并提供反馈

作业批改是教师在日常工作中需要面对的烦琐任务，尤其是在大班授课中，教师需要花费大量的时间检查每位学生的作业并提供反馈，既消耗时间，又难以确保及时性。

AI 智能体可以帮助教师完成作业批改任务。通过超星学习通、学堂在线或其他平台，AI 可以自动批改作业题，为学生提供即时反馈。例如，AI 能够检查编程作业的代码正确性、效率及潜在的优化空间。学生提交作业后，AI 可以在几分钟内给出批改结果和详细反馈，教师只需要进行简单审核。

操作步骤：

- 将学生作业上传至超星学习通或学堂在线；
- 设置批改标准（如判断题、选择题、填空题或编程题）；
- AI 自动批改所有作业并提供详细的反馈报告；
- 教师查看 AI 生成的批改结果，进行最终确认。

示例：

你向学生布置了编程作业，要求学生实现一个排序算法。学生提交作业后，AI 自动进行批改，检查学生的代码是否有语法错误、算法实现是否正确，并评价程序的运行效率。AI 为每一位学生生成反馈报告，指出代码中存在的问题并提供优化建议，教师只需审核并提供个性化指导。

3. 学生管理：AI 实时监控学生学习情况

教师通常需要通过课堂表现、作业成绩等来评估学生的学习进度，但这些评估常常滞后，教师不能及时发现学生的问题，尤其是在大班授课中，教师很难全面掌握每位学生的学习状态。

AI 智能体可以帮助教师完成学生管理任务。通过超星学习通，AI 能够实时监控学生的学习进度和课堂表现，自动生成学习报告，帮助教师了解每位学生的学习状况。AI 还可以通过分析学生的作业成绩和互动情况，预测哪些学生可能遇到困难，及时提供个性化的辅导建议。

操作步骤：

- 使用超星学习通追踪学生的在线学习数据、作业成绩、课堂互动情况等；
- AI 实时生成学生的学习报告，显示学习进度和薄弱环节；
- 教师根据学习报告提供个性化辅导或调整教学内容。

示例：

你负责教授统计学基础课程。AI 通过分析学生的作业成绩和课堂参与情况，实时生成每位学生的学习报告。如果 AI 发现某学生在"概率分布"上的得分较低，它会建议教师提供额外的辅导，或者为该学生推荐相关的学习材料，帮助其跟上课程进度。

3.3.2　未来课堂的微场景

未来课堂与传统课堂会有显著的不同，将更加注重学生的个性化需求和创新能力的培养。未来课堂中的一些教学工作将更具有创新性，这些工作往往是 AI 无法完全替代的，如情感与价值观引导、创造力激发、沉浸式教学与虚拟实验、深度互动等，如图 3.10 所示。

图 3.10　AI 难以替代教师完成的任务

1. 情感与价值观引导

例如，在医学伦理学课程中，当讨论克隆人等伦理问题时，教师不仅需要传授理论知识，还要引导学生深入思考深层次的价值观问题，如生命的本质和人类的尊严。教师应通过与学生的情感互动，帮助他们理解伦理问题的复杂性。例如，在讨论克隆人对家庭关系的影响时，教师要引导学生感知其中的伦理冲突和社会影响。

AI 智能体难以替代教师完成情感与价值观引导任务。AI 缺乏情感体验，无法像人类教师一样根据学生的情感反应提供个性化的情感支持或价值观引导。教师的同理心、文化背景和生活经验能够帮助他们在复杂的伦理讨论中让学生产生更深刻的理解和情感共鸣。

2. 创造力激发

例如，在设计类专业课程（如工业设计）中，教师鼓励学生设计创新的智能家居产品。学生必须跳出传统的思维框架，考虑用户体验、技术可行性和美学等因素。教师的任务是创造一个宽松、开放的氛围，鼓励学生随时记录灵感，并引导学生从不同的角度思考问题。

AI 智能体难以替代教师完成创造力激发任务。创造力源于人类大脑的随机联想、独特的灵感和对生活细节的敏锐观察。虽然 AI 可以提供一些创意元素的组合，但它不能像人类一样从无到有地迸发出创意。AI 不具备生活经验，不能为学生提供基于人类直觉和经验的创意指导。

3. 沉浸式教学与虚拟实验

例如，在数据科学基础课程中，AI 结合虚拟现实（Virtual Reality，VR）技术为学生提供沉浸式学习体验，学生可以进入虚拟实验室，进行数据清洗和数据可视化等操作。通过在虚拟环境中与数据集互动，学生不仅能加深对知识的理解，还能增强操作技能。此类教学形式突破了传统实验室资源的限制，同时增加了学习的趣味性和互动性。

AI 智能体难以替代教师完成沉浸式教学与虚拟实验任务。AI 可以提供沉浸式体验，但无法完全代替教师对学生进行引导与互动；在虚拟实验中，教师仍需实时指导学生操作，确保学习的深度和方向。

4. 深度互动

例如，在课堂上，AI 可以通过面部识别技术和情绪分析，实时监测学生的情绪变化。如果学生显得困惑或不感兴趣，AI 会提醒教师调整讲解方式或改变课堂氛围。AI 还可以分析学生的提问频率和互动情况，帮助教师评估学生的学习状态，为教师提供个性化的辅导建议。

AI 智能体难以替代教师完成深度互动任务。AI 能够通过数据分析提供辅助，但教师的判断力和经验依然是课堂互动的核心。教师能够根据学生的情感和反馈灵活地调整教学方法，这种细腻的情感理解和灵活的课堂调控是 AI 无法胜任的。

3.3.3 传统与未来交织的课堂微场景

AI 智能体将与传统教学模式紧密结合，形成诸多传统与未来交织的课堂微场景。下面通过两个典型案例说明 AI 智能体如何帮助教师提高课堂教学质量。

1. 高等数学课程：积分与微分的基本概念

（1）备课。

教师的目标是让学生理解积分与微分的基本概念，并掌握相关的计算方法。

操作步骤（可利用豆包平台上已有或新建的 AI 智能体）如下。

- 接收教学目标：教师输入教学目标，AI 智能体根据教学大纲和课程要求，自动生成相关的教学资源包。

- 资源推荐与筛选：AI 智能体从平台的数学教学资源库中筛选合适的学习材料，包括理论讲解、计算实例（如定积分计算、复合函数的微分）、动画演示等；根据课程难度和教师偏好，推荐合适的教学内容。

- 整理备课资源：AI 智能体将筛选后的教学资源（文字资料、视频讲解、习题）整理成备课资源包，提供给教师参考。

（2）上课。

教师按照传统方式讲解积分与微分的基本概念和计算方法，如计算定积分、使用链式法则进行微分等。

操作步骤（可利用豆包平台上已有或新建的 AI 智能体）如下。

- 实时监控：在课堂上，AI 智能体通过豆包平台上的可视化数学工具实时展示数学公式的推导过程，帮助学生更直观地理解该过程。

- 即时反馈：当学生在课堂练习中出现错误时，AI 智能体做出实时反馈，提示学生计算中存在的问题（如积分范围错误、微分法则使用不当）并提供解决方案。

- 课堂数据分析与反馈：AI 智能体统计学生在课堂中的错误频率和学习进度。当大多数学生在某个知识点（如积分技巧）上出现问题时，AI 智能体自动向教师发送提示信息，建议教师进行集中讲解。

（3）作业布置与批改。

教师布置作业，要求学生完成关于定积分和微分方程的相关练习题。

操作步骤（可利用豆包平台上已有或新建的 AI 智能体）如下。

- 分析课堂表现：AI 智能体分析学生在课堂上的表现，包括作业完成效率、错误理解速度、课堂互动等，评估学生的学习状况。
- 作业调整与个性化指导：AI 智能体根据分析结果调整作业难度，为表现较好的学生提供更具挑战性的题目，为基础薄弱的学生提供更多的基础练习题和辅导资源。
- 自动批改：AI 智能体扫描学生提交的作业，检查公式推导、计算过程和结果的正确性，标出可能出现问题的区域，提供初步的批改结果。
- 教师审核：教师在 AI 智能体生成的反馈的基础上，进一步评估学生对微积分的理解深度和应用能力。

2. 大学英语课程：英语听力与口语练习

（1）备课。

教师的目标是提高学生的英语听力和口语表达能力，尤其是在日常交流和学术交流环境中。

操作步骤（可利用豆包平台上已有或新建的 AI 智能体）如下。

- 接收教学目标：教师输入教学目标后，AI 智能体搜索豆包平台上的英语学习资源库，提取适合的听力材料和口语训练资源。
- 资源推荐与筛选：AI 智能体根据不同行业、场景（如日常对话、学术讨论）筛选相关听力材料，并推荐与之配套的口语训练素材和发音练习。
- 整理备课资源：根据教师设定的教学风格（如侧重听力训练和口语表达），AI 整合资源，形成完整的备课资料包。

（2）上课。

教师以传统方式讲解英语听力技巧和口语表达方式，帮助学生练习日常对话和学术交流。

操作步骤（可利用豆包平台上已有或新建的 AI 智能体）如下。

- 实时监控与反馈：在课堂上，AI 智能体通过语音识别技术实时监控学生的口语发音，分析发音准确性和流利度并提供即时反馈，帮助学生改善口语发音或语法问题。
- 个性化辅导：根据学生的口语水平和发音问题，AI 智能体为每一位学生提供个性化的发音改进建议，帮助他们提升英语口语表达能力。
- 课堂数据分析与反馈：AI 智能体实时收集学生的发音数据、互动频率等，评估学生的学习进度和状态，并向教师提供个性化的指导建议。

（3）作业布置与批改。

教师布置作业，要求学生完成英语听力理解题并进行一段口语表达。

操作步骤（可利用豆包平台上已有或新建的 AI 智能体）如下。

- 分析课堂表现：AI 智能体分析学生在课堂上的表现，特别是在口语互动和听力理解方面的能力，评估每位学生的学习进度。
- 调整作业内容：AI 智能体根据学生的表现为他们提供不同难度的作业，为口语较好的学生提供更具挑战性的演讲或辩论作业，为听力相对不佳的学生提供基础的听力理解题目。
- 自动批改：在学生提交口语作业后，AI 智能体通过语音识别和语言分析功能评估口语发音、语法和流利度，给出评分和反馈。
- 教师审核：教师根据 AI 智能体提供的批改结果，进一步评估学生的英语听力水平和口语表达能力。

总之，AI 智能体是教师开展教学与科研工作时的专属助手，运用 AI 智能体与提示词构建、PPT 微课制作等技能相辅相成，将成为 AI 时代教师不可或缺的基本功。

第二部分

AI 辅助课程创新

第 **4** 章

AI 辅助一门课的创新设计

　　笔者曾在企业工作近十年，历经失业与创业失败的挫折，之后读博进入高校教创业课。我的导师向我传授的重要经验之一是，要想当好大学教师，首先要讲好一到两门课。初觉易，后发现难。课程设计比较复杂，费时又很难出效果，这让我困惑了很多年。但是，自从用上 AI，创新就变得简单很多。

　　本章将教你用 AI 分析学生的真实需求，重新规划课程目标，重组内容以避免"水课"，以及创设灵活课堂，建立精准评价体系。从设计到落地，AI 可以帮你揪出痛点、优化方法，让教学更贴合学生实际。AI 可以帮你摆脱"一刀切"的困境，把时间留给真正有价值的教学探索——让每门课都鲜活、有用、有温度。

4.1　AI 辅助学情分析与痛点提炼：寻找课程创新的原动力

4.1.1　学情分析为何对教学创新至关重要

　　学情分析是教学创新的基础，直接影响教学内容、方法和策略的选择。教师通过学情分析能够了解学生的知识基础、学习习惯、兴趣动机和情感状态，从而制订出更有效的教学计划，调整课堂教学策略。没有学情分析的支持，教学创新就缺乏依据，难以取得理想的效果。

1. 学情分析的核心价值

　　学情分析的核心价值如图 4.1 所示。

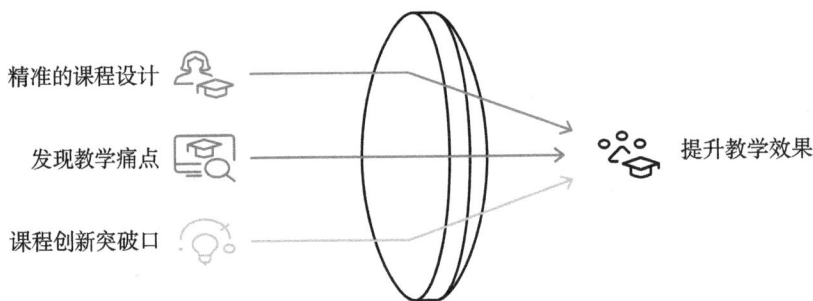

图 4.1　学情分析的核心价值

（1）精准的课程设计：了解学生的学习基础和需求后，教师可以调整教学内容和难度，做到因材施教，提升课堂效果。

（2）发现教学痛点：学情分析能帮助教师发现课堂教学中的薄弱环节，如知识点讲解不清、学生参与度低等，为后续的教学改进提供方向。

（3）课程创新的突破口：通过深入的学情分析，教师可以发现课程中可以创新的地方，如采用新的教学方法、增加互动环节、设计更多基于实际问题的学习任务等。

2. 学情分析的关键要素

学情分析包括学生的知识基础、学习动机、学习行为、学习习惯和心理状态等关键要素，教师可通过"学情分析漏斗"（见图 4.2）对这些关键要素进行分析。

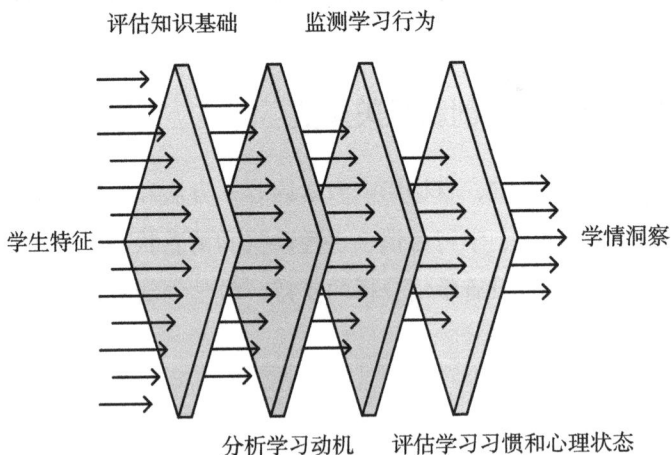

图 4.2　学情分析漏斗

（1）知识基础：了解学生的先修知识及其对课程内容的掌握情况。

（2）学习动机：分析学生学习的动机、兴趣和情感需求，了解他们对课程的态度。

（3）学习行为：监测学生在课堂上的表现，包括参与度、作业完成情况等。

（4）学习习惯和心理状态：分析学生的学习习惯、时间管理能力、心理健康状况等。

4.1.2 学情分析的常见问题及其解决办法

尽管学情分析对教学创新至关重要，但许多教师在做学情分析时存在一些问题，这些问题可能会导致分析结果产生偏差，影响教学改进的效果。学情分析中的常见问题及其解决办法如图 4.3 所示。

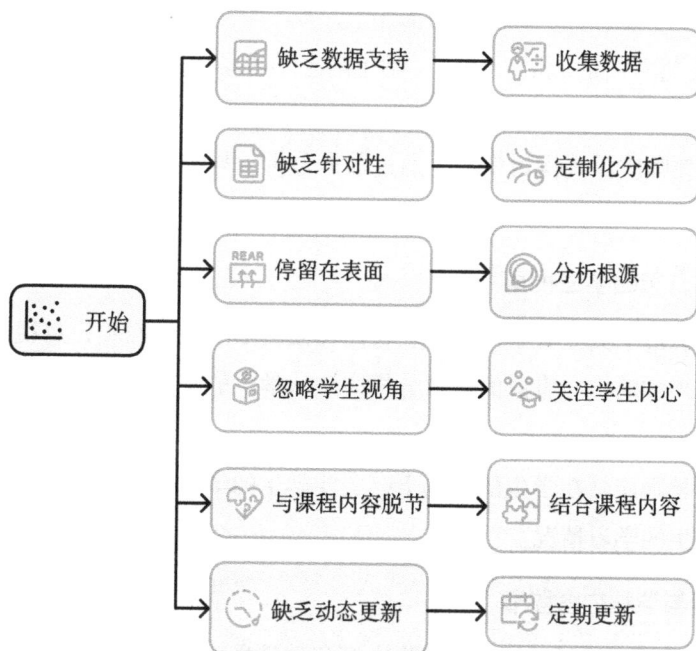

图 4.3 学情分析中的常见问题及其解决办法

1. 泛泛而谈，缺乏数据支持

许多教师在进行学情分析时，往往缺乏具体的数据支持，导致分析结果过于笼统。例如，"学生基础参差不齐"是一个非常宽泛的描述，无法为教学改进提供明确的方向。有效的学情分析应该结合实际数据，描述学生的具体学习状况。

解决方法：教师应通过问卷调查、测试成绩分析、课堂观察等方式收集数据，为学情分析提供有力的支持。

2. 套用模板，缺乏针对性

部分教师在撰写学情分析时，直接套用他人或以往的模板，并未结合课程的实际情况。这种做法不仅无法准确反映学生的实际学情，也难以为教学创新提供有效的指导。

解决方法：教师要根据具体课程、年级和学生特点进行定制化的学情分析，避免盲目套用模板。

3. 学情描述停留在表面

有些学情分析停留在对表面现象的描述上，如"学生缺乏学习动力"或"学习兴趣不高"，却未深入分析背后的原因。例如，学生缺乏学习动力可能是因为课程内容与实际生活脱节，或者学习资源不足。

解决方法：教师应深入探讨学情，通过数据分析、与学生的交流等方式，挖掘问题的深层次原因。

4. 重点偏移，忽略学生视角

一些学情分析过于关注教学环境、教材内容或教师的教学经验，忽视了学生的学习心理、行为模式和兴趣动机。有效的学情分析应该从学生的角度出发，关注他们的需求和学习体验。

解决方法：教师应站在学生的立场上，关注学生的学习心态、情感需求等，确保学情分析真实反映学生的学习情况。

5. 学情分析与课程内容脱节

学情分析中的描述没有充分结合课程内容和教学目标。例如，未提到学生对先修课程的掌握情况，或者未分析学生的未来职业目标对课程学习的影响，这些都可能导致教学内容与学生实际需求不匹配。

解决方法：教师应将学情分析与课程内容、教学目标紧密结合，确保学情分析能够有效指导教学设计。

6. 缺乏动态更新

学情是动态变化的，如果学情分析没有及时更新，分析结果就会失去时效性。例如，某些学生可能在学习过程中逐渐掌握了某个知识点，而另一些学生可能因为某些原因出现新的学习困难。

解决方法：教师应定期更新学情分析，根据教学进度和学生反馈及时调整教学策略。

4.1.3　AI 辅助学情分析的 10 种实用方法

在 AI 的辅助下，学情分析变得更加高效和精准。以下是 AI 辅助学情分析的 10 种实用方法，教师可以根据实际情况选用。

1. 成绩分析法：分析学生成绩数据

AI 辅助：AI 通过分析学生的成绩数据，帮助教师识别学生学习的薄弱环节，如某个知识点掌握不扎实，进而调整教学策略。

实例：在高等数学课程中，教师利用超星学习通、雨课堂等平台的 AI 工具分析学生的期末考试成绩，发现大部分学生在微分方程部分的得分较低，因此加强了该部分的教学。

2. 行为分析法：追踪学生课堂行为

AI 辅助：AI 通过监测学生的课堂行为，如参与度、互动次数、课堂表现等，帮助教师了解学生的学习状况。

实例：在编程课程中，教师利用科大讯飞的智慧课堂系统监测到某学生频繁复制粘贴代码，系统反馈给教师，教师据此及时为该学生提供了更多的指导。

3. 情感分析法：监测学生情绪变化

AI 辅助：AI 利用面部识别技术和语音分析技术，实时监测学生的情绪波动，帮助教师及时了解学生的情感需求。

实例：在英语口语课程中，百度 AI 利用面部识别技术发现某些学生在课堂上情绪低落，教师据此调整课堂节奏，增加互动环节，提升了学生的参与度。

4. 学习动机分析法：分析学生兴趣

AI 辅助：AI 根据学生的课堂行为、在线学习记录等数据，分析学生的学习兴趣和动机，帮助教师设计更具吸引力的课程内容。

实例：在创新创业教育课程中，百度大脑 AI 通过分析发现学生对科技创业有浓厚兴趣，教师因此增加了相关的案例讨论。

5. 习惯分析法：监测学生学习习惯

AI 辅助：AI 通过分析学生的作业提交时间、学习频率等数据，帮助教师了解学生的学习习惯。

实例：在医学实验技术课程中，超星学习通发现某些学生存在拖延提交作业的情况，教师据此为这些学生提供了时间管理的建议。

6. 知识掌握度分析法：分析学生知识图谱

AI 辅助：AI 为每位学生构建知识图谱，帮助教师了解学生对各个知识点的掌握情况。

实例：在数据结构与算法课程中，教师借助科大讯飞知识图谱分析学生对递归算法的掌握情况，并为该部分内容设计专项练习。

7. 问卷调查法：收集学生反馈

AI 辅助：AI 通过智能问卷自动分析学生反馈，帮助教师了解学生的学习需求、情感状态等。

实例：在大学生心理健康教育课程中，问卷星 AI 通过学生填写的问卷分析出他们产生焦虑情绪的主要原因，并提供心理辅导建议。

8. 性格分析法：分析学生个性特点

AI 辅助：AI 通过学生的行为数据和问卷调查，分析学生的性格特点，帮助教师设计个性化的教学活动。

实例：在职业生涯规划课程中，教师通过 MBTI 在线测试分析学生的性格特点，为外向型学生推荐社交性较强的职业方向，为内向型学生推荐需要深度思考的职业方向。

9. 学习进度预测法：预测学生学习成效

AI 辅助：AI 通过历史数据预测学生的学习进度和考试成绩，帮助教师提前发现学业风险。

实例：在计算机网络课程中，科大讯飞的学习预警系统预测某些学生可能在后期课程中遇到困难，教师据此提前提供了辅导和支持。

10. 互动分析法：分析学生课堂互动情况

AI 辅助：AI 通过分析学生与教师和同学的互动情况，帮助教师了解学生的参与度和互动效果。

实例：在社会学导论课程中，教师通过腾讯会议互动分析或钉钉课堂互动报告发现某些学生在小组讨论中较少发言，据此调整了小组分配和讨论方式，以提高学生的参与度。

4.1.4　基于学情分析的痛点提炼：AI 的关键辅助作用

在教学进程中，精准提炼学情分析的痛点意义重大，它是教师发现并解决教学问题、推动教学创新的重要环节。在引入 AI 前，教师务必先思考两个问题——为什么使用 AI，想用它解决哪些教学难题。

下面结合具体实例，详细阐述基于学情分析发现痛点的方法（见图 4.4），以及 AI 在其中发挥的辅助作用。

数据驱动　　学生反馈

作业分析　　教师反思

课堂观察

图 4.4　基于学情分析的痛点提炼方法

1. 数据驱动的痛点提炼

在数据结构与算法课程中，教师借助百度统计（部分功能适用于对教育数据的简单分析）或学校内部教学管理系统（具备数据收集和部分分析功能）收集学生编程作业和考试成绩数据。通过整理这些数据，教师发现学生在递归算法的理解和应用方面普遍存在困难，解决复杂程序问题时错误率偏高。教师据此提炼出痛点"递归算法理解与应用困难"，这表明学生在算法思维构建和问题解决能力上有待提升。

AI 辅助：AI 具备强大的数据处理能力，能对海量教育数据进行深度挖掘与分析。它可以快速梳理大量的学生数据，精准定位学生在递归算法学习上的薄弱点，如对递归这个概念理解不清或在实际编程时逻辑混乱。同时，AI 还能通过关联分析，找出影响学生学习递归算法的其他潜在因素，如前置知识掌握程度、学习时间投入等，为教师全面了解学情提供更丰富的信息。

2. 基于学生反馈的痛点提炼

在英语口语课程教学中，教师利用问卷星（国内广泛使用的在线问卷平台）收集学生反馈，并结合课堂讨论情况进行分析。教师发现学生普遍认为课程内容理论性过强，缺乏实际应用场景，因此学习兴趣不高。教师据此提炼出痛点"课程内容与实际应用脱节"，这反映出课程设计未充分契合学生需求和兴趣点。

AI 辅助：AI 可运用自然语言处理技术对学生反馈的文本内容进行快速分析，一方面，通过情感分析，判断学生对课程内容的满意程度和负面情绪集中点；另一方面，借助主题提取技术，精准提炼出学生反馈的关键问题和期望改进方向，帮助教师从大量文本中高效获取核心信息，更准确地把握学生需求。例如，AI 能快速识别出学生提及最多的缺乏实际应用场景的具体方面，如商务交流、日常对话等场景的缺失，为教师精准定位痛点提供支持。

3. 基于教师反思的痛点提炼

在职业生涯规划课程教学后，教师通过反思发现，课程虽涵盖诸多职业发展理论知识，但学生参与度低，多数学生反馈课程内容过于理论化，缺乏实际操作指导，更期望获得关于简历写作、面试技巧等方面的针对性更强的建议。教师据此提炼出痛点"课程内容与学生实际需求脱节"，这表明课程在提供个性化职业发展指导方面存在不足，影响了课程的吸引力和实用性。

AI 辅助：AI 能在教师的反思过程中提供丰富的参考资源。AI 可根据课程特点和学生反馈，从海量教育资源库中筛选出类似课程的成功案例和改进经验，帮助教师拓宽思路，更准确地找到教学与学生实际需求的差距。例如，AI 能推荐其他学校在职业生涯规划课程中融入实际操作指导的具体方式和教学活动设计，为教师精准提炼痛点提供外部参照，让教师更清晰地认识到自身教学存在的问题。

4. 基于课堂观察的痛点提炼

在市场营销课程的课堂观察中，教师发现学生在小组讨论环节参与度低，部分学生沉默寡言，影响讨论效果和课堂氛围，进而提炼出痛点"小组讨论参与度低"，这反映出学生在团队合作和沟通表达方面存在不足，制约了课堂互动和学习效果。

AI 辅助：教师可以借助 AI 进行课堂观察。通过对课堂视频的分析，AI 能够自动识别学生的课堂行为，如面部表情、肢体动作等，以此判断学生的参与度和情绪状态。AI 还能统计学生发言次数、发言时长等数据，为教师提供更客观、详细的课堂参与度分析报告。例如，AI 可以准确指出哪些学生参与度低，以及在讨论的哪个阶段参与度出现明显变化，帮助教师更精准地定位问题，深入了解"小组讨论参与度低"这一痛点的具体表现和产生原因。

5. 基于作业分析的痛点提炼

在高等数学课程教学中，教师借助学校教学平台上的作业提交和批改系统数据分析学生作业完成情况，发现学生对微积分理解困难且作业错误率较高，进而提炼出痛点"微积分理解困难"，这反映出学生在数学概念理解和应用方面存在短板。

AI 辅助：AI 智能批改和分析系统可对学生作业进行全面评估。它不仅能快速批改作业，还能对学生的错误进行分类和深入分析，如判断是概念性错误、计算错误还是解题思路错误。通过对大量作业数据的学习和分析，AI 能够总结出学生在微积分学习中的常见错误模式和知识薄弱点，为教师提供详细的作业分析报告，帮助教师更准确地把握学生对微积分知识的掌握程度，明确需要重点关注和强化的教学内容，从而更精准地提炼出教学痛点。

4.2　AI 辅助理念创新与目标重塑：推动课程升级

AI 能够帮助教师突破传统教学模式的局限，创新教学理念，重塑教学目标，使其更加贴近现实需求、更有助于学生的未来发展。

4.2.1　AI 辅助理念创新

AI 辅助理念创新是指利用 AI 将教师从传统的教学模式中解放出来，探索更加创新和有效的教学思路。下面通过几个具体的案例详细说明如何通过 AI 实现理念创新。

1. 高等数学课程：从讲授到探索

传统模式：在传统的高等数学课程中，教师通常会依照教材内容，逐步讲解各个知识点。课堂以教师讲授为主，学生的参与度较低，难以激发学生的兴趣和主动学习的动力。

理念创新：在 AI 的辅助下，教师不再仅仅是知识的传递者，而是学习的引导者和支持者。学生不再是被动接受知识的容器，而是主动参与探索和解决问题的学习者。这种教学模式强调学生自学能力的培养，并通过 AI 提供个性化学习支持，使学习变得更加灵活、个性化。

实例分析：教师可以借助 AI 将高等数学课程转化为一个以学生为中心的探索型学习过程。例如，AI 通过分析学生的实时学习数据，能够帮助教师发现学生在学习中的薄弱环节，如极限、微分、积分等，并提供个性化的学习资源和反馈。

在课堂上，AI 辅助教学工具（如雨课堂或学堂在线）可以实时监控学生的学习状态，并在学生遇到困难时提供即时帮助。通过互动式学习平台，学生不仅可以在课后自主学习，还可以在 AI 的引导下进行互动讨论，提升学习主动性。

2. 英语口语课程：从语法讲解到情境演练

传统模式：英语口语课程通常侧重于语法讲解和单词记忆，教师通过课堂讲解和作业布置让学生掌握基础的语法知识。尽管学生掌握了很多规则，但口语能力的提升往往滞后。

理念创新：在 AI 的辅助下，教师的角色从传统的语法讲解者变成了口语实践指导者。

课程的重点从单纯的语法和词汇学习转向了实际交流能力的培养。学生通过与 AI 进行互动练习，在更真实的情境中提升自己的语言表达能力，实现了从知识学习到能力提升的目标转换。

实例分析：AI 可以通过分析学生的语音数据，帮助教师发现学生在发音、语调、语法使用等方面的问题。例如，利用科大讯飞 AI 语音识别技术，教师可以获取学生的口语发音分析报告，了解学生在口语表达中的常见错误，如重音、语法错误等。

此外，AI 可以模拟多种情境，帮助学生在更贴近现实的环境中进行口语练习。教师可以将课堂内容与 AI 语音助手结合，运用语音识别和反馈技术，进行实时的对话模拟练习，有效地提高学生的口语表达能力。

3. 市场营销课程：从教材导读到案例分析

传统模式：在传统的市场营销课程中，教师通常通过讲解教材来传递营销的基本概念、理论和方法。课堂内容往往偏理论，缺乏实践性，学生的学习兴趣较低。

理念创新：在 AI 的辅助下，课程的教学模式由教材导读转变为案例分析与决策模拟，课堂内容更加贴近实际，教学过程更具互动性和参与感。学生不仅要学习营销理论，还要在模拟情境中进行市场决策，提升决策能力和实际操作能力。

实例分析：教师可以通过 AI 引入更为多样化的教学方式。例如，AI 可以为市场营销课程提供实时的市场数据分析，帮助学生了解当前的市场趋势和热点话题。教师可以利用 AI 工具（如云课堂的智能分析功能）获取学生的学习数据，找出学生在理解和应用营销理论方面的薄弱点。

同时，AI 可以帮助教师设计更具互动性和实践性的课程内容，如通过 AI 模拟市场环境，带领学生进行案例分析和市场决策模拟。这种数据驱动的教学模式，能够让学生在模拟实践中掌握营销技巧，提高实际操作能力。

4.2.2　AI 辅助目标重塑

在 AI 的辅助下，教师可以根据学生的不同需求和学习进度，制定更加精准的教学目标，并进行个性化的教学干预。以下通过不同课程的案例进一步说明如何在 AI 的辅助下实现教学目标重塑。

1. 数据结构与算法课程：从知识传授到思维培养

传统目标：传统的数据结构与算法课程通常侧重于知识的传授，学生主要通过理解和记忆算法的基本操作和数据结构的实现方式来掌握课程内容。

目标重塑：在 AI 的辅助下，课程的目标不再仅仅是学会算法，而是培养学生的算法思维和问题解决能力。教师通过实时分析学生数据，调整教学策略和目标，确保每位学生都能在自己的节奏下取得进步。

实例分析：在数据结构与算法课程中，AI 可以分析学生的编程作业和小测试成绩，帮助教师了解哪些学生对递归、排序、图算法等掌握不牢固。基于这些数据，教师可以为每位学生制定个性化的学习目标和辅导计划，确保学生不仅能理解算法的实现过程，还能掌握算法的思维方式和问题解决策略。

2. 英语听力与口语课程：从听力训练到综合语言能力提升

传统目标：在传统的英语听力与口语课程中，教师通常侧重于对学生听力理解的训练，目标主要是提高学生的听力水平。

目标重塑：在 AI 的辅助下，课程目标从听力水平的提高扩展为综合语言能力的提升。教师利用 AI 实时评估学生的听力和口语表达能力，为学生提供个性化的学习目标和发展计划。

实例分析：在英语听力与口语课程中，教师运用 AI 分析学生的发音，及时反馈学生在发音和语法上的问题，提供个性化的口语训练。通过这种方式，学生不仅能提高听力水平，还能提升口语交流能力。

3. 哲学导论课程：从知识点掌握到批判性思维培养

传统目标：传统的哲学导论课程目标主要集中在知识点的掌握上，学生需要记住哲学家的主要观点和哲学流派的基本理论。

目标重塑：在 AI 的辅助下，课程的目标从掌握哲学知识转变为培养批判性思维和哲学分析能力。教师利用 AI 提供个性化反馈，帮助学生实现目的重塑和能力提升。

实例分析：在哲学导论课程中，教师使用超星学习通等平台的 AI 工具分析学生的讨论记录，发现某些学生在辩论时缺乏深入的思考和独立的见解。教师据此通过 AI 推荐更多的哲学案例和思考题，引导学生进行深度讨论和思考，帮助他们提升批判性思维能力。

4.3　AI 辅助内容重构与方法匹配：避免"水课"

4.3.1　4 种常见的"水课"类型

"水课"这个词通常带有负面意味，是指那些内容空泛、教学效果不明显、学生参与度低的课程。一些公共基础课，如思想道德修养、职业生涯规划等，常常被一些学生称为"水课"。这些课程可能因为空洞说教或教学方法单一，导致学生在课堂上专注度、参与度都很低，甚至出现逃课行为。

实际上，"水课"并非专属于某些高校或课程，无论名校还是普通高校，无论选修课还是必修课，无论文科课程还是理工科课程，只要缺乏创新，都有可能被学生评价为"水课"。一些理论性较强的课程，如高级微观经济学，如果仅依靠数学公式推导，而不结合实际案例和学生实际情况，很可能让学生感到枯燥无味。

4 种常见的"水课"类型如图 4.5 所示。

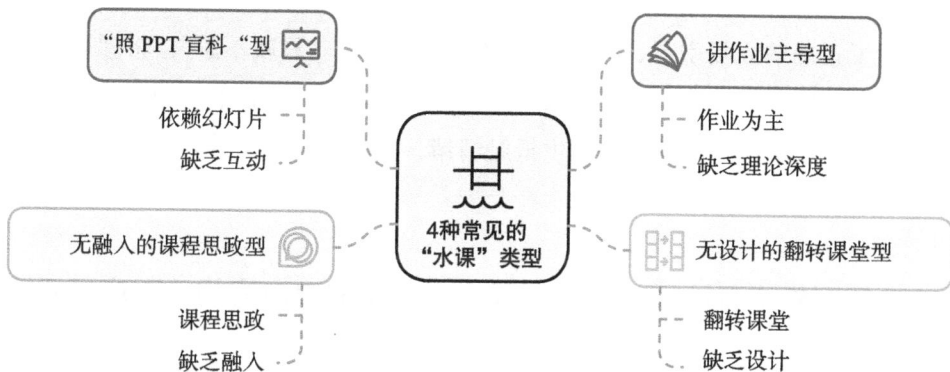

图 4.5　4 种常见的"水课"类型

1."照 PPT 宣科"型

这类课程在高校中较为常见，教师往往只是机械地照着 PPT 念内容，缺乏对知识的深入讲解和拓展。例如，在部分人文社科类课程中，教师在讲台上逐页念 PPT 中的文字，遇到可稍有发挥的地方，就开始讲述个人经历，而这些经历与课程的核心内容关联不大，学生难以从课堂中获取有深度的知识，课堂变得枯燥乏味。

2. 讲作业主导型

开学第一课，教师先花费大量时间进行自我介绍、讲述个人经历，然后将学生分组并布置作业。在此后的课程中，各小组轮流上台讲解作业，教师在临近下课时才简单点评几句。在这种教学方式下，教师的主导作用缺失，学生虽然参与了讲作业的过程，但对知识的系统学习和深入理解不足，课程缺乏深度和广度。

3. 无设计的翻转课堂型

教师将学生分组后，把教材内容分配给各个小组，让学生自行备课、讲课，教师仅作为听众打分点评。学生准备的 PPT 往往只是对教材内容的简单复述，缺乏自己的思考和创新，课堂互动也仅仅停留在表面，无法获得翻转课堂应有的效果，难以激发学生的学习兴趣和深度思考。

4. 无融入的课程思政型

在专业课程教学中存在两个极端：一是"只思不政"，教师只注重培养学生的批判思维，却忽视了正确的立场引导，不给出明确结论；二是"只政不思"，将课程思政简单等同于灌输意识形态，生硬地在专业课堂上进行思想说教，而没有将思政元素与专业知识有机融合，导致学生对课程思政产生抵触情绪，无法实现知识传授与价值引领的双重目标。

4.3.2 内容重构与方法匹配：运用混合式教学解决内容的"深广矛盾"

在应对"水课"问题时，确保教学内容的广度与深度是一项关键挑战。如何既保证课程内容的广泛性，又能深入挖掘其中的精髓，帮助学生更好地理解并应用知识，是每一位教师都要思考的问题。

1. 传统课堂：以知识点为核心

传统课堂的教学大多数是以知识点为核心展开的。教师通过讲解基本概念和原理，引导学生学习基础知识。在此过程中，重点在于让学生掌握基本知识，难点通常是练习题或例题的处理。这种教学模式简单直接，但其最大的问题是"应试导向"，缺乏对学生实际能力的培养。

例如，在高等数学课程的教学中，教师讲授微积分基本概念和计算方法，重点和难点集中在练习题的解法上。即使运用了"知识图谱+AI"的辅助工具，教学的最终目的依然是帮助学生应对考试，缺乏对学生创新能力和深度思考的激发。在这种教学方式下，课程内容的广度得以保证，但深度的挖掘和应用难以实现。

2. 教学创新设计：以创业管理课程为例

为了克服传统课堂的局限性，可以采用混合式教学方式，通过线上微课和线下实训课的结合，实现教学内容广度与深度的平衡。创业管理课程是一个兼顾教学内容深度与广度的典型例子。线上微课与线下实训课相结合的方式，不仅能够确保课程内容覆盖面广，还能让学生在实践中解决复杂的现实问题。具体教学设计如下。

（1）微课与直播结合，重构教学内容。

以场景化的微课打破传统的章节课时安排：内容共 10 章，细分为 54 节线上场景化微课和 4 次线下见面直播课（每次课时为 1.5 小时左右）。微课和直播课都被设计为以解决具体场景中的创业实际问题为导向，内容深入浅出。这样既能满足移动互联网时代碎片化学习的需要，又能保证知识体系的完整性和系统性，实现双重目标。

重构后的教学内容目录如表 4.1 所示。

表 4.1 问题导向的教学内容重构

场景化微课及直播课目录		场景化微课及直播课目录	
第一章 感悟创业管理精髓	1 打工还是创业 2 没钱能创业吗 3 创业的本质是什么 4 打开创业的"黑箱"	第二章 成为创业者	5 我适合创业吗 6 创业者到底是什么样的 7 学好创业管理的最佳方法 8 如何获得持续的创业动力 **第 1 次直播课：风险游戏——创业者是赌徒吗**

场景化微课及直播课目录		场景化微课及直播课目录	
第三章 创建优秀的 创业团队	9　单独创业还是团队创业 10　优秀创业团队是什么样的 11　中西最优秀团队，谁更优 12　联想如何组建核心创业团队 13　"大雁团队"的五大智慧	第七章 生存式创业 营销	26　创业者的市场在哪里 27　没钱怎么步步为营开发市场 28　什么是生存式创业营销 29　创业营销与传统营销有何区别 30　步步为营的创业营销可分为哪 　　几步 31　怎么制定创业营销4P组合策略 32　创业公司怎样打好营销运动战
第四章 把握创业 机会	14　创业成功靠运气吗 15　如何成为一名真正幸运的创业者 16　创业机会从哪里来 17　搜寻创业机会的诀窍 18　如何快速评价一个创业机会 **第 2 次直播课：头脑风暴——适合大 学生的创业项目**	第八章 实用的创业 融资	33　案例介绍：浙江银江电子公司 34　创业融资的困难与优势 35　融资渠道有哪些 36　债券融资与股权融资 37　创业融资过程 38　创业融资成功的五个心态
第五章 创造有效的 商业模式	19　什么是商业模式 20　戈德自动售货机为什么会失败 21　未来最佳的商业模式是什么 **第 3 次直播课：失败案例分析——如 何设计有效的商业模式**	第九章 管理创业成败	39　哈佛式案例学习法 40　案例分析：俞敏洪如何让新东方 　　高速成长 41　个人创业战略 42　创业行动 43　创业失败了怎么办 **第 4 次直播课：案例实训——如何组 建和领导初创团队**
第六章 制定商业计 划书	22　商业计划书是什么样的 23　不写商业计划书可以创业吗 24　商业计划书撰写实用技巧 25　商业计划书陈述实用技巧	第十章 商业计划书答 辩与点评	44　如何让商业计划书答辩精彩且有 　　意义 45　第一组：湖畔咖啡厅 46　第二组：多功能轮滑鞋 47　第三组：学畔校园食堂 App 48　第四组：时光角落咖啡吧 49　第五组：笑忘书休闲吧 50　第六组：跑跑甜品配送 51　第七组：校园超市送货到宿舍 52　第八组：信息分类网站 53　第九组：自车达校园出租自行车 54　教授精彩点评

（2）"两课两实"耦合，强化重点难点。

"两课两实"耦合是指通过慕课向所有学生传授创业之道，通过翻转课堂解决有创业愿望的学生的困惑，通过实训训练有创业实际想法的学生的创业思维和竞赛技巧，通过实践提升正在创业的学生的创业技能。

① 线上微课讲透重点。每节微课都聚焦于一个创业实际问题。这些问题通常也是学生容易误解的问题或教学重点。教师应运用 PPT 动画、商业游戏、小组活动、案例分析等手段，帮助学生消除误解，让他们有茅塞顿开之感，这是让学生易学爱学的关键；引导学生认清"创业失败是常态"这一现实，不仅要积极地为创业成功而准备，更要坚定地为创业失败而磨炼，理解"善败才能赢"；通过电梯陈述和翻转课堂，让学生现场进行角色情景演练，提高他们融资路演的实战能力，并进行个性化的答疑解惑。

② 线下见面直播课主要解决难点，其目的和手段如表 4.2 所示。

表 4.2 4 次线下见面直播课信息表

线下见面直播课	目的 / 难点	手段
第 1 次	引导学生对创业风险进行反思	通过掷球风险游戏营造沉浸式课堂，让学生亲身体验风险情景，引导学生深入其中并深受其益
第 2 次	训练学生的创新创业思维和专创融合能力	设计 DSMB 实践项目，通过头脑风暴，结合身边需求、专业和行业创业者点评，探索适合大学生的创业项目
第 3 次	引导学生在失败中反思，不踏入创业陷阱	分析失败案例，结合自己在康师傅、戈德公司的亲身经历和大量案例研究展开反思
第 4 次	引导学生学会在复杂多变、充满挑战的环境中解决问题	通过哈佛式案例实训，在理论与实践的碰撞中增强学生创造性解决问题的洞察力

需要着重说明的是，DSMB（英文全称为 Do Small Make Big，意为"做小事、成大事"）实践项目和哈佛式案例实训在"两课两实"耦合中起关键作用。DSMB 实践项目贯穿教学全过程，着重训练学生的创新思维和专创融合能力，通过头脑风暴引导学生从身边需求出发，结合所学专业知识发现创业机会，让不同专业的学生相互碰撞，同时邀请不同行业的创业者或专家进行点评，产生诸如校园二手书交易平台、校园废纸杯处理、校园食堂疫情防控 App 等国家级大学生创新创业训练计划项目。

教师应引导学生围绕案例中的问题感悟理论精髓，告知学生"创业成功是小概率事件，没有理论指导，成功纯属偶然"，激发学生在失败案例分析中反思，在理论与实践的

图 4.6　案例实训框架

碰撞中提高创造性解决问题的洞察力（见图 4.6），进而学会在复杂多变、充满挑战的环境中解决问题。

（3）AI 辅助生成问题图谱。

在课程设计过程中，教师可利用 AI 生成问题图谱，并结合具体的知识点，为学生提供个性化的辅导和解决方案。例如，当学生遇到创业营销 4P 组合的难题时，教师可利用 ima.copilot 或秘塔 AI 生成问题图谱（见图 4.7），训练学生的系统思维，提升其解决复杂营销问题的能力。

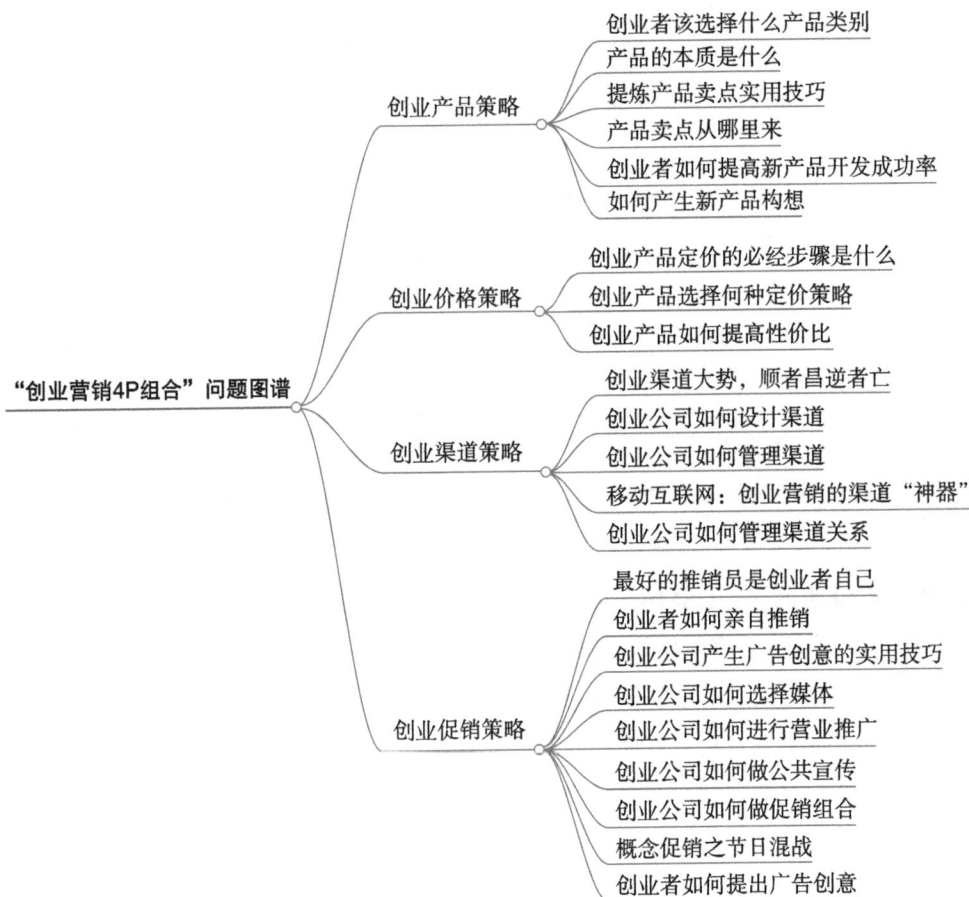

"创业营销4P组合"问题图谱

创业产品策略
- 创业者该选择什么产品类别
- 产品的本质是什么
- 提炼产品卖点实用技巧
- 产品卖点从哪里来
- 创业者如何提高新产品开发成功率
- 如何产生新产品构想

创业价格策略
- 创业产品定价的必经步骤是什么
- 创业产品选择何种定价策略
- 创业产品如何提高性价比

创业渠道策略
- 创业渠道大势，顺者昌逆者亡
- 创业公司如何设计渠道
- 创业公司如何管理渠道
- 移动互联网：创业营销的渠道"神器"
- 创业公司如何管理渠道关系

创业促销策略
- 最好的推销员是创业者自己
- 创业者如何亲自推销
- 创业公司产生广告创意的实用技巧
- 创业公司如何选择媒体
- 创业公司如何进行营业推广
- 创业公司如何做公共宣传
- 创业公司如何做促销组合
- 概念促销之节日混战
- 创业者如何提出广告创意

图 4.7　"创业营销 4P 组合"问题图谱

4.3.3　AI 辅助内容重构与方法匹配：7 类课程的具体实例

1. 新工科（化工原理课程）

广度：

- 利用 AI 建模与模拟工具（如 Aspen Plus、COMSOL Multiphysics）扩展课程广度，涵盖化学工程的核心原理，如传热、传质与反应动力学等；
- 引入交叉学科案例，如材料科学与生物工程，展示化工原理的多学科应用。

深度：

- 借助 AI 虚拟实验室平台（如 Labster），让学生进行虚拟化工实验，深入探索反应器设计与优化；
- 使用机器学习算法建模化工过程，优化生产参数，提升学生的工程计算与研究能力。

广深结合：

- 创建化工生产线的虚拟仿真环境，利用数字孪生技术模拟工厂操作；
- 引入可持续化工的 AI 优化案例，让学生模拟减排与环境保护方案，结合行业前沿进行深度讨论与创新设计。

2. 新文科（市场营销课程）

广度：

- 利用 AI 数据分析平台（如 Tableau、飞书图表）扩展市场营销课程中数据分析与消费者行为预测的内容广度；
- 引入社交媒体分析工具（如 Google Analytics、百度统计），涵盖多渠道营销与数字化传播。

深度：

- 使用自然语言处理工具（如 ChatGPT）分析市场舆情与品牌口碑；

- 通过智能推荐算法模拟个性化营销策略，探索营销自动化与客户管理。

广深结合：

- 利用市场营销 AI 仿真平台设计整合营销模拟项目，让学生根据实时数据优化营销策略；
- 举办营销数据分析竞赛，基于真实数据开展市场分析和策略制定，增强学生的营销洞察力和数据分析能力。

3. 新医科（护理学课程）

广度：

- 借助 AI 健康监测工具（如智能可穿戴设备）扩展慢性病护理与健康管理的教学内容；
- 引入 AI 诊断系统（如 Watson Health），覆盖不同病种的护理与预防管理方法。

深度：

- 使用 AI 虚拟患者模拟平台（如 Body Interact），深入模拟护理场景与决策过程；
- 运用医学影像 AI 工具（如 MedPix），提升学生的护理诊断与治疗方案设计能力。

广深结合：

- 结合虚拟护理病例库与远程诊疗平台，设计学生护理决策与沟通模拟练习，推动跨学科协作学习；
- 分析医疗大数据，开展护理研究与健康管理项目，探索护理学的创新发展方向。

4. 新农科（农业生态学课程）

广度：

- 利用农业大数据平台（如 FAO 数据平台），展示农业生产、气候变化和环境保护等宏观议题；
- 引入精准农业 AI 系统（如农田遥感平台），展示农业监测与生态保护技术。

深度：

- 使用农业环境模拟软件（如 DSSAT），深入分析气候、土壤与作物之间的生态互动；
- 通过 AI 环境预测模型，模拟农业灾害与资源管理方案，培养学生的数据建模与问题解决能力。

广深结合：

- 开展农业环境监测与数据分析实验，用 AI 评估不同农作物的种植条件；
- 设计虚拟农场管理系统，让学生扮演农业管理者角色，综合运用农业生态学知识解决复杂的农业问题。

5. 基础课（概率论与数理统计课程）

广度：

- 利用 AI 数据分析平台（如 Excel、Python 数据科学库），涵盖从基础概率到高级统计推断的教学内容；
- 将内容扩展到机器学习与深度学习中的概率与统计应用，展示跨学科价值。

深度：

- 使用数据分析与建模工具（如 R 语言、SPSS），深入讲解统计推断与回归分析；
- 引导学生设计数据分析实验，结合实际数据进行深入分析。

广深结合：

- 结合真实社会问题（如金融风险管理、医学数据分析），举办数据建模与分析竞赛；
- 组织跨学科统计项目，学生可在社会科学、经济、环境科学等领域中应用统计模型。

6. 课程思政（大学物理课程）

广度：

- 利用虚拟物理实验室（如 PhET），演示物理现象与社会问题的关联；
- 引入社会热点案例分析（如环境保护、能源开发），激发学生的社会责任感。

深度：

- 在 AI 物理建模工具（如 COMSOL Multiphysics）中模拟复杂物理系统，探索力学、电磁学等的深层理论；
- 结合历史物理学家的科研故事，探讨科学发展背后的伦理与社会责任。

广深结合：

- 设计"物理 + 社会创新"项目，如清洁能源发电模拟与社会效益分析，启发跨学科思维；
- 举办物理应用与社会发展研讨会，激发学生的创新意识与社会责任感。

7. 产教融合（创业管理课程）

广度：

- 利用创业模拟平台（如 BizCafe、创业训练营），涵盖从商业计划制订到创业融资的全过程；
- 引入 AI 行业报告工具（如商业智能系统），分析全球市场动态与产业趋势。

深度：

- 举办创业竞赛与真实项目孵化活动，从提出创业点子到产品上市，学生进行全过程实践；
- 指导学生撰写市场分析报告与商业计划书，深度优化项目方案。

广深结合：

- 引导学生参与真实创业项目孵化器，将创业管理理论与行业实践深度结合；
- 与企业合作开展实地调研与项目开发，培养学生的创新思维与综合管理能力。

4.4 AI 辅助环境创设：赋能个性化与多元化教学策略

4.4.1 不同层次的教学都需要创设教学环境

在教育的各个阶段，无论中小学还是大学，创设良好的教学环境都是提升教学质量的关键，正所谓"言传不如身教，身教不如境教"。

　　教师的言传身教固然重要，但良好的教学环境能够潜移默化地影响学生的行为习惯、思维方式和价值观。例如，在一个充满良好文化氛围的校园环境中，学生随时随地都会受到文化的熏陶，从而激发他们对知识的追求和对文化的热爱。在一个鼓励创新和实践的实验室环境里，学生受到环境的激励，更愿意尝试新的方法，从而增强创新能力。AI 能够进一步强化"境教"的作用，让学生在良好的环境中受到积极的影响，实现自我成长和发展。

1. 大学教学

　　大学生具备较强的自主学习能力和独立思考能力，他们渴望开放、多元、富有创新氛围的教学环境。例如，在研究性课程中，教师可以利用 AI 搭建学术交流平台（见图 4.8），学生可以在平台上与国内外的专家、学者进行交流互动，了解学科前沿动态，分享自己的研究成果和见解。学校可以建立数字化图书馆和实验室，提供海量的学术资源和先进的实验设备，为学生的学术研究和创新实践提供有力支持；通过智能辅导系统，为学生提供个性化的学习指导和职业规划建议，帮助他们更好地提升自己的专业能力和综合素质。

图 4.8　利用 AI 搭建学术交流平台示意图

2. 中学教学

　　中学生正处于知识快速增长和思维发展的关键时期，他们需要一个有利于自主学习、合作探究的教学环境。例如，学校可以为物理实验课配备先进的实验设备和器材，为学生提供实践操作的机会，让他们通过亲自动手实验来验证物理原理，培养他们的探究精神；利用 AI 辅助教学平台（见图 4.9），为学生提供丰富的课外拓展资源，如物理科普视频、在线虚拟实验等，满足学生对知识的渴望，拓宽他们的视野。在课堂讨论中，教师可以借助智能分组工具，根据学生的学习能力、性格特点等因素进行合理分组，促进学生之间的思想碰撞和合作学习。

图 4.9　AI 辅助教学平台示意图

3. 小学教学

小学生活泼好动、好奇心强，他们需要充满趣味、富有启发性的教学环境。例如，在语文识字教学中，教师可以将教室布置成"汉字王国"，墙上张贴各种有趣的汉字卡片、象形文字的演变图等，让学生在充满趣味的环境中感受汉字的魅力。在数学教学中，教师可以利用 AI 创建一个虚拟的"数学乐园"（见图 4.10），里面有各种数学游戏和挑战，如数字拼图、算术竞赛等，让学生在游戏中学习数学知识，提高他们的学习积极性。这样的环境能够吸引小学生的注意力，激发他们的学习兴趣，让他们在轻松愉快的氛围中探索知识。

图 4.10　AI 辅助创建"数学乐园"示意图

4.4.2 教学管理视角：AI 辅助硬件环境创设

在教学管理中，硬件环境的优化是提升教学质量的重要基础。然而，传统的硬件环境往往难以满足现代教育的需求，具体体现为：教室布局单一，无法兼顾多样化的教学形式；设备配置不足，制约了创新教学的开展；学习空间缺乏灵活性，难以激发学生的创造力与主动性。这些痛点往往让教育工作者深感束手无策。

AI 的引入，为硬件环境的创设提供了全新的思路（见图 4.11）。下面从满足教师需求和体现以学生为中心两个维度出发，简述 AI 辅助硬件环境创设的方法与策略。

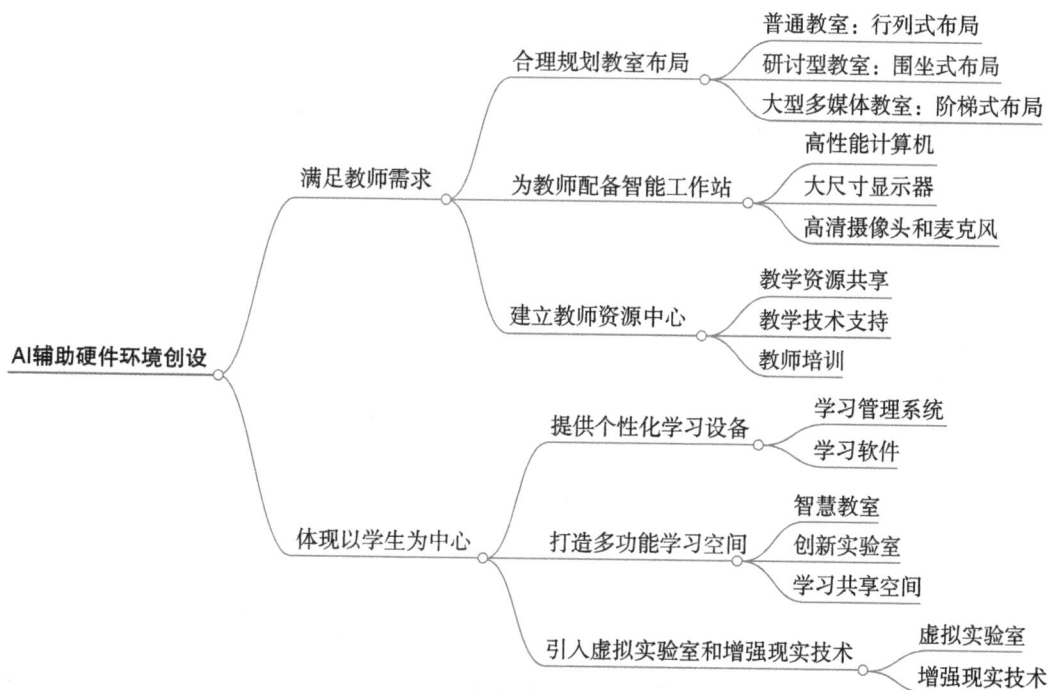

图 4.11 AI 辅助硬件环境创设思路

1. 满足教师需求

（1）合理规划教室布局。

根据教室的规模和用途，选择合适的布局方式。普通教室采用行列式布局（见图 4.12）

可以保证学生拥有良好的视线，便于教师与学生之间的眼神交流和课堂管理。

图 4.12　行列式布局示意图

研讨型教室采用围坐式布局（见图 4.13）更有利于学生之间的小组讨论和互动交流。例如，在大学的英语听说教学中，如果采用围坐式布局，学生就可以分组进行口语练习和讨论，教师可以轻松地参与到各个小组的活动中，及时提供指导和反馈。

图 4.13　围坐式布局示意图

大型多媒体教室采用阶梯式布局（见图 4.14）可以确保每位学生都能清晰地看到讲台和屏幕。

（2）为教师配备智能工作站。

学校可以为教师提供功能齐全的智能工作站（如图 4.15），包括高性能计算机、大尺寸显示器、高清摄像头和麦克风等设备。

图 4.14　阶梯式布局示意图

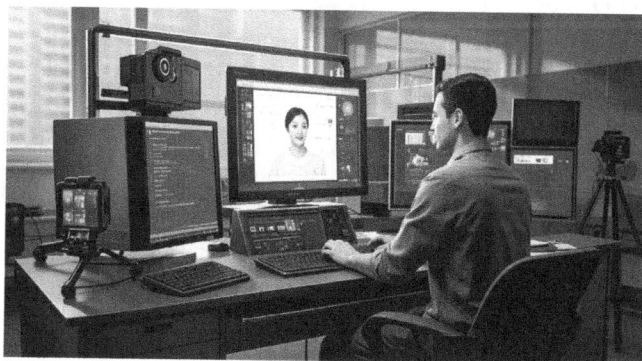

图 4.15　智能工作站示意图

高性能计算机能够满足教师运行复杂教学软件和处理大量教学代码的需求；大尺寸显示器便于教师展示教学课件、视频等资料；高清摄像头和麦克风便于教师进行线上教学和远程交流。例如，在艺术设计课程中，教师可以利用智能工作站运行专业的绘图软件，通过大尺寸显示器向学生展示设计作品的细节，利用摄像头拍摄学生的作品并进行现场点评和指导。

（3）建立教师资源中心。

学校可以创建一个集教学资源共享、教学技术支持和教师培训为一体的教师资源中心。该中心应包含丰富的学科教材、参考图书、学术期刊、教学案例库、试题库等。

学校应当提供在线教学平台、多媒体制作软件、虚拟实验室软件等教学工具的使用培训和技术支持。例如，在数学教师资源中心，教师可以找到各种数学教材的电子版、历年数学竞赛试题、数学教学案例分析等资源，还可以参加数学软件的培训课程，提升自己的教学能力。

2. 体现以学生为中心

（1）提供个性化学习设备。

学校可以为学生配备个性化的学习设备，如平板电脑或笔记本电脑，并安装相应的学习管理系统和学习软件。学习管理系统可以根据学生的学习进度和需求，为学生推送个性化的学习任务、学习资源和学习建议。

学习软件涵盖各个学科领域，包括语言学习软件、科学实验模拟软件、数学解题工具等，可以满足学生多样化的学习需求。例如，在语言学习课程中，学生可以使用平板电脑中的语言学习软件进行听说读写训练，软件会根据学生的发音情况和答题正确率提供个性化的反馈和改进建议。

（2）打造多功能学习空间。

学校可以构建多功能学习空间，如智慧教室、创新实验室、学习共享空间等。

智慧教室配备智能交互大屏、电子白板、智能照明系统等设备，实现课堂教学的智能化和互动化；创新实验室提供先进的实验设备、3D 打印机、机器人套件等工具，为学生的创新实践提供平台；学习共享空间（见图 4.16）设置舒适的桌、椅及小组讨论区、休闲阅读角等区域，满足学生自主学习、合作学习和交流分享的需求。例如，在大学的工程创新实验室里，学生可以利用 3D 打印机制作自己设计的产品模型，通过机器人套件进行编程和组装，开展创新项目实践。

图 4.16　学习共享空间讨论场景示意图

（3）引入虚拟实验室和增强现实技术。

学校可以引入虚拟实验室和增强现实技术，为学生提供沉浸式的学习体验。

虚拟实验室可以模拟各种真实实验场景，如物理实验、化学实验、生物实验等，学生可以在虚拟环境中进行实验操作、观察实验现象、分析实验数据，以避免实验设备不足和实验安全风险等问题。

增强现实技术可以将虚拟信息与现实场景结合起来。例如，在历史文化课程中，学生可以通过增强现实设备观看历史古迹的虚拟复原场景（见图 4.17），增强对历史文化的理解和感受；在化学虚拟实验室（见图 4.18）中，学生可以模拟化学反应过程，观察分子结构的变化，直观地理解化学原理。

图 4.17　通过增强现实设备观看历史古迹虚拟复原场景示意图

图 4.18　化学虚拟实验室示意图

4.4.3 教师视角：AI 辅助软件环境创设

在教学过程中，软件环境如同教学活动的灵魂，直接影响着教学效果和学生的学习体验。然而，在传统教学中，软件环境的建设往往被忽视，教师备课、授课和管理课堂的方式单一、效率低下且缺乏创新；课堂互动性不足，教师与学生、学生与学生之间的交流与合作受限，关键教学点难以直观呈现，课堂氛围难以调动，教学策略无法及时调整。

AI 的深度参与，让教学软件环境的创设焕发新机。下面从围绕关键点创设情景、创造积极的学习氛围、采用多样化的教学策略、利用技术工具增强互动性、教师示范积极参与、鼓励学生合作与交流、调整教师角色等方面简述 AI 辅助软件环境创设的思路和方法（见图 4.19）。

1. 围绕关键点创设情景

（1）确定教学关键点。

在教学过程中，准确把握教学关键点是创设有效情景的前提。例如，在语文古诗词教学中，诗词的意境理解和情感表达是关键点。教师在讲授古诗词时，要深入分析诗词的创作背景、诗人的生平经历、诗词中的意象等因素，确定教学的关键问题，如"诗人如何通过意象表达情感""诗词所描绘的意境有什么独特之处"等。

（2）AI 助力情景创设。

AI 为情景创设提供了丰富的资源和手段。AI 可以利用图像识别技术搜索与诗词意境相关的图片和视频，如山水画、古风动画等，通过多媒体展示给学生，帮助他们直观地感受诗词的意境。

AI 可以利用自然语言处理技术生成生动的情景描述和引导语，如"让我们穿越时空，来到诗人创作这首诗词的那个夜晚，感受他内心的喜怒哀乐"，激发学生的学习兴趣和想象力。例如，在讲解李白的《将进酒》时，AI 可以提供黄河奔腾的视频、古代宴会场景的图片，以及根据诗词内容生成的情景对话，让学生仿佛置身于诗中的情境，更好地理解诗词的内涵。

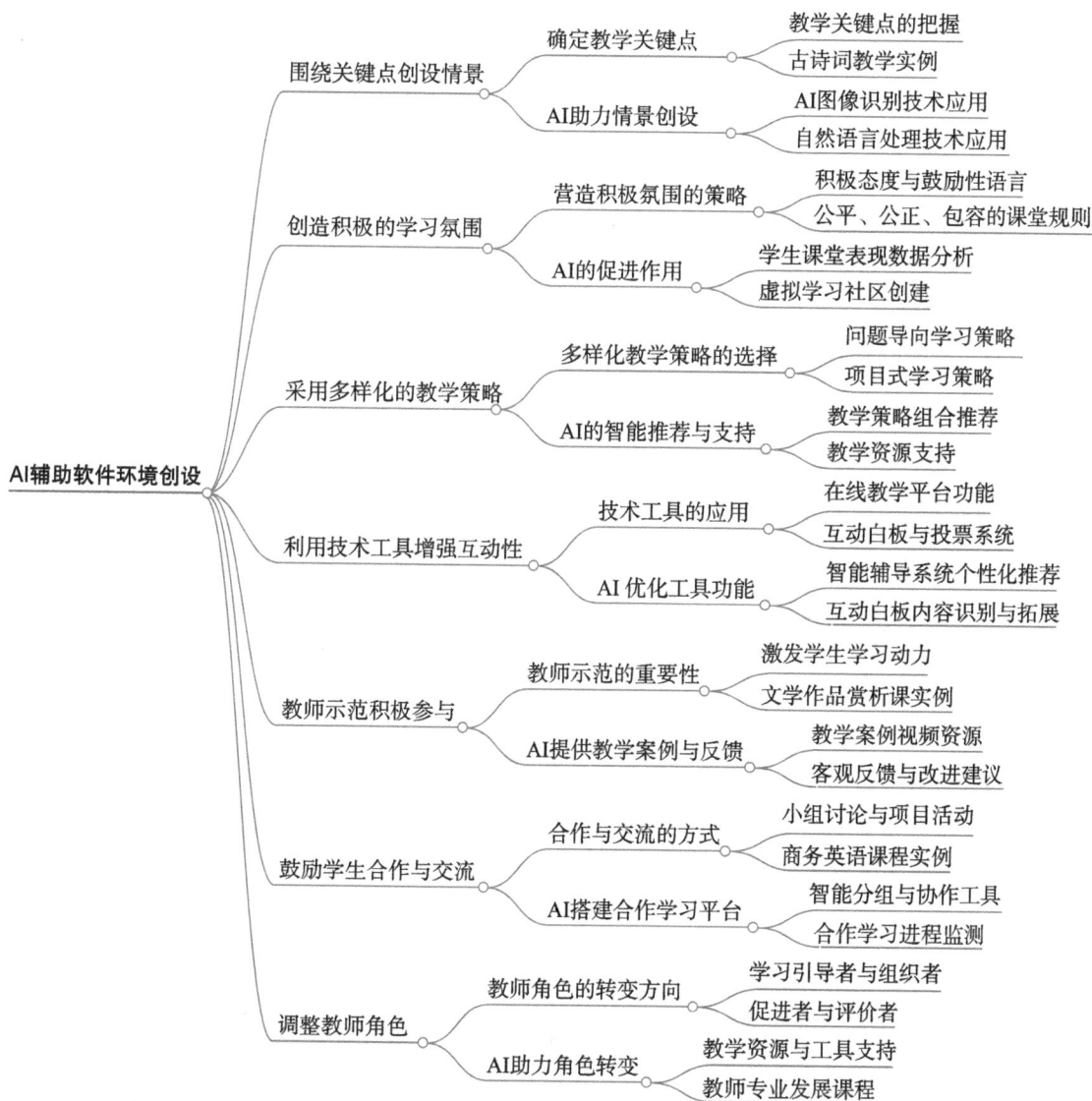

图 4.19　AI 辅助软件环境创设

2. 创造积极的学习氛围

（1）营造积极氛围的策略。

教师要通过积极的态度、鼓励性的语言和包容的课堂规则来营造积极的学习氛围。例如，在课堂上，教师要对学生的回答给予及时的肯定和鼓励，即使回答不完全正确，也要肯定学生的思考过程和积极态度。

教师要建立公平、公正、包容的课堂规则，鼓励学生自由地表达观点，尊重不同的意见和想法。

（2）AI 的促进作用。

AI 可以通过分析学生的课堂表现数据，如发言次数、参与讨论的积极性、作业完成情况等，识别学生的学习状态和情绪变化。

当发现学生情绪低落或学习积极性不高时，AI 可以向教师发出提醒，教师可以及时调整教学策略，采取个性化的激励措施，如为学生提供额外的学习资源、调整教学难度、组织小组活动等，激发学生的学习热情。

AI 可以创建虚拟学习社区，为学生提供课后交流和互动平台，学生可以在平台上分享学习心得、讨论问题、互相鼓励，进一步增强学习氛围。

3. 采用多样化的教学策略

（1）教学策略的选择。

教师应根据教学内容和学生特点选择多样化的教学策略。例如，在理论性较强的课程中，可以采用问题导向学习策略，通过提出问题及引导学生自主探究和解决问题，培养学生的思维能力和自主学习能力；在实践性较强的课程中，可以采用项目式学习策略，让学生通过完成实际项目提高实践操作和团队协作能力。

（2）AI 的智能推荐与支持。

AI 可以根据课程类型、教学目标和学生的学习数据，智能推荐适当的教学策略组合。例如，在计算机编程课程中，AI 可以推荐教师采用案例教学、小组合作编程和在线编程竞赛等策略。

AI 可以提供相应的教学资源支持，如编程案例库、在线编程平台、小组合作工具等，帮助教师更好地实施教学策略。

AI 还可以实时监测教学过程，根据学生的学习反馈及时调整教学策略，改善教学效果。

4. 利用技术工具增强互动性

（1）技术工具的应用。

教师可以利用在线教学平台、互动白板、投票系统、智能辅导系统等技术工具增强课堂互动性。在线教学平台可以提供课程资源共享、作业布置与批改、在线讨论等功能；互动白板可以让教师和学生在课堂上进行实时互动，如共同批注课件、绘制思维导图等；投票系统可以快速收集学生的意见和想法，帮助教师了解学生的学习情况；智能辅导系统可以为学生提供个性化的学习辅导和答疑服务。

（2）AI 优化工具功能。

AI 可以优化技术工具的功能，使其更加智能和便捷。例如，在智能辅导系统中，AI 可以根据学生的学习进度和答题情况，为他们推荐个性化的学习路径和辅导内容。

在互动白板中，AI 可以识别学生的书写内容，自动将其转换为标准文字，并提供相关的知识拓展和解释；在投票系统中，AI 可以分析投票结果，生成可视化的数据分析报告，帮助教师更好地了解学生的观点分布及学习需求。

5. 教师示范积极参与

（1）教师示范的重要性。

教师积极参与的态度是激发学生学习动力的重要因素。教师在课堂上要充满激情地讲授知识，积极引导学生思考问题，认真倾听学生的回答和观点，并给予及时的回应和反馈。例如，在文学作品赏析课上，教师分享自己对作品的深刻感悟和独特见解，用自己的热情感染学生，激发学生对文学的热爱和对作品的深入思考。

（2）AI 提供教学案例与反馈。

AI 可以为教师提供优秀教师的教学视频，教师可以通过观看这些视频学习他人的教学方法和互动技巧，不断提升自己的教学水平。

AI 可以分析课堂中师生之间的互动频率等，为教师提供客观的反馈和改进建议，帮助教师更好地示范积极参与，提高课堂教学质量。

6. 鼓励学生合作与交流

（1）合作与交流的方式。

教师可以通过小组讨论、小组项目、角色扮演等活动鼓励学生合作与交流。例如，在商务英语课程中，教师可以组织学生进行商务谈判角色扮演活动，让学生分组扮演不同的角色，模拟商务谈判场景，锻炼学生的英语口语表达、商务沟通和团队协作能力。

（2）AI 搭建合作学习平台。

教师可以利用 AI 搭建智能合作学习平台，为学生提供合作学习的工具和资源。平台可以根据学生的能力、兴趣和学习风格进行智能分组，确保小组成员优势互补。

在小组合作的过程中，AI 可以提供实时的协作工具，如共享文档、在线讨论区、任务管理工具等，方便学生进行沟通和协作。

AI 还可以监测小组合作的进程，及时发现问题并提供指导和建议，如提醒小组注意时间管理、协调小组成员之间的分工等，提高合作学习的效率和质量。

7. 调整教师角色

（1）教师角色的转变方向。

在 AI 时代，教师要从传统的知识传授者转变为学习活动的组织者、课程的开发者，如图 4.20 所示。

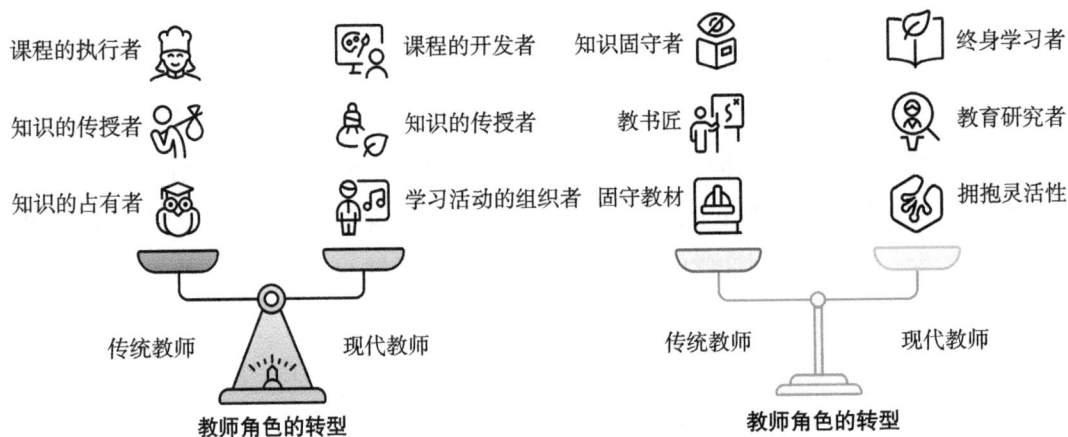

图 4.20　AI 时代教师角色的转型

教师要引导学生自主学习、探究学习、合作学习，帮助学生制订学习计划、选择学习资源、解决学习过程中遇到的问题；组织丰富多彩的教学活动，激发学生的学习兴趣，提升其参与度；促进学生之间的交流与合作，培养学生的团队精神和创新能力；通过多元化的评价方式，全面、客观地评价学生的学习成果和综合素质。

（2）AI 助力角色转变。

AI 为教师角色转变提供了强大的支持。AI 可以为教师提供丰富的教学资源和教学工具，帮助教师更好地引导学生学习。例如，AI 智能备课系统可以根据教学大纲和学生的学习情况，为教师生成个性化的教学方案并推荐教学资源；AI 学习分析系统可以实时监测学生的学习过程和学习成果，为教师提供数据支持和决策依据，帮助教师调整教学策略和评价方式。AI 还可以为教师提供专业发展课程和培训资源，提升教师的信息技术应用能力和教学水平，促进教师角色的顺利转变。

4.5 AI 辅助评价革新与模式构建：促进精准评价与教学示范

4.5.1 AI 辅助教学评价革新：从"以考促学"到"以评促学"

教育工作者在教学评价上寻求创新与进步的脚步从未停止。传统的"以考促学"模式存在诸多痛点，如评价单一、学生压力过大、反馈滞后等。如今，AI 辅助教学评价的革新正引领我们迈向"以评促学"的新时代，通过动态反馈和个性化指导，让学习变得更加高效、有趣（见图 4.21）。

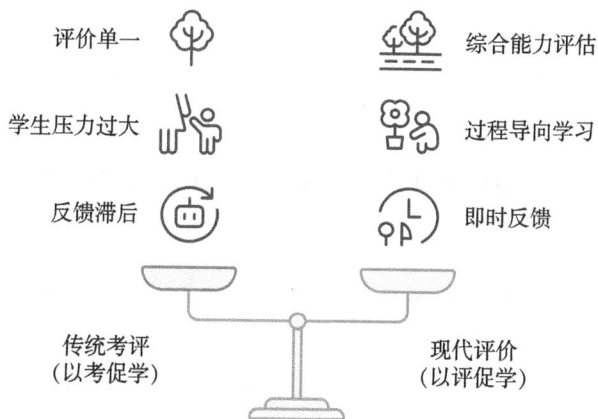

评价单一　　　　　　综合能力评估

学生压力过大　　　　过程导向学习

反馈滞后　　　　　　即时反馈

传统考评　　　　　　现代评价
（以考促学）　　　　（以评促学）

图 4.21　传统考评与现代评价的对比

1. 传统考评的痛点：为考而考

痛点 1：单一性，无法全面反映学生能力

传统考评模式以期末考试为主，考查内容多集中在记忆和简单应用层面，忽视了学生的实践能力、创新思维、团队合作等综合能力。例如，在管理学课程中，仅通过卷面成绩，很难判断学生对管理案例的分析能力或解决实际问题的能力。

痛点 2：滞后性，不能及时调整教学

传统考评模式在课程结束后才提供成绩反馈，学生在整个学习过程中无法获得及时的指导。例如，在工程力学课程中，学生在期中和期末考核中暴露出对关键概念存在理解偏差，教师却未能及时调整教学内容。

痛点 3：压力过大，忽视学生的学习过程

单一的期末考试决定了成绩，给学生带来了巨大压力，影响其学习体验。这种考评模式不利于培养学生的学习兴趣，甚至可能让他们只关注成绩而忽视学习过程。例如，在微观经济学课程中，期末考试反映出许多学生无法熟练运用供需模型，但深入分析后发现，这些学生在课程中未完成足够的练习，教师也未能及时发现这些问题。

2. 评价案例：从静态评价到动态反馈

AI 让评价体系从静态评价转变为动态反馈，真正实现了"以评促学"。以下案例展示了 AI 辅助评价的具体应用。

案例 1：基于学情分析的个性化评价

场景：在高等数学课程中，教师需要了解不同学生对积分知识的掌握程度，以便调整教学进度。

采用平台及 AI 工具：超星学习通、智学云平台的"学情分析"模块。

操作步骤：

- 课程内容设计——教师将课程内容拆分为若干知识点（如定积分定义、性质和应用）；
- 学生任务发布——通过超星学习通平台发布任务，如视频学习、在线测试等；
- 学情数据采集——学生完成任务后，平台自动采集其完成情况，包括视频观看时长、作业正确率、测试用时等；

- AI 数据分析——智学云平台基于学生的表现生成学情报告，直观呈现班级整体掌握情况及每位学生的薄弱环节；
- 精准反馈与指导——教师根据报告调整教学内容，对部分学生进行个性化辅导。

成效：

- 教师能够精准了解学生的学习状态，实现因材施教；
- 学生能够获得及时反馈，明确自身学习重点。

案例 2：课堂参与实时评价

场景：在文学赏析的翻转课堂中，教师希望实时掌握学生的课堂参与情况。

采用平台及 AI 工具：学习通或 ClassIn 智能课堂系统。

操作步骤：

- 互动活动设计——利用学习通或 ClassIn 设计多种课堂互动，如随机提问、即时投票、分组讨论等；
- 数据采集与处理——学习通或 ClassIn 实时记录学生的发言次数、提问次数、投票参与率等；
- AI 生成报告——智能课堂系统基于互动数据生成课堂参与热力图，标注活跃学生和需要关注的"沉默学生"；
- 即时调整教学：教师依据热力图调整提问策略，鼓励"沉默学生"参与。

成效：

- 数据驱动的课堂互动显著提升学生参与度；
- 教师及时调整教学策略，改善课堂氛围和效果。

案例 3：多轮动态测试评价

场景：在编程基础课程中，教师希望通过测试了解学生对递归算法的理解。

采用平台及 AI 工具：CodeLab 智能编程平台。

操作步骤：

- 分层测试设计——教师利用雨课堂设计三轮测试题目，难度逐步递增；

- 在线测试与即时反馈——学生通过 CodeLab 完成测试，平台自动批改并即时提供反馈，包括代码优化建议；
- 数据分析与后续练习——AI 分析错误类型并向学生推荐练习，如递归函数常见错误专项练习；
- 复测与跟踪进步——学生完成练习后，平台进行进度追踪，帮助教师了解学生的学习效果。

成效：

- 学生通过即时反馈改进编程技巧；
- 教师实时掌握学生进步曲线，优化课程设计。

4.5.2 AI 辅助教学模式构建

1. 教学模式的内涵及相关误区

多年来，每次与教师们谈及全国高校教师教学创新大赛（以下简称"教创赛"）、一流课程或教学成果奖申报，总少不了提到"教学模式"这个词。不少教师会提到自己"创造"了一种教学模式，仿佛它成了教学创新的代名词。但是，你真的清楚教学模式是什么吗？

下面从常见误区、概念和构成要素三个方面剖析教学模式。

（1）常见误区及其避免方法。

误区 1：教学模式是万能的

有些教师认为，只要设计出合适的教学模式就可以解决所有课程中的教学问题。事实上，教学模式并不是"万能钥匙"，而是结合具体的教学目标、学生特点和资源条件灵活应用的框架。

避免方法：举例来说，即使是经典的 BOPPPS 模式（导入—目标—前测—参与式学习—后测—总结），也需根据实际情况调整。例如，在教授复杂的理工科课程时，可以增加案例分析环节，帮助学生更直观地理解内容。

误区 2：教学模式等于教学方法

教学方法是教学模式的一部分，但二者并不相同。教学方法解决"如何教"的问题，而教学模式是一个系统化的框架，包含理念、目标、程序等多个要素。

避免方法：举例来说，采用 5E 教学模式（吸引—探究—解释—迁移—评价）时，不仅要关注教学方法（如实验或案例教学），更要明确教学理念（如探究式学习）和目标（如培养科学思维），并设计出完整的教学流程。

误区 3：教学模式只适用于某一门课

许多教师以为教学模式只能用于特定课程或学科，而忽视了其灵活性与普适性。

避免方法：举例来说，项目式教学可以广泛应用于多学科。在历史课程中，可设计一个关于重大历史事件的研究项目；在文学课程中，可以组织学生完成文学作品的主题创作。

（2）教学模式的概念和构成要素。

教学模式并不是一个固定的概念，而是一个多维的教学框架。美国学者乔伊斯和韦尔在 1972 年的《教学模式》中，将其定义为连接教学理论与实践的桥梁。现代教学模式随着教育理念的更新和技术进步而不断演变，其核心在于以系统化的框架帮助教师达成教学目标。

教学模式由教学理念、教学目标与内容、操作程序、师生角色、教学策略、教学评价、支持条件 7 个要素构成，如图 4.22 所示。教师在应用这些要素时应注重差异化，为了突出特色，可以有选择地突出某些要素或进行组合运用。

教学理念：教学模式的灵魂，它决定了教学模式的方向和深度。现在强调较多的是以学生为中心的教学理念或合作学习。教师应根据课程特点和学生需求选择适合的教学理念。例如，在艺术课程中，可以采用"创意为先"的教学理念，鼓励学生发挥想象力和创造力。

教学目标与内容：教学模式的核心导向在于明确教学目

图 4.22 **教学模式的 7 个构成要素**

标与内容，它们共同界定了教学活动希望实现的具体成果与学习范畴。不同的教学模式往往聚焦于不同的教学目标与内容，旨在培养学生的多元能力，如批判性思维、实践操作技能等。精准界定教学目标与内容是实现差异化教学的基石。例如，在商学教育中，教师可将培养学生的商业伦理观念及决策能力作为核心目标并安排相应内容；在心理学课程中，教师可将提升学生的心理健康意识与自我调适能力作为重点目标并安排相应内容。

操作程序：教学模式的"行动指南"，它规定了教学活动的具体步骤和流程。例如，翻转课堂模式颠覆了传统的教学顺序，让学生在课前通过视频自学，课堂上则更多地进行讨论并解决问题。教师要根据教学目标与内容设计独特的操作程序。例如，在文学课程中，教师可采用"主题阅读—小组讨论—写作分享"的操作程序，让学生在深入阅读、充分讨论后表达自己的见解。

师生角色：教学模式的"演员表"，它定义了教师和学生在教学活动中的角色。在探究式学习中，教师不再是知识的灌输者，而是学生探索的引导者和伙伴。例如，在法学课程中，教师可采用"模拟法庭"的形式，让学生扮演法官、律师等角色，加深学生对法律知识的理解和应用。

教学策略：实现教学模式的"工具箱"，包括教学方法、教学手段等。教师应结合课程内容和学生特点选择多样化的教学策略。例如，在生物课程中，教师可采用"实验探究—模型构建—数据分析"的教学策略，让学生在实践中学习生物学知识。

教学评价：检验教学模式效果的"试金石"，它提供了评估教学目标达成度的标准和方法。不同的教学模式需要不同的评价方式，如过程性评价、同伴评价等。

支持条件：教学模式得以实施的"土壤"，包括教师素质、教学设备、教学环境等。没有这些条件的支持，再先进的教学模式也难以落地。教师应充分利用现有教学资源，为教学模式的实施提供支持。例如，在远程教学课程中，教师可利用在线平台、虚拟实验室等教学资源，为学生提供更加丰富的学习体验。

2. AI 辅助教学模式构建

以创业管理课程为例，该课程创新性地构建了泛在学习下"两课两实"耦合的高校创业教学模式，通过慕课、翻转课堂、实训和实践四大环节，突出创业思维训练与能力培养的有机结合，全面提升教学效果（见图 4.23）。以下是该模式的简要解析。

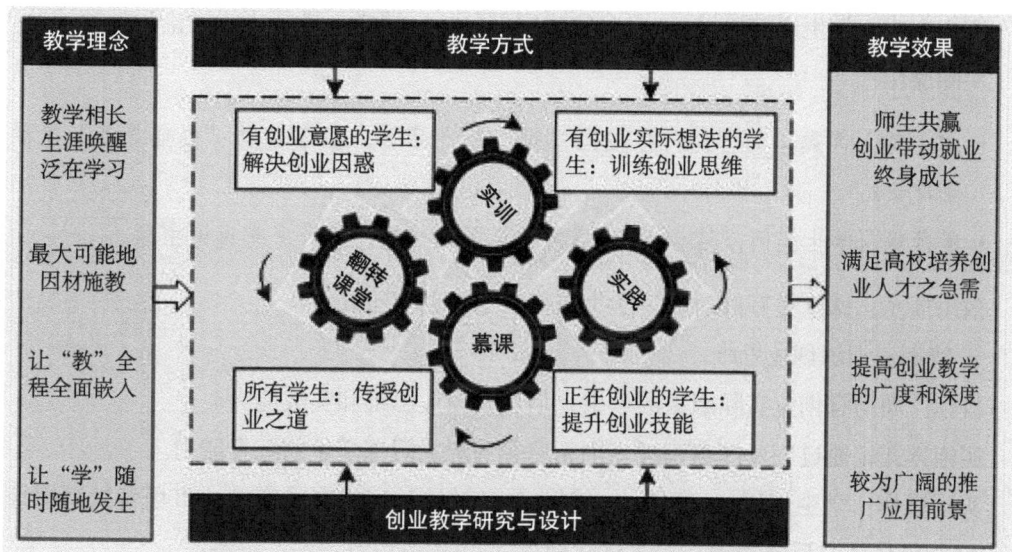

图 4.23　泛在学习下"两课两实"耦合的高校创业教学模式

（1）模式设计理念。

- 教学相长：师生在教学互动中共同进步，教师通过学生的创业实践反馈优化教学。

- 生涯唤醒：以创业为契机，激发学生对未来职业发展的思考和规划。

- 泛在学习：基于 AI 构建无处不在的学习支持环境，让学习融入日常生活。

（2）"两课两实"模式的具体环节。

① 慕课：传授创业之道。

目标：面向所有学生，传授创业理论与案例。

实施方式：通过智慧树、超星学习通、学堂在线等平台发布慕课，内容涵盖创业思维、商业模式设计等。

实际操作：学生向 AI 智能体"创业案例助手"输入自己感兴趣的领域（如餐饮创业），AI 智能体自动推荐相关视频、案例分析和理论指导。

效果展示：课程覆盖面广，有效提升学生对创业的认知水平。

② 翻转课堂：解决创业困惑。

目标：针对有创业意愿的学生，解答创业实践中的疑难问题。

实施方式：学生课前通过 AI 平台完成案例分析，课堂上进行小组讨论和教师辅导。

实际操作：

- 学生输入问题（如"如何在校园内推广新产品"），AI 智能体"创业导师"提供详细建议；
- 教师根据学生提问，结合 AI 生成的共性问题数据，设计课堂讨论主题。

效果展示：课堂更有针对性，学生获得实用的创业建议。

③ 实训：训练创业思维。

目标：面向有创业实际想法的学生，培养其商业思维和实战能力。

实施方式：通过创业沙盘模拟、创新竞赛等形式锻炼学生的综合能力。

实际操作：学生使用 AI 智能体"创业沙盘教练"完成产品定价、市场营销模拟等任务，AI 智能体实时反馈表现并提供优化建议。

效果展示：学生创业能力显著提升，更自信地参与真实创业活动。

④ 实践：提升创业技能。

目标：针对正在创业的学生，提供全方位支持。

实施方式：通过智能平台跟踪学生的创业项目进展，定期提供指导。

实际操作：AI 智能体"创业评估助手"根据学生提交的商业计划书和项目运营数据，分析项目风险并生成改进建议，如优化资金分配或调整营销策略。

效果展示：学生的创业成功率明显提高，创业项目质量更高。

（3）模式成效与推广价值。

- 教学效果显著："两课两实"模式在传授创业知识、解决创业问题、训练创业思维和提升创业技能方面成效显著，满足了高校培养创新创业人才的需求。
- 师生共赢：教师能够通过学生的反馈改进教学，学生则在学习过程中实现能力提升，实现了教学相长的良性循环。
- 推广价值高：该模式可应用于其他学科的实践教学，推动课程改革和教学创新，尤其是在专创融合领域。

第 **5** 章

AI 辅助一节课的创新设计

好课堂，才是教育最硬的"通货"。若教学沦为苦差，短期尚可硬扛，长期终成困局。教学生涯的快乐，藏在上好一堂堂课的成就感里。课若无趣，谈何职业幸福？教育家再宏大的理想，也得落地到"如何上好一节课"上。课堂不仅是知识传送带，更是创新试验田。

本章以 AI 为辅助，用"点燃、点拨、点化、点睛"四步法，拆解 7 类课程的创新设计，让 AI 解决琐碎，师生专注于碰撞出思维火花，使每一堂课都成为独一无二且充满乐趣的体验。

5.1 传统一节课：实例及教学挑战

5.1.1 传统一节课（45 分钟）的实例

以大学英语课为例，一节关于环保的阅读课教案设计可能如下。

（1）教学目标：

- 学生能够理解并掌握文章中的环保相关词汇和表达；
- 学生能够分析文章的结构和作者的主要观点；
- 学生能够就环保话题进行简单的口头和书面表达。

（2）重点难点：

- 重点——理解环保相关词汇和文章主要观点；
- 难点——培养分析文章结构和作者观点的能力。

（3）教学方法：

- 激活学生的前知——通过讨论"你如何看待环保"引入主题；
- 共建文本意义——学生分组阅读文章，讨论并总结段落大意；
- 深入探究——教师讲解难点词汇和句型，引导学生分析文章结构；
- 实际应用——学生撰写关于环保的短文，进行口头分享。

（4）教学步骤：

- 导入（5分钟）；
- 阅读前准备（5分钟）；
- 共建文本意义（15分钟）；
- 深入探究（10分钟）；
- 实际应用（5分钟）；
- 总结和布置作业（5分钟）。

5.1.2　传统一节课的教学挑战

　　传统一节课的教学面临多项挑战，学生基础差异、理实失衡、课堂互动不足等问题普遍存在（见图 5.1）。这些挑战使教学难以实现个性化、学生参与度低、知识应用受限。下面进一步阐述这些问题的具体表现。

图 5.1　传统一节课的教学挑战

挑战 1：学生基础差异

在同一个班级里，学生的数学基础可能差异很大。有些学生对高中数学概念理解深刻，而另一些相对薄弱。在这种情况下，教师很难找到一个合适的教学节奏，既让基础较好的学生感到学习很有挑战，又不会让基础较差的学生跟不上教学进度。

- 个性化需求缺失：传统课堂往往采用"一刀切"的教学方式，无法满足每位学生的个性化学习需求。
- 心理压力：基础较差的学生容易产生自卑和焦虑情绪，进而影响他们的学习积极性。
- 资源浪费：对那些已经掌握知识点的学生来说，重复讲解可能会让他们觉得无聊，浪费他们宝贵的学习时间。

挑战 2：理实失衡

高等数学等学科往往强调理论推导，导致课堂上的大部分时间都在讲授抽象的概念，留给学生动手实践的机会非常有限。这使学生难以将所学知识应用到实际问题上。

- 理论与实践脱节：学生虽然记住了公式，但不知道如何运用它们解决实际问题，导致学习停留在表面层次。
- 兴趣缺失：缺乏实践环节容易使学生觉得数学枯燥乏味，进而降低他们对该学科的兴趣。
- 思维固化：长期依赖被动接受信息，不利于培养学生的创造性思维和问题解决能力。

挑战 3：课堂互动不足

传统课堂通常以教师为中心，学生处于被动接受的状态。师生之间的交流主要集中在提问和回答上，形式较为单一，难以激发学生的主动性和参与感。

- 单向传输：信息从教师流向学生，缺少双向互动，学生没有足够的机会表达自己的想法和疑问。
- 参与度低：由于缺乏有效的激励机制，部分学生可能不愿意或不敢积极参与课堂讨论。

- 反馈延迟：即使有学生提出问题，教师也可能因为时间关系而无法及时给予解答，这会影响学生后续的学习效果。

5.1.3 上好传统一节课：点燃、点拨、点化、点睛

在传统课堂中，上好一节课并不容易，找到那种与学生心灵共鸣、教学相长的奇妙的"流畅感"就更难了。有些教师用一生的时间在这片森林中耕耘，却可能从未找到这种感觉。下面以一节文学课为例，说明如何通过点燃、点拨、点化、点睛4个步骤（见图5.2），让师生获得完美的感受和积极的启发。

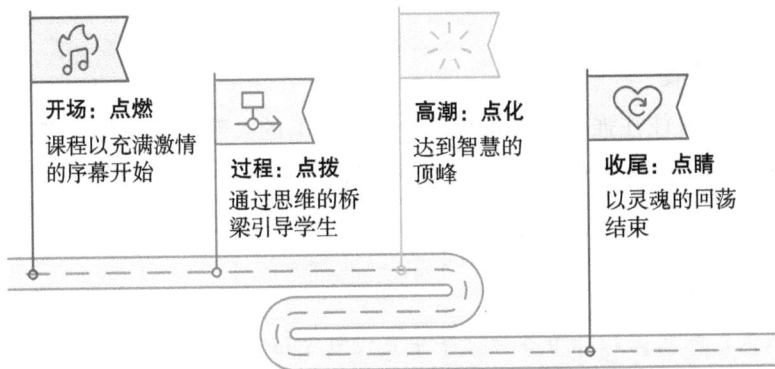

开场：点燃
课程以充满激情的序幕开始

过程：点拨
通过思维的桥梁引导学生

高潮：点化
达到智慧的顶峰

收尾：点睛
以灵魂的回荡结束

图 5.2 上好传统一节课的 4 个步骤

1. 开场：点燃——激情的序幕

在文学课上，教授走进教室，手里拿着一本泛黄的旧书。"今天，我们将穿越时空，与莎士比亚对话。"他翻开书，《罗密欧与朱丽叶》中的一段经典对白跃然纸上。"同学们，这部悲剧有什么特别的地方？如果你们是这对恋人，哪一点最打动你们？"这个问题就像火种，点燃了学生们对文学作品的渴望。

2. 过程：点拨——思维的桥梁

当讨论到文学作品中的象征主义时，学生们对如何识别和解读象征元素感到困惑。教授没有直接给出答案，而是在黑板上画了一个苹果，旁边加上了一条蛇。"看到这个苹果

和这条蛇，你们会想到什么？"这样的点拨可以帮助学生们理解象征主义的深层含义，启发他们的思维。

3. 高潮：点化——智慧的顶峰

在课程的深入阶段，教授引导学生们思考文学作品对现代社会的影响。"《1984》中的故事，对今天的世界有哪些启示？"这个问题让学生们将文学作品与现实世界联系起来，实现了知识的内化。

4. 收尾：点睛——灵魂的回荡

临近课程的尾声，教授用一段深情的总结来点睛："文学不仅让我们体验不同的生活，更让我们洞察人性，理解世界。当我们下次再读到一个故事，不要只看到文字，更要看到文字背后的灵魂和思想。"这一番话，如同画龙点睛，让学生们对文学的理解更加深刻，也为这节课画上了完美的句点。

这节文学课是一次心灵的触动，一次智慧的启迪，既有深度，又有广度。

点燃、点拨、点化、点睛，这 4 个步骤构成了一节好课的核心。这样的课，不仅传授知识，更激发潜能、启迪智慧、点化心灵，让每一位学生在学习的旅途中不断成长、不断超越。

5.2　AI 辅助一节课的创新设计（45 分钟）

针对传统一节课的教学痛点，下面以新工科、新文科、新医科、新农科、基础课、课程思政和产教融合的 7 类课程为例，展示 AI 辅助下的创新教学设计。通过具体的案例分析，我们将探讨如何在每一节课中融入适当的元素，进一步提高"点燃、点拨、点化、点睛"的教学成效。

5.2.1　新工科——AI 编程课

一节 AI 编程课的脑图如图 5.3 所示。

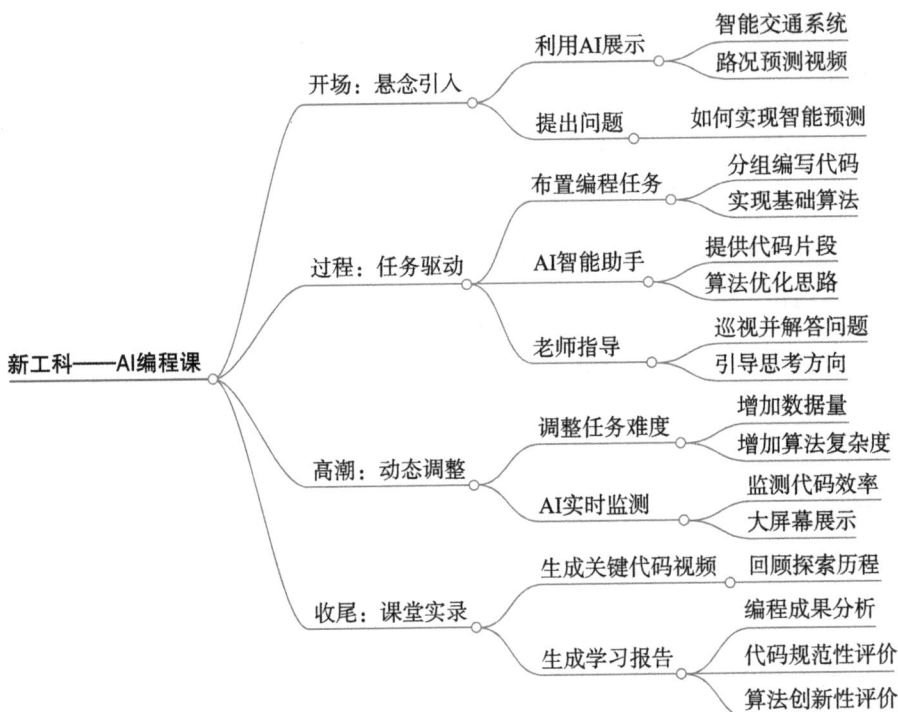

图 5.3 一节 AI 编程课的脑图

1. 开场：悬念引入，抓住注意力（0：00—0：05）

教师利用 AI 展示一段复杂的 AI 算法在实际生活中的应用场景视频，如智能交通系统的路况预测，提出问题"如何通过编程实现这样的智能预测"，激发学生的好奇心和求知欲。

2. 过程：任务驱动，共同探索（0：05—0：20）

教师布置编程任务，由学生分组编写代码，实现基础算法功能。AI 作为智能助手，提供代码片段示例、算法优化思路等个性化支持，教师巡视指导，解答共性问题并引导学生的思考方向。

3. 高潮：动态调整任务难度（0：20—0：35）

AI 根据学生的编程进度和成果，动态调整任务难度，如增加数据量或算法复杂度。

学生在挑战中深入探索，AI 实时监测代码运行效率等数据并将其展示在大屏幕上，激发学生的竞争意识和团队合作精神。

4. 收尾：课堂实录与个性化学习报告（0：35—0：45）

AI 快速生成关键代码片段展示视频，回顾学生的探索历程，同时生成编程成果分析报告，包括代码规范性、算法创新性等方面的评价，让评委清晰地看到学生的真实学习效果。

5.2.2　新文科——中国古代文学课

一节中国古代文学课的脑图如图 5.4 所示。

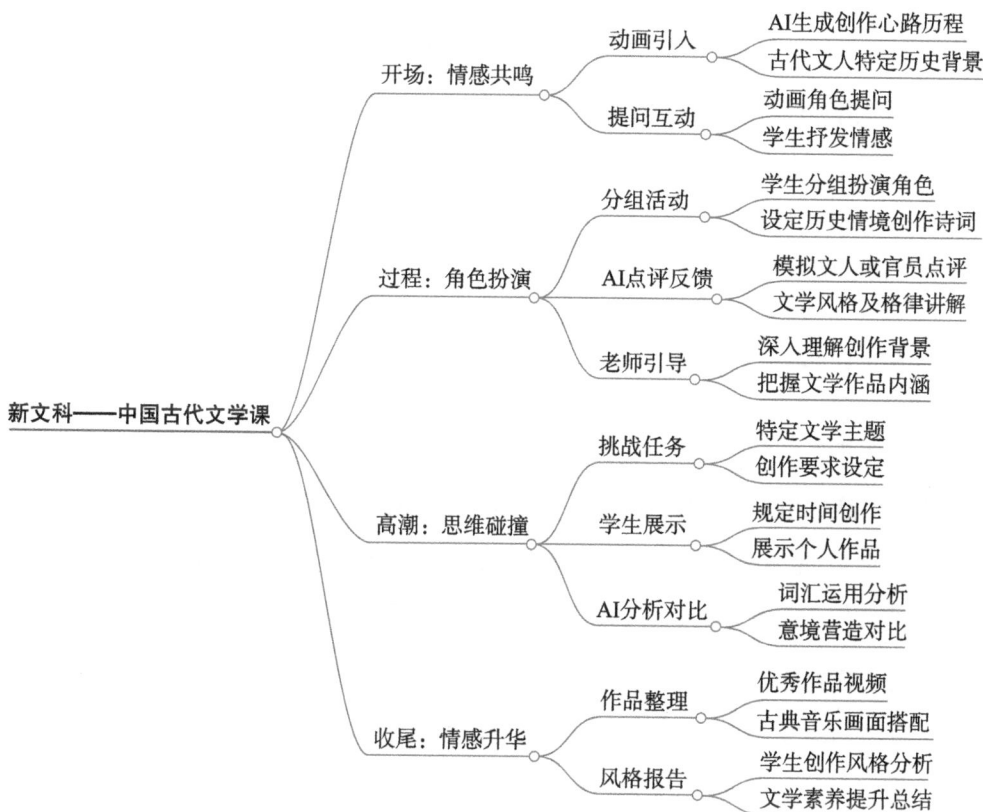

图 5.4　一节中国古代文学课的脑图

1. 开场：情感共鸣，激发思考（0：00—0：10）

教师利用 AI 生成古代文人在特定历史背景下的创作心路历程动画，如李白在长安求仕不得的经历，以动画角色的口吻问学生"若你身处此境，会如何抒发心中情感"。

2. 过程：角色扮演，沉浸体验（0：10—0：25）

学生分组扮演古代文人，根据设定的历史情境创作诗词。AI 模拟其他文人或宫廷官员进行点评反馈，进行文学风格、格律要求等方面的知识讲解。教师引导学生深入理解古代文学作品的创作背景与内涵。

3. 高潮：挑战激发的"思维碰撞"（0：25—0：35）

AI 给出特定文学主题，如"战争与和平"，要求学生创作古体诗并展示。AI 实时分析学生作品与经典作品在词汇运用、意境营造等方面的差异，展示对比数据，促进学生交流与提升。

4. 收尾：情感升华与个性化分析（0：35—0：45）

AI 整理学生创作的优秀作品，配以古典音乐与画面生成展示视频，同时生成每位学生的创作风格分析报告，展现其在文学素养提升方面的表现，让评委直观地感受到学生的深入理解与情感融入。

5.2.3　新医科——人体解剖学课

一节人体解剖学课的脑图如图 5.5 所示。

1. 开场：悬念引入，抓住注意力（0：00—0：08）

教师借助 AI 展示虚拟人体内部器官病变的动画案例，展现病变器官的异常形态与患者症状，问学生"从解剖学角度，你能推测出是哪个器官出现了问题吗"。

2. 过程：任务驱动，共同探索（0：08—0：22）

学生分组利用 VR 设备（由 AI 辅助构建虚拟解剖场景）进行操作，识别器官的结构及位置关系。AI 实时提供解剖知识讲解与标注，教师纠正操作误区并引导学生思考器官的功能与结构联系。

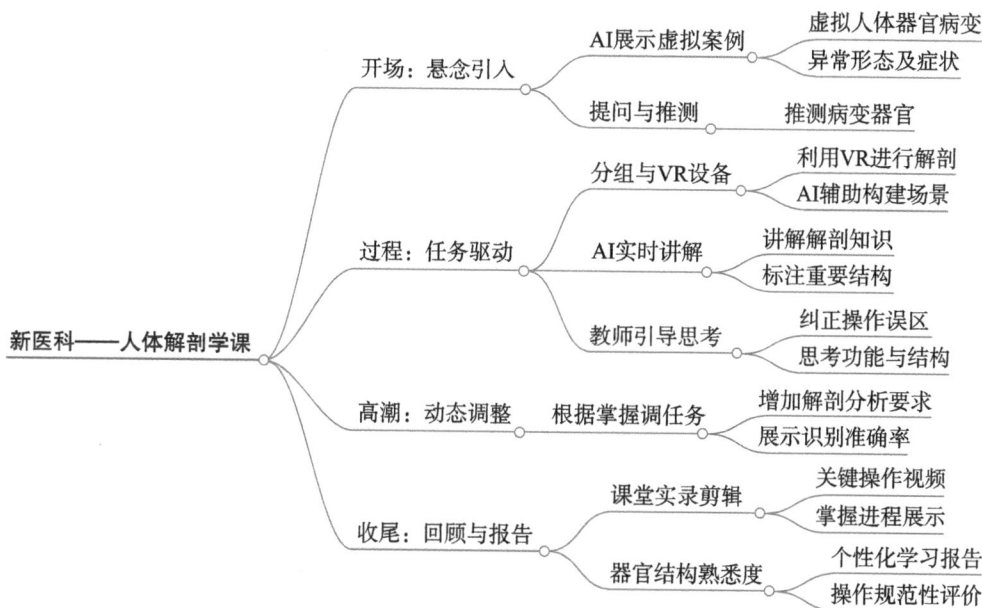

图 5.5　一节人体解剖学课的脑图

3. 高潮：动态调整任务难度（0：22—0：32）

AI 根据学生对器官结构的掌握程度，增加病变器官与周围组织的解剖分析要求，同时展示学生对器官结构识别的准确率等数据，激发学生进行深入探究与团队协作。

4. 收尾：实录回顾与学习报告（0：32—0：45）

AI 生成学生虚拟解剖过程的关键操作视频，展示学生的知识掌握进程，同时生成个性化的解剖操作报告，包括对器官结构熟悉程度、操作规范性等评价，清晰地呈现教学效果。

5.2.4　新农科——现代农业种植技术课

一节现代农业种植技术课的脑图如图 5.6 所示。

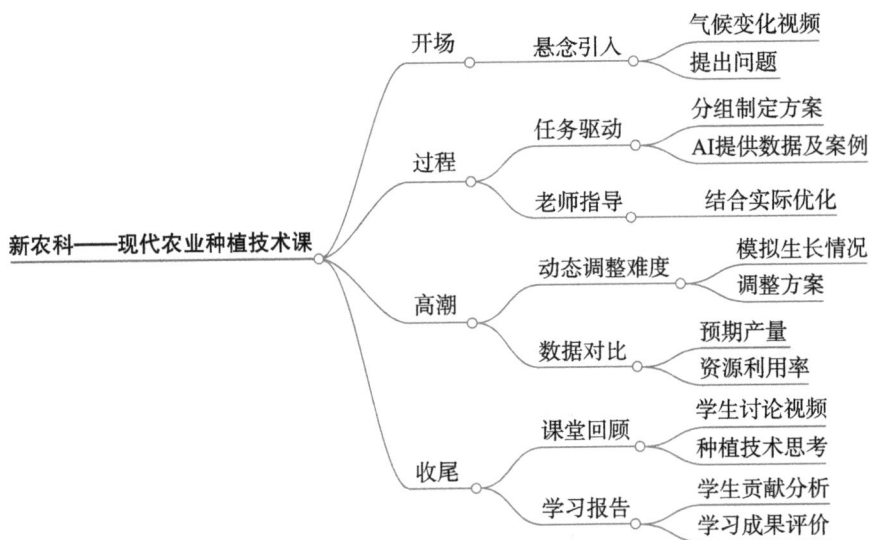

图 5.6　一节现代农业种植技术课的脑图

1. 开场：悬念引入，抓住注意力（0：00—0：06）

教师利用 AI 展示一段气候变化导致农作物减产的视频资料，提出问题"如何运用现代农业种植技术应对这种挑战"，引导学生思考农业技术与实际问题之间的联系。

2. 过程：任务驱动，共同探索（0：06—0：20）

学生分组制定农作物种植方案。AI 提供当地土壤、气候数据及先进种植技术案例，如精准灌溉和智能施肥系统的应用实例。教师指导学生结合实际情况优化农作物种植方案，培养学生解决实际问题的能力。

3. 高潮：动态调整任务难度（0：20—0：30）

AI 根据学生制定的方案，模拟不同气候条件下的农作物生长情况，要求学生根据模拟结果优化方案，如增加病虫害防治措施，同时展示各小组方案的预期产量与资源利用率对比数据，激发学生的竞争意识与学习兴趣。

4. 收尾：课堂回顾与个性化学习报告（0：30—0：45）

AI 生成学生讨论及优化农作物种植方案过程的回顾视频，展示学生对现代农业技术的应用与理解，同时生成每位学生在方案制定中的贡献分析报告，包括数据应用能力与技术创新性评价，让评委清晰地了解学生的学习成果。

5.2.5　基础课——大学英语课

一节大学英语课的脑图如图 5.7 所示。

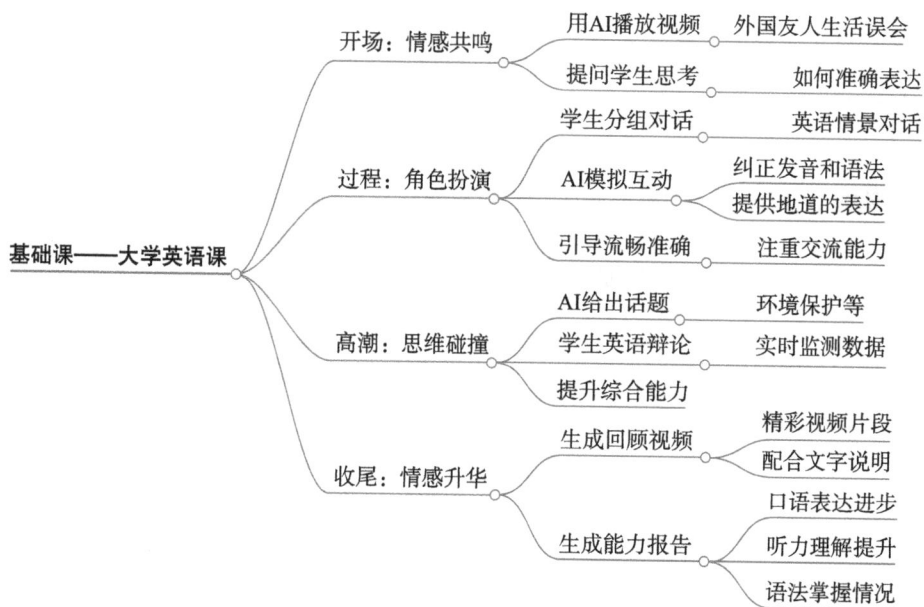

图 5.7　一节大学英语课的脑图

1. 开场：情感共鸣，激发思考（0：00—0：10）

教师利用 AI 播放外国友人在中国生活时因语言障碍产生误会的短视频，问学生"如何用英语准确表达以避免这样的误会"，引导学生意识到语言交流的重要性。

2. 过程：角色扮演，沉浸体验（0：10—0：25）

学生分组进行英语情景对话角色扮演，AI 模拟拥有不同口音的外国友人参与互动，实时纠正发音和语法错误，并提供更地道的表达方式。教师引导学生注重语言交流的流畅性和准确性，提升学生的语言表达能力。

3. 高潮：挑战激发的"思维碰撞"（0：25—0：35）

AI 给出特定话题，如"环境保护"，学生分组进行英语辩论。AI 实时监测学生的语速、词汇量、逻辑连贯性等数据并将其展示在大屏幕上，促进学生在辩论中提升英语综合运用能力。

4. 收尾：情感升华与个性化学习报告（0：35—0：45）

AI 整理学生对话和辩论中的精彩片段，生成回顾视频，同时生成英语能力提升报告，包括口语表达、听力理解、语法掌握等方面的分析，让评委全面地了解学生的进步。

5.2.6 课程思政——中国近现代史纲要课

一节中国近现代史纲要课的脑图如图 5.8 所示。

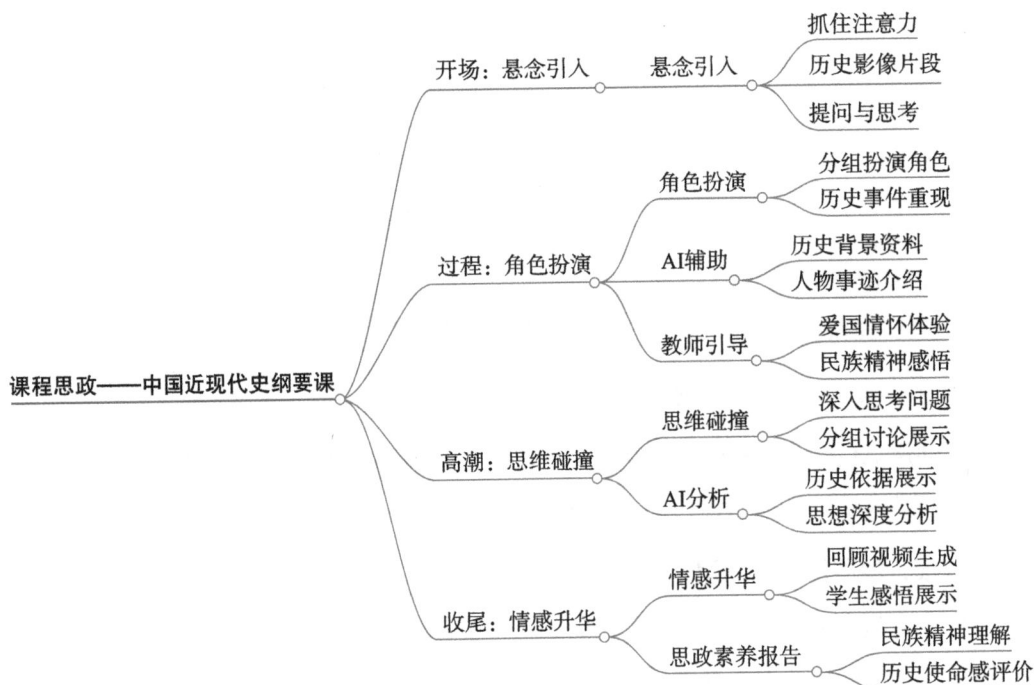

图 5.8 一节中国近现代史纲要课的脑图

1. 开场: **悬念引入, 抓住注意力** (0: 00—0: 08)

教师利用 AI 展示近代中国遭受列强侵略的历史影像, 提出问题 "面对如此困境, 先辈们是如何抗争与探索的", 激发学生对历史问题的思考与兴趣。

2. 过程: **角色扮演, 沉浸体验** (0: 08—0: 20)

学生分组扮演近代史上的不同角色, 如爱国志士或普通民众, 重现历史事件。AI 提供历史背景资料与人物事迹, 教师引导学生体会先辈的爱国情怀与民族精神, 深化学生对历史的感悟。

3. 高潮: **挑战激发的 "思维碰撞"** (0: 20—0: 30)

AI 提出关于历史事件意义与人物选择等方面的深度问题, 学生分组讨论并展示观点。AI 实时分析不同观点的历史依据与思想深度, 并展示对比数据, 促进学生对历史的多维度理解与价值观塑造。

4. 收尾: **情感升华与个性化评价** (0: 30—0: 45)

AI 生成学生扮演角色及讨论过程的回顾视频, 展示学生的历史思考与感悟, 同时生成每位学生的思政素养提升报告, 包括对民族精神与历史使命感的理解, 直观地呈现教学成效。

5.2.7 产教融合——软件工程实践课

一节软件工程实践课的脑图如图 5.9 所示。

1. 开场: **悬念引入, 抓住注意力** (0: 00—0: 05)

教师利用 AI 展示企业真实软件项目的需求文档及面临的技术难题, 提出问题 "如何在有限的时间内开发出满足客户需求的软件", 激发学生对真实软件项目开发的兴趣。

2. 过程: **任务驱动, 共同探索** (0: 05—0: 20)

学生分组模拟企业软件开发流程, 完成软件设计与开发。AI 提供最新技术框架、代码模板及企业开发标准。教师结合企业实际情况指导学生进行项目管理与技术选型, 培养学生的团队协作与实践能力。

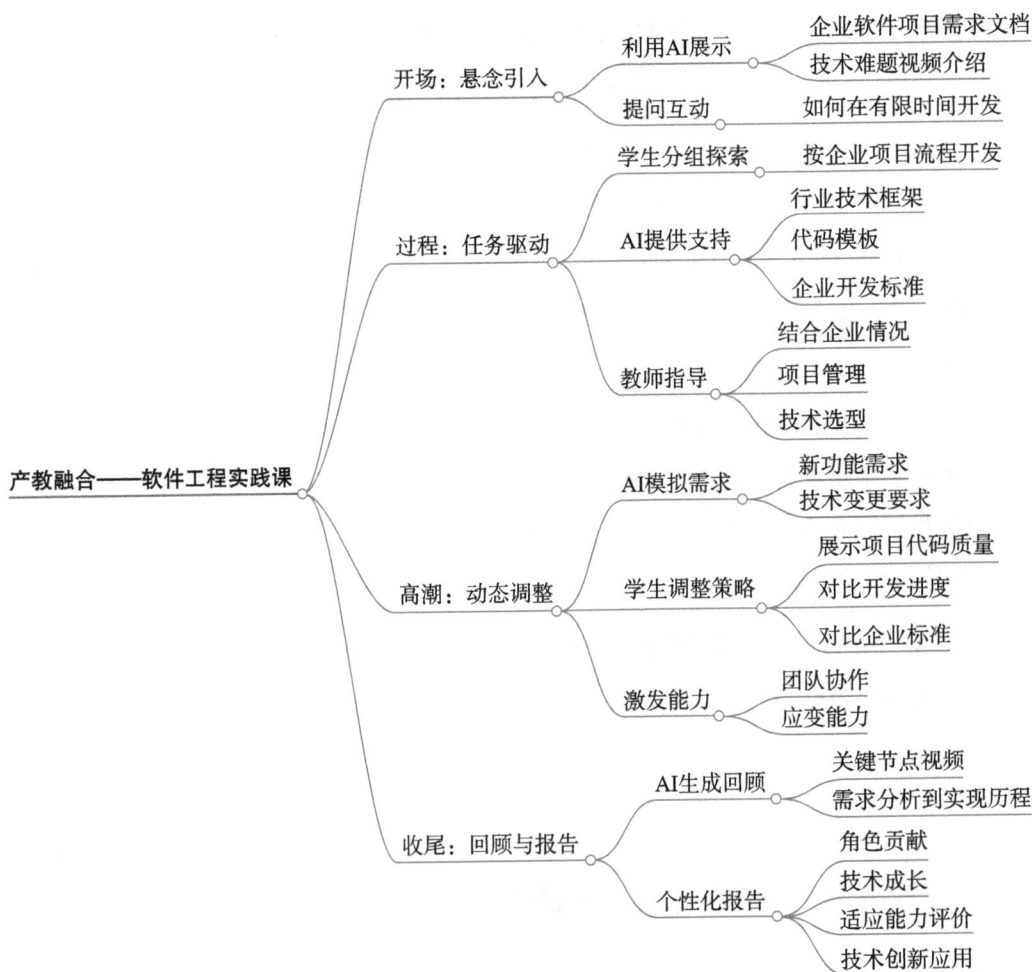

图 5.9 一节软件工程实践课的脑图

3. 高潮：动态调整任务难度（0：20—0：35）

AI 根据学生项目开发进度与质量，模拟客户提出新的功能需求或技术变更要求，引导学生及时调整开发策略，同时展示各小组的代码质量、开发进度与企业标准对比数据，提升学生的团队合作与应变能力。

4. 收尾：实录回顾与个性化学习报告（0：35—0：45）

AI 生成项目开发过程中的关键节点回顾视频，展示学生从需求分析到代码实现的全过程，同时生成每位学生在项目中的角色贡献与技术成长报告，包括对企业开发流程适应能力与技术创新应用的评价，让评委直观地感受到产教融合的课程效果。

5.3　AI 辅助一节微课的创新设计（3 ~ 10 分钟）

关于 PPT 微课制作，第 2 章已做过详细讲解。下面仅补充介绍微课的主要类型及功能、AI 辅助微课创新设计。

5.3.1　微课的主要类型及功能

微课可分为课前复习、新课导入、知识理解、练习巩固、小结拓展 5 种类型（见图 5.10），可根据教学环节和学习需求灵活选用。不同课程可结合其特点充分发挥微课的作用。下面以大学课程为例，说明微课的 5 种主要类型及其应用场景。

图 5.10　微课的主要类型

1. 课前复习类

功能：帮助学生回顾旧知识，为学习新知识做好铺垫。

示例课程：大学物理。

微课内容：针对力学，制作一段回顾牛顿三大定律的微课视频，结合动画演示经典物理现象（如抛体运动）。

应用场景：学生在课前通过微课温习核心知识点，在课堂上可以更快地进入学习状态，教师可以直接展开进阶内容的教学。

2. 新课导入类

功能：激发学生兴趣，引入新知识。

示例课程：人文地理学。

微课内容：制作一段关于全球化对城市发展影响的微课，包含城市化进程的动态地图和数据可视化演示。

应用场景：微课通过悬念提问"为何不同城市的发展路径如此不同"引发学生思考，为正式讲授城市化与区域发展相关内容打下良好基础。

3. 知识理解类

功能：深入讲解重点和难点，帮助学生理解复杂概念。

示例课程：高等数学。

微课内容：针对定积分的几何意义，制作一段结合图形演示和公式推导的视频，动态展示曲线下面积的计算过程。

应用场景：在课堂上播放微课，帮助学生更直观地理解抽象的数学概念，学生课后可反复观看。

4. 练习巩固类

功能：通过示范与讲解，引导学生运用知识解决问题。

示例课程：英语写作。

微课内容：制作一段关于议论文写作结构的微课，讲解"引言、论点、论据、结论"的结构特点，并以范文为例展示如何进行修改提升。

应用场景：学生通过微课掌握写作技巧后，在课堂上完成短文写作练习，教师做出有针对性的反馈。

5. 小结拓展类

功能：总结课堂知识，并提供进一步的思考和学习方向。

示例课程：环境科学。

微课内容：总结气候变化的原因和影响，制作一段结合关键数据和案例分析的视频，同时引入最新研究动态，如新能源技术的应用。

应用场景：课堂结束前播放微课，帮助学生梳理知识点，通过拓展内容激发学生的学习兴趣，引导其自主探究。

5.3.2　AI 辅助微课创新设计

1. AI 辅助微课标题凝练

根据笔者多年实践的体会，微课标题采用设问形式更能激发学生的学习兴趣。下面以新工科、新文科、新医科、新农科、基础课、课程思政和产教融合的 7 类课程为例，说明 AI 辅助下的微课标题凝练。

（1）新工科。

课程 1：AI 编程

原标题：机器学习中的线性回归算法及其应用。

新标题：如何用简单的数学公式让机器预测未来。

课程 2：网络安全技术

原标题：加密算法的分类与原理。

新标题：你的密码真的安全吗？ AI 是如何帮助保护隐私的。

（2）新文科。

课程 1：中国古代文学

原标题：唐诗中的边塞情怀与家国情感。

新标题：为何边关总是能激发诗人最深沉的家国情怀。

课程 2：传播学

原标题：数字传播与社交媒体的传播特点。

新标题：为什么你的每条社交媒体内容都可能影响他人决策。

（3）新医科。

课程 1：内科学

原标题：高血压的病因及危害。

新标题：为什么高血压被称为"沉默的杀手"。

课程 2：解剖学

原标题：心脏的结构与功能。

新标题：是什么让你的心脏能不知疲倦地跳动一生。

（4）新农科。

课程 1：现代农业种植技术

原标题：精准灌溉技术的原理与应用。

新标题：为什么精准灌溉是农业减排增产的关键。

课程 2：植物保护学

原标题：病虫害防治的方法与实例。

新标题：如何用 AI 帮农民赢得防治病虫害"战争"。

（5）基础课。

课程 1：大学英语

原标题：学术英语写作的基本结构与技巧。

新标题：如何用英文写出逻辑严谨的学术文章。

课程 2：线性代数

原标题：矩阵的初等变换与求解方程组。

新标题：为什么矩阵运算是解决复杂问题的"万能钥匙"。

（6）课程思政。

课程 1：中国近现代史纲要

原标题：抗日战争的重大意义与胜利原因。

新标题：民族存亡之际，是什么让中国人民获得最终胜利。

课程 2：马克思主义基本原理

原标题：马克思主义的社会实践观。

新标题：为什么说实践是改变世界的力量源泉。

（7）产教融合。

课程 1：软件工程实践

原标题：敏捷开发的基本流程与案例分析。

新标题：如何用敏捷开发在短时间内实现客户需求。

课程 2：工业设计与制造

原标题：智能制造系统的架构与应用。

新标题：什么让智能制造成为未来工业的核心驱动力。

2."AI+ 微课"教学方法

（1）AI+ 案例引入法。利用 AI 设计一个生动有趣且具有代表性的案例，引出微课主题，使学生快速进入学习状态。例如，在讲解财务管理中的"货币时间价值"这一概念时，引入一个年轻人计划储蓄购房的案例，展示不同时间点的资金价值差异，引发学生的兴趣和思考。

（2）AI+ 动画演示法。在 AI 的辅助下，以动画形式展示抽象的知识，将复杂的概念或过程直观地呈现给学生。例如，在讲解计算机网络中的数据传输过程时，可制作动画演示数据包在网络中的传输路径、路由选择等，帮助学生理解抽象的网络原理。

（3）AI+ 互动练习法。在 AI 的辅助下，在微课中设置一些简单的互动练习，如选择题、填空题、简答题等，让学生及时巩固所学知识。例如，在讲解英语语法中的时态问题时，通过展示几个句子，让学生选择正确的时态形式，练习后立即给出答案和解析，帮助学生加深对时态的理解和运用。

（4）AI+ 个性化推荐法。根据学生的学习历史、兴趣偏好和知识掌握情况，利用 AI 为学生推荐相关的微课资源和拓展学习资料。例如，在数学微课学习平台上，如果学生在函数学习方面表现较弱，AI 会推荐更多关于函数的微课、练习题和学习技巧，更有针对性地帮助学生提升。

3. 一节知识类微课：设计思路及 AI 辅助微课设计示例

知识类微课可分为导入、告知、讲授、结语 4 个部分，导入的目的是引起注意，告知的目的是呈现学习目标，讲授的目的是凝练知识点，结语的目的是总结和升华，如图 5.11 所示。

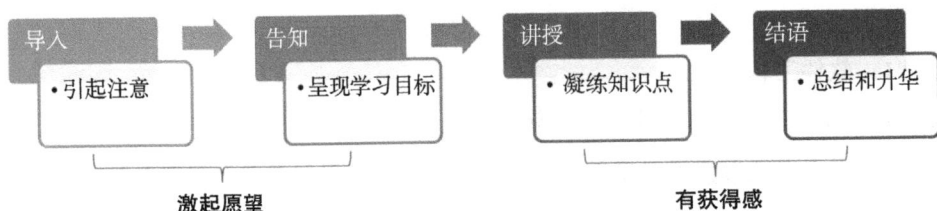

图 5.11　知识类微课设计基本思路

以下是 AI 辅助微课设计的示例。

（1）新工科：编程基础——循环结构，为何它是编程世界的魔法棒。

① 导入（45 秒）。展示一段有趣的动画：一位魔法师挥动魔法棒，使重复的任务快速完成，然后画面切换到编程界面，提出问题"编程世界里也有类似魔法棒的东西，那就是循环结构，它是什么呢"，简单介绍循环结构在解决复杂任务时的作用。

② 告知（30 秒）。呈现学习目标："在这 5 分钟内，我们将全面了解循环结构的概念、类型（重点介绍 for 循环和 while 循环），通过多个实例感受它在编程中的神奇作用，还将进行简单的代码实践演示。"

③ 讲授（2 分 15 秒）。用通俗易懂的语言详细解释循环结构是让计算机按照一定条件重复执行代码块的操作机制。以计算 1+2+3+…+20 为例，展示 for 循环的代码实现过程，细致讲解循环变量初始化、循环条件判断、循环体执行、循环变量更新等关键要素（45 秒）。

用 while 循环实现同样的功能，从代码结构、适用场景（循环次数已知时用 for 循环更合适，循环次数时未知用 while 循环更灵活）等多方面对比两种循环的优劣，并且通过简单的代码修改示例展示两者的差异（45 秒）。

通过一个简单的嵌套循环示例（如打印九九乘法表），强调循环结构的嵌套使用方法及如何避免死循环等错误，进一步展现循环结构在处理复杂逻辑时的强大功能（45 秒）。

④ 结语（1 分 30 秒）。总结循环结构的特点，包括简化代码、提高代码可读性和可维护性等方面，将主题升华到新工科对编程创新能力和解决复杂问题能力的培养，鼓励学生在今后的编程学习和实践中灵活运用循环结构应对更多的编程挑战，如开发小型软件项目或优化算法等。

（2）新文科：新媒体概论——社交媒体，是怎样成为舆论风暴的制造场的。

① 导入（45 秒）。展示社交媒体上某一热点事件从发酵到引发广泛争议的视频片段（包含事件的起始、发展过程中的关键节点及最终形成的舆论热潮），提出问题："为什么这个事件会在社交媒体上迅速演变为舆论风暴呢？这背后隐藏着社交媒体的哪些特性和机制呢？"

② 告知（30 秒）。呈现学习目标："本微课将深入剖析社交媒体的传播特性、用户行为模式和算法推荐机制，以及它们之间如何相互作用，从而促使舆论风暴的形成，还会探讨在这种环境下公众应该如何正确对待社交媒体信息。"

③ 讲授（2 分 15 秒）。阐述社交媒体传播的即时性（信息能在瞬间传遍全球）、互动性（用户可以方便地评论、转发、点赞）和广泛覆盖性（不同年龄、地域、阶层的人群都能参与），结合多个热点事件案例详细说明这些特性如何加速信息扩散并引发广泛关注（45 秒）。

深入分析用户在社交媒体环境下的心理特点，如情绪易感染性（看到他人愤怒或激动的言论容易跟风）、从众心理（跟随大众的观点和态度）及其如何被网络放大（在点赞、评论等互动中强化某种观点），对具体的舆论事件中的评论走向和话题演变进行分析（45 秒）。

解释算法推荐系统如何根据用户的浏览历史、点赞、评论等行为数据推送相关话题，进一步推动舆论的发展，举例说明一些算法推荐导致信息茧房或舆论极化的现象（45 秒）。

④ 结语（1 分 30 秒）。总结社交媒体成为舆论风暴制造场的各个关键因素，将主题升华到新文科对公众媒介素养、社会责任感及理性思考能力的要求，呼吁大家在社交媒体时代要具备批判性思维，正确对待和传播信息，积极营造健康的网络舆论环境。

（3）新医科：外科学基础——阑尾炎手术，为什么操作必须精确到毫米。

① 导入（45 秒）。展示一张高清的阑尾解剖图，详细标出周围的重要器官（如盲肠、回肠、血管等），同时展示一些阑尾炎手术操作不精确导致并发症（如肠瘘）的医学影像资料，旁白为"阑尾虽小，但手术操作精确到毫米至关重要，这背后有深刻的医学原理"。

② 告知（30 秒）。明确学习目标："本微课将详细讲解阑尾的位置、阑尾炎手术操作精确性的具体要求、不精确操作的危害及对患者康复的多方面影响。"

③ 讲授（2 分 15 秒）。详细介绍阑尾位于回肠末端与盲肠相连的位置，通过三维动

画展示其周围的肠管、血管、神经等复杂结构关系，强调这些结构的脆弱性和重要性（45 秒）。

利用动画演示阑尾炎手术过程，精确指出手术操作在切除阑尾、处理阑尾根部等关键步骤中精确到毫米的必要性，如避免损伤盲肠、回肠的浆膜层（防止肠瘘）及避免损伤周围血管（防止引起大出血等严重并发症）等（45 秒）。

说明精确操作有助于减少术后粘连等并发症的发生概率，详细解释术后粘连对患者肠道功能恢复、生活质量的影响，如腹痛、腹胀、排便困难等，从而体现精确操作对患者快速康复的重要意义（45 秒）。

④ 结语（1 分 30 秒）。总结阑尾炎手术精确操作的重要性，将主题升华到新医科对精准医疗、微创理念的追求，强调现代外科手术在保障患者健康权益方面不断提高的要求，鼓励医学生和医护人员不断提升手术技能，以适应现代医学发展的需求。

（4）新农科：植物保护学——害虫防治，为何不能单靠一种武器。

① 导入（45 秒）。展示一张遭受多种害虫侵害的农田图片（包括害虫啃食作物叶片、钻蛀果实等场景），同时展示单一农药防治后害虫反弹、抗药性增强等的数据及图表，提出问题："为什么单一的防治手段在害虫防治中往往效果不佳呢？这背后隐藏着哪些科学道理呢？"

② 告知（30 秒）。呈现学习目标："本微课将深入探讨害虫防治不能单靠一种手段的原因，详细介绍害虫防治的各种手段及其优劣，阐述综合防治体系的重要性及其构建方法。"

③ 讲授（2 分 15 秒）。介绍害虫防治的化学农药手段（包括各种农药的作用方式、适用范围）、物理防治手段（如诱虫灯、防虫网的工作原理及效果）及生物防治手段（天敌昆虫的捕食作用、微生物农药的致病机制）的特点、优势和局限性（45 秒）。

分析单一手段的局限性，如化学农药易让害虫产生抗药性（用害虫抗药性进化过程举例）、生物防治受环境因素制约（如温度、湿度对天敌昆虫活性的影响）、物理防治成本高且效率低等，并且通过实际案例说明这些局限性对防治效果的影响（45 秒）。

阐述综合防治体系的概念，强调多种手段协同作战的优势，如减少化学农药使用量以保护生态环境、提高害虫防治的长期稳定性等，详细介绍综合防治体系的构建原则（如生态优先、经济可行、安全环保）和方法（如根据害虫种类和发生规律制定防治策略）等

（45 秒）。

④ 结语（1 分 30 秒）。总结害虫防治不能单靠一种手段的原因，将主题升华到新农科的可持续发展理念，强调害虫防治工作对保障农业生态安全、农产品质量安全和农民经济效益的重要性，鼓励农业从业者和研究者积极探索和应用综合防治技术。

（5）基础课：大学物理——牛顿第二定律，为何能主宰物体的运动世界。

① 导入（45 秒）。展示一系列不同情境下物体运动的视频片段（如自由落体运动、汽车加速行驶、天体运动等），提出问题："在这些物体的运动过程中，是什么在背后起主导作用呢？这就是我们今天要深入探讨的牛顿第二定律。"

② 告知（30 秒）。呈现学习目标："本微课将深入学习牛顿第二定律的内容、意义、表达式及其在各种物体运动分析中的应用，并通过实例展示如何运用该定律解决实际问题。"

③ 讲授（2 分 15 秒）。详细讲解牛顿第二定律的表达式 $F=ma$，深入解释力（F）是物体产生加速度的原因，质量（m）是物体惯性大小的量度，加速度（a）是物体速度变化快慢的度量，通过简单的受力分析示例（如水平面上物体受拉力运动）说明各物理量之间的关系（45 秒）。

展示不同质量的物体在相同力作用下加速度不同的模拟实验视频，详细分析牛顿第二定律在实际问题中的应用步骤，包括确定研究对象、进行受力分析、根据定律列方程求解等，通过多个不同类型的实例（如斜面上滑块的运动、连接体问题等）进行巩固练习（45 秒）。

强调牛顿第二定律是经典力学的核心定律，对理解物体运动规律具有重要意义，它是解决力学问题的基础，并且与其他物理定律（如动能定理、动量定理等）有密切的联系（45 秒）。

④ 结语（1 分 30 秒）。总结牛顿第二定律的要点，将主题升华到基础科学对现代工程和技术发展的基石作用，如在航空航天、机械制造、建筑工程等领域中的应用，鼓励学生深入理解该定律并运用它探索更多的物理现象、解决复杂的工程问题。

（6）课程思政：思想道德修养与法律基础——爱国主义，仅仅是热爱自己的国家吗。

① 导入（45 秒）。展示不同时期爱国志士的事迹图片（如近代林则徐虎门销烟、现代科学家回国建设国家等）及当代中国在国际舞台上发挥积极影响力的图片（如"一带一

路"倡议成果），旁白为"爱国主义在不同历史时期有不同的表现形式，在当代也有丰富的内涵"。

② 告知（30秒）。呈现学习目标："本微课将深入探讨爱国主义的内涵、时代内涵及当代如何在不同层面践行爱国主义精神，并且思考爱国主义与国际视野的关系。"

③ 讲授（2分15秒）。阐述爱国主义从古代的家国情怀（对国家领土、人民的责任感）到近代救亡图存的民族大义（抵御外敌入侵），再到现代对国家建设、民族复兴的贡献（如科技创新、文化传承）的内涵的发展演变（45秒）。

分析当代爱国主义在国际交往中的体现（如在国际事务中维护国家形象，开展文化交流、促进民心相通）、在文化传承中的要求（传承和弘扬中华优秀传统文化、社会主义核心价值观）、在科技创新中的使命（为实现国家科技自立自强而努力奋斗）等方面的内涵（45秒）。

强调爱国主义是社会主义核心价值观的重要基石，通过正、反面案例（如爱国科学家回国建设国家与个别的崇洋媚外现象）说明爱国主义对个人成长、社会发展和国家繁荣的重要意义（45秒）。

④ 结语（1分30秒）。总结爱国主义的内涵，将主题升华到爱国主义对实现中华民族伟大复兴中国梦的凝聚力量，鼓励大家在日常生活中从自身做起，在国际交往中展现中国形象，在各自岗位上为国家建设贡献力量，同时培养国际视野，积极参与构建人类命运共同体。

（7）产教融合：电子商务运营——电商平台物流配送，怎样做到又快又准。

① 导入（45秒）。展示电商平台物流配送流程示意图，同时展示物流配送快速准确及出现问题（如包裹延误、丢失）的对比图片，旁白为"电商的快速发展对物流配送提出了又快又准的要求，这背后涉及多方面的因素，今天我们来深入探究一下"。

② 告知（30秒）。呈现学习目标："本微课将全面介绍电商平台物流配送流程、影响因素和实现高效准确的策略，并探讨如何通过创新和技术应用提升物流配送的质量。"

③ 讲授（2分15秒）。详细介绍物流配送的主要环节，包括订单处理（订单接收、分拣、打包）、仓储管理（仓库布局、库存管理等）、运输（不同运输方式的选择、运输路线的规划）、派送（快递员配送、"最后一公里"解决方案）等，强调各环节之间的紧密联系和相互影响（45秒）。

分析影响配送效率和准确性的因素，如仓库布局不合理（导致货物搬运距离过长）、交通状况（拥堵影响运输时间）、信息系统不完善（订单处理延迟、配送信息更新不及时）等，并通过实际案例说明这些因素如何导致物流配送出现问题（45 秒）。

介绍一些先进技术（如自动分拣机等自动化设备提高分拣效率、大数据分析优化库存管理和运输路线、智能算法实现精准配送）在提高物流配送效率和准确性方面的应用，并展望未来物流配送技术（如无人机配送、智能仓储）的发展趋势（45 秒）。

④ 结语（1 分 30 秒）。总结电商物流配送又快又准的影响因素，将主题升华到产教融合对电商物流人才培养的要求，鼓励学生掌握相关知识和技能，适应电商行业快速发展的需求，为推动电商物流行业的创新发展贡献力量。

总之，借助 AI，教师能更有效地"上好一节课"，激发学生的潜能，启迪学生的智慧，让每一堂课都成为学生的成长阶梯。

第 6 章

AI 辅助课堂创新的实施

如何将课堂创新真正落地？教师可以利用 AI 设计吸睛的导入环节，点燃学生的兴趣，组织深度互动，增强学生的参与感；可以一键生成教学案例、创作视觉素材，让知识更直观；可以分清哪些工作必须亲力亲为，哪些工作应该交给 AI。只需几步尝试，就可以把传统课堂变成学生主动探索的舞台，效果非常显著：从"讲知识"转变为"激活力"，省时省力，教学效果提升。

6.1 导入吸睛：AI 辅助点燃课堂学习热情

6.1.1 课堂导入的重要性

有些教师觉得课堂导入耽误时间，不如直奔主题讲知识点。其实，好的导入就像"开门红"，能让学生学得更专注、更轻松。它的作用远比我们想象的重要（见图 6.1），具体体现在以下几个方面。

1. 抓住注意力

学生的注意力容易被手机、窗外甚至自己的思绪分散。一个有趣的开场能瞬间把学生的眼睛"抓"回课堂，例如，用 AI 生成一段未来城市的短视频，展示 AI 的神奇应用。

2. 串起新旧知识

新知识太抽象？将导入作为桥梁！例如，在数据结构课程中讲树结构前，先带学生回忆之前学过的线性表，自然地引出新内容，学生更容易理解。

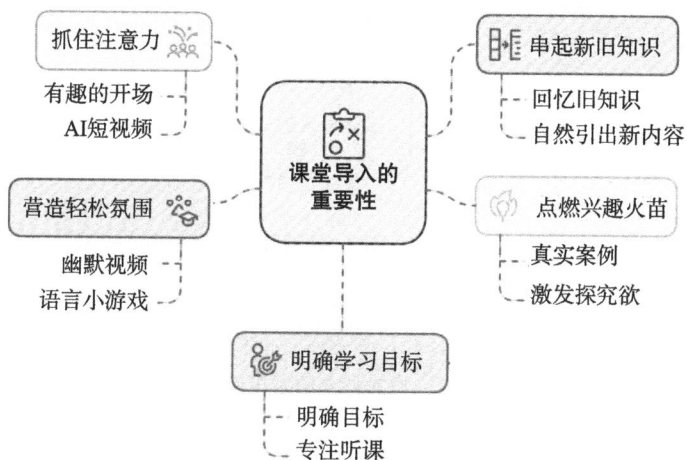

图 6.1　课堂导入的重要性

3. 点燃兴趣火苗

一堂课能否让学生主动思考，关键看导入是否"勾人"。例如，讲机器学习时，抛出真实案例"AI 如何帮医生快速诊断疾病"，学生立马想探究背后的原理。

4. 明确学习目标

学生常常不知道一节课重点学什么。导入时直接点明目标，如"今天搞懂神经网络怎么算误差"，这样做可以让学生心里有数，他们在听课时会更加专注。

5. 营造轻松氛围

一上课就板着脸讲公式？不如放一段幽默的机器人对话视频，或者玩一个语言小游戏，学生笑着进入状态，课堂自然会活跃起来。

总之，课堂导入不是浪费时间，而是让课堂高效的秘密武器。

6.1.2　课堂导入的常见问题

课堂导入虽然重要，但在实际操作中常常会有"老毛病"（见图 6.2），它们会影响教学效果。

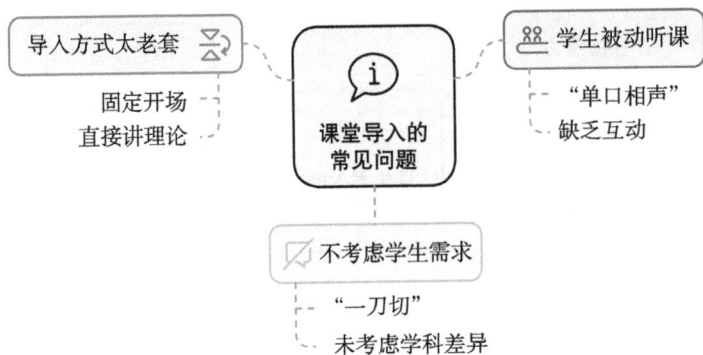

图 6.2　课堂导入的常见问题

1. 导入方式太老套

不少教师习惯使用固定的开场，如直接说"今天学 ×× 公式"或简单提问，学生一听就犯困。例如，在理工类课程中，教师一上来就念定理，学生还没反应过来，教师已经把知识点"糊"在黑板上了。

2. 学生被动听课

导入变成了教师的"单口相声"，学生没机会说话。例如，在历史课上，教师滔滔不绝地讲事件背景，学生只顾着记笔记，却没人讨论这件事为什么重要，最后"学了个寂寞"。

3. 不考虑学生需求

不同学科、不同学生需要不同的导入方式，但传统方法往往是"一刀切"。例如，在实验课上，教师还在讲理论步骤，学生却早想动手操作了；有的学生喜欢案例，有的学生爱看图解，但教师的导入内容一视同仁。

此外，传统的课堂导入还有一些其他的"小毛病"：导入时间太长，学生的耐心被耗光；导入内容与后面要讲的内容脱节，学生听完开头就蒙了。

总之，传统的课堂导入不是没用，而是没能实现对症下药。学生不投入，课堂自然难高效。

6.1.3　课堂导入的 8 大实用技巧

1. 悬念导入法：悬疑开场，勾起好奇心

悬念导入法是一种通过设置悬念来激发学生好奇心和探究欲望的导入方法。教师可以精心设计一个与教学内容相关的悬念，引导学生主动思考、探索，从而顺利引入新课。

例如，在刑法学课程中，教师可以提出这样一个悬念："某人深夜潜入他人家中，偷走了价值连城的古董。然而，令人费解的是，他在离开现场时留下了自己的指纹。这是怎么回事呢？"这个问题引发了学生的好奇心，他们迫不及待地想要知道答案。此时，教师可以顺势引入新课，讲解有关盗窃罪的法律规定和认定标准。

2. 抒情导入法：讲故事，引发情感共鸣

抒情导入法是一种通过情感渲染来引导学生进入学习状态的导入方法。教师可以用富有感染力的语言描述某个场景、事件或人物，激发学生的情感共鸣，让他们为学习新课做好准备。

例如，在英语课上，教师读《小王子》的一个片段，描述玫瑰与狐狸的对话，学生边听边品语言之美，兴趣瞬间被点燃。通过这种方式，学生不仅可以提高英语的听说读写能力，还可以培养审美情趣和文化素养。

3. 诱思导入法：连环提问，带着问题学

诱思导入法是一种通过提问来引导学生思考的导入方法。教师可以根据教学内容设计一系列问题，逐步引导学生深入思考，自然地引入新课。

例如，在数学课上，教师讲函数前问"为什么手机上的地图 App 能算出最短路线"，在学生的讨论中引出函数图像的应用，知识变得不再抽象。

4. 类比导入法：打比方，复杂变简单

类比导入法是一种通过比较相似事物来帮助学生理解新知识的导入方法。教师可以找到与新课内容相似的事物或概念，通过比较它们的异同点，帮助学生更好地理解和掌握新知识。

例如，教师在物理课上解释电压时，可以用水管中的水压做类比："电压就像推动水

流的力量，没有电压，电流就'流不动'。"通过这种方式，学生可以更加直观地理解电压的概念和特性，提升学习效果。

5. 励志导入法："灌鸡汤"，激发斗志

励志导入法是一种通过分享成功人士的经历或名言来激励学生的导入方法。教师可以选择一些与教学内容相关的励志故事或名言，激发学生的斗志和学习动力。

例如，教师在编程课上可以播放一段残障人士使用代码开发辅助工具的视频，告诉学生："你们写的每一行代码，都有可能改变他人的生活。"通过这种方式，教师可以鼓励学生勇敢地面对挑战和困难，树立正确的价值观和人生观，增强自信心和自尊心。

6. 音像导入法：放视频，视觉冲击

音像导入法是一种通过播放音频或视频来吸引学生注意力的导入方法。教师可以选择一些与教学内容相关的音频或视频资料，如歌曲、电影片段、动画等，让学生在轻松愉快的氛围中进入学习状态。

例如，教师可以在地理课上播放火山喷发的慢镜头，当学生盯着屏幕惊呼时，可以顺势讨论板块运动与自然灾害。

7. 实例导入法：热点案例，现学现用

实例导入法是一种通过列举具体实例来引导学生理解新知识的导入方法。教师可以选择一些与教学内容相关的热点案例，让学生在分析实例的过程中学习和掌握新知识。

例如，教师在市场营销课上可以分析案例"蜜雪冰城的 3 元冰激淋为何火遍全国"，让学生边"吃案例"边学定价策略，这比死记理论更管用。

8. 提问导入法：抛话题，全员参与

提问导入法是一种通过提出问题来引导学生思考和讨论的导入方法。教师可以根据教学内容设计一系列问题，引导学生主动思考、讨论和交流，自然地引入新课。

例如，教师在哲学课上可以直接问"如果 AI 能替你做决定，你会更自由还是更被动"，学生争相发言，课堂秒变辩论场。

总之，好的课堂导入不用很花哨，关键是要对症下药，学生对什么好奇、关心什么，就从哪里切入。

6.1.4　AI 辅助课堂导入的具体做法

AI 为课堂导入提供了更多的可能性和手段。教师可以根据不同学科的特点和教学需求，灵活地运用各种课堂导入方法，提高教学效果和质量。

1. 新工科：用虚拟实验"勾人"

在新工科领域中，AI 的应用日益广泛，为课堂导入提供了更多的可能性。以下是一些具体做法。

（1）虚拟实验环境。

在新工科课程中，实验是非常重要的教学环节。然而，一些实验设备昂贵且难以操作，传统的实验教学方式往往受到限制。AI 可以生成虚拟实验环境，让学生在虚拟环境中进行实验操作，降低实验成本，改善实验效果。例如，在计算机网络课上，教师用 AI 模拟黑客攻击场景，让学生实时观察数据包如何被拦截，有些学生边看边惊呼："原来防火墙是这么阻挡攻击的！"

（2）项目式教学。

项目式教学是新工科教育重要的教育方式之一。AI 可以为学生提供个性化的指导和支持，帮助学生更好地完成项目导入任务。例如，在 AI 编程上，教师用 AI 给每组学生分配不同难度的编程任务，有人做图像识别，有人做语音合成，学生立刻就能进入实战模式。

2. 新文科：把文献变"活"

在新文科领域中，AI 可以帮助教师更好地挖掘和整合教学资源，改善教学效果。以下是一些具体做法。

（1）文本分析和挖掘。

在新文科课程中，文本分析是一种重要的研究方法。AI 可以对大量的文本数据进行自动分析和挖掘，提取出有价值的信息和观点。例如，在文学课上，教师用 AI 分析《红楼梦》的人物关系，学生就能秒懂贾宝玉和林黛玉的"朋友圈"有多复杂。

（2）跨学科知识整合。

新文科教育强调跨学科知识的整合和应用。AI 可以打破学科之间的界限，实现跨学科知识的自动整合和关联。例如，在历史课上讲到丝绸之路时，AI 可以自动生成商队行进的动态地图，学生随着驼铃声"走"完整个贸易路线。

3. 新医科：让看病像"破案"

在新医科领域中，AI 的应用也越来越广泛。以下是一些具体做法。

（1）医学图像识别和分析。

医学图像识别和分析是医学教育的重要内容。AI 可以对医学图像进行自动识别和分析，提高诊断的准确性和效率。例如，在医学影像课上，教师用 AI 展示一张 X 光片，对比正常与病变，学生马上发问："这块阴影是不是肿瘤？"

（2）病例模拟和教学。

病例模拟是医学教育中常用的教学方法之一。AI 可以创建逼真的病例模拟场景，让学生在虚拟环境中进行实践操作和诊断治疗，提升学生的临床实践能力。例如，在急诊室场景模拟中，AI 扮演突发心梗的患者，学生组成团队抢救患者，倒计时的声音一直响，紧张感瞬间拉满。

4. 新农科：把农田"搬进"教室

在新农科领域中，AI 可以帮助教师更好地开展农业科学研究和教学实践。以下是一些具体做法。

（1）农业数据分析。

农业数据分析是现代农业科学研究的重要手段之一。AI 可以对大量的农业数据进行分析和处理，提取出有价值的信息和规律。例如，在农业课上，教师用 AI 模拟不同气候对水稻产量的影响，学生可以手动调参数，有的学生问："多浇一次水能增产吗？"

（2）智能农业设备控制。

智能农业设备是现代农业发展的重要方向之一。AI 可以实现智能农业设备的自动控制和优化管理，提高农业生产效率和质量。例如，教师用 AI 操纵无人机实时传回农田虫害画面，学生当场制定防治方案，这比纸上谈兵强多了。

5. 基础课：死知识变"游戏"

在基础课教学中，AI 可以帮助教师更好地激发学生的学习兴趣并改善教学效果。以下是一些具体做法。

（1）互动教学课件。

互动教学课件可以提高学生的学习兴趣和参与度。AI 可以制作各种形式的互动教学课件，如动画、游戏等，让学生在轻松愉快的氛围中学习知识。例如，在英语语法课上，教师用 AI 生成填空游戏，答对一题即可解锁一段幽默短视频，学生边笑边记规则。

（2）个性化学习辅导。

个性化学习是现代教育的重要理念之一。AI 可以根据学生的学习情况和需求，提供个性化的学习辅导和支持。例如，在高数课上，AI 把微积分公式变成贪吃蛇游戏，吃掉越多极限符号，蛇跑得越快，学生会争着上黑板挑战。

6. 课程思政：热点话题"接地气"

在课程思政教学中，AI 可以帮助教师更好地开展思想政治教育和价值引领。以下是一些具体做法。

（1）案例分析和讨论。

案例分析和讨论是课程思政教学的重要方法之一。AI 可以选择合适的案例，引导学生进行分析和讨论，培养学生的批判性思维和思辨能力。例如，在思想道德修养课上，教师用 AI 抓取微博热搜话题，如"年轻人该不该躺平"，学生分组辩论，AI 实时统计观点，课堂秒变"脱口秀现场"。

（2）情感教育和心理辅导。

情感教育和心理辅导是课程思政教学的重要内容之一。AI 可以通过情感分析和心理测评等手段，了解学生的情感状态和心理需求，提供相应的情感教育和心理辅导支持。例如，在法律基础课上，教师用 AI 模拟网络暴力场景，学生扮演不同的角色，体验语言伤害，课后发出感慨："原来一句话真的能毁掉一个人。"

7. 产教融合：把企业真题"搬进"课堂

在产教融合课程中，AI 可以帮助教师更好地开展实践教学和校企合作。以下是一些具体做法。

（1）企业案例分析和实践。

企业案例分析和实践是产教融合课程的重要教学环节之一。AI 可以选择合适的企业案例，引导学生进行分析和实践，培养学生的实践能力和创新精神。例如，在电商课上，教师用 AI 直接调取某品牌在"双十一"期间的销售数据，学生现场策划促销方案，最佳方案真的被企业采纳。

（2）校企合作项目开发。

校企合作项目开发是产教融合课程的重要形式之一。学校可以与相关企业合作，共同开发具有实际应用价值的项目，促进产学研深度融合。例如，在软件工程课上，AI 检查学生写的代码是否符合企业规范，学生感叹："比老师批作业还严！"

总之，AI 不是冷冰冰的工具，而是让课堂活跃起来的魔法师，只要用对了场景，5 分钟导入即可让学生从"低头族"变"抬头族"。

6.2　真实互动：AI 辅助课堂深度学习

教学是一项极富有挑战性的工作。笔者认为，其中最大的挑战是如何与学生深度互动。尤其是在 AI 时代，如何与学生进行真实、有效的深度互动，成了教育工作者亟待解决的问题。

6.2.1　课堂互动的重要性及具体类型

1. 课堂互动的重要性

课堂互动是教学过程中师生间情感与认知交流的核心。通过有效的互动，教师能够准确地把握学生的知识吸收程度，学生能够通过参与和反馈实现深度学习。课堂互动的重要性如图 6.3 所示。

（1）激发学习兴趣。互动能使课程内容贴合学生需求，激发其学习动力。

（2）促进思维发展。通过讨论与提问，学生从被动接受转为主动探究，这有助于其高阶思维能力的培养。

（3）增强师生连接。互动过程可以让教师与学生之间建立信任与理解，营造积极的课堂氛围。

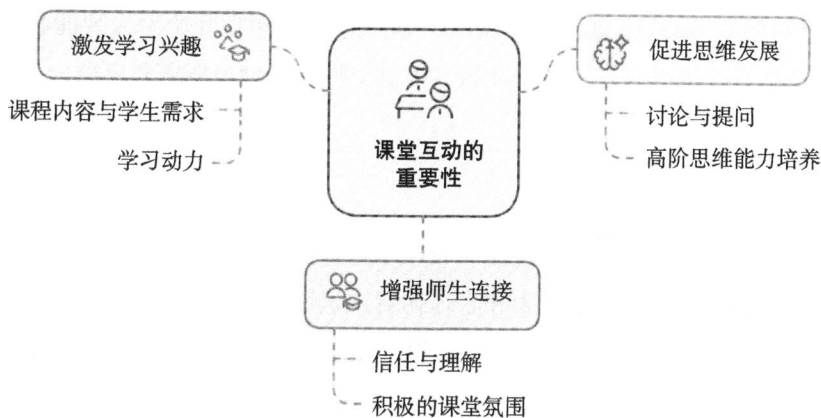

图 6.3　课堂互动的重要性

2. 课堂互动的类型

根据互动的目的和形式，课堂互动可以分为师生互动、生生互动、人机互动这 3 种类型，如图 6.4 所示。

图 6.4　课堂互动的 3 种类型

（1）师生互动。这是最常见的一种互动形式，发生在教师和学生之间。教师可以通过提问、回答、讨论等方式与学生进行互动，引导学生思考、理解和掌握知识。

（2）生生互动。这种互动发生在学生之间，可以是同桌之间的讨论、小组内的合作学习，也可以是全班范围内的辩论和竞赛等。生生互动有助于培养学生的合作精神和竞争意识。

（3）人机互动。随着信息技术的发展，越来越多的课堂开始引入智能教学工具和系统。这些工具和系统可以与学生进行互动，提供个性化的学习资源和反馈，帮助学生更好地掌握知识和技能。

6.2.2　4种浅度或虚假互动

课堂互动的目的是引导师生行为和心理朝着知识探究的积极方面转化。但是，在真实的课堂教学中，只有形式，没有行为和心理的积极变化，为了互动而互动的现象屡见不鲜。一些教师为了参加教创赛或申报一流课程，在课堂上进行浅度互动甚至虚假互动，这比传统课堂中的"唱独角戏"好不了多少。4种常见的浅度或虚假互动如下。

1. 跟风式互动

近年来，不管是教创赛还是一流课程，课堂互动都是"好课"的重要指标之一。一些教师为了迎合这一标准，产生了"为互动而互动"的跟风心理。他们只注重互动的形式，忽视了教学的本质目标。例如，有些教师在课堂上频繁使用"是不是""对不对"等简单问答形式，这些互动没有"思维含量"，只是对识记性知识的简单检验。

2. 程序式互动

程序式互动是当教师主宰课堂时的一种互动形式。教师为了顺利地向学生灌输知识，将符号知识预设成若干问题情境和封闭式问题，学生在教师的控制下开展探究、讨论等互动学习。因为教师已经预设了问题，而且问题是非开放式的，所以这种互动缺乏真实性和有效性。

例如，在实验课上，教师事先设计好了实验方法和步骤，学生只需要按部就班地演示一遍，学生看似参与了探究活动，实际上只是执行了预设的程序，缺乏真正的思考与创新。

3. 替代式互动

一些教师为了顺利开展课堂教学和突破教学难点，将复杂性高、推理性强、难度较大的问题交给"优秀"的学生来回答，其他学生只能参与一些低层次、识记性和聚合性的简单问题的互动。这种替代式互动使部分学生游离于真正的课堂互动之外，无法真正参与课堂学习。

在 AI 时代，智能辅导系统或学习平台可能会加剧这种差异。例如，一些自适应学习平台根据学生的初始测试成绩和学习表现，为学生推送不同难度或层次的学习任务和互动内容，这可能导致教师在课堂互动中更加关注部分学生，而基础薄弱的学生更难以获得教师的引导与支持。

4. 无序式互动

一些教师在创设探究问题时，问题比较松散、模糊，导致学生难以准确理解教师的用意，课堂互动变得随意、无序。教师未能及时针对互动提供必要的提示和点拨，导致课堂互动远离教学目标和学科本质。

在 AI 时代，这一问题可能会因信息过载而更加严重。例如，教师让学生利用互联网或智能学习资源进行探究，但没有提供引导和提示，学生可能会被海量、碎片化、不准确甚至错误的信息淹没，导致课堂互动变得更加随意、无序。

6.2.3　AI 辅助课堂深度互动：7 类课程具体实例

下面以新工科、新文科、新医科、新农科、基础课、课程思政和产教融合的 7 类课程为例，说明教师如何与学生深度互动。

1. 新工科：计算机网络课程

（1）问题导向式教学。教师引导学生思考计算机网络的相关问题，如网络安全、网络协议等；利用网络分析工具，如 Wireshark 的智能分析插件，引导学生深入探究计算机网络中的复杂问题，如网络攻击的检测与防范机制、网络协议的优化策略等。

（2）合作学习。学生分成若干小组进行计算机网络实验和项目实践，通过小组协作解决实践中遇到的问题。教师借助团队协作平台，如 Trello 的智能版本，对小组任务进行细致的分解、分配和跟踪。

（3）案例研究。教师引入实际案例，让学生分析解决方法并进行讨论，如安全套接层（Secure Sockets Layer，SSL）协议安全漏洞问题；可以利用威胁情报平台，如 Recorded Future，获取详细的攻击信息和相关的安全态势分析。

（4）角色扮演。教师模拟计算机网络攻击事件，让学生扮演攻击者和受害者，感受安全防范的重要性；利用网络模拟软件，如 GNS3 的增强版，创建高度逼真的网络攻击场景，包括多种攻击类型和复杂的网络拓扑结构，让学生更加真实地体验网络安全防范的实际操作流程，提升其应对网络安全事件的能力。

（5）项目实践。学生自主设计和实现一个小型网络系统，从硬件选型、架构设计到系统实现，全面深入地了解计算机网络知识；利用网络设计助手，如 Cisco 的 Network Assistant 的智能规划功能，进行网络拓扑结构的初步设计和设备选型。

（6）构思探究。学生自主构思一个网络安全问题，通过实验和模拟的方法进行分析和解决。教师利用安全知识图谱工具，如 Cybersecurity Knowledge Graph，帮助学生快速了解相关的安全知识体系和技术应用，拓宽其解决问题的思路。

2. 新文科：历史文化课程

（1）问题导向式教学。教师引导学生提出对历史文化的问题，思考如何将历史文化转化为当代的文化价值；借助历史数据分析工具，如 Digital Humanities 的文本挖掘软件，对大量历史文献进行分析，挖掘出与当代文化价值相关的历史文化问题，如"从历史数据看，古代文化交流对当今多元文化融合有哪些启示"，引导学生利用这些数据和问题进行深入思考和讨论。

（2）合作学习。学生分组研究历史文化，交流不同文化背景下的思考。教师利用语言翻译工具，如 DeepL，帮助学生跨越语言障碍，研究不同语言背景下的历史文化资料，促进文化交流与合作。

（3）案例研究。教师分析历史文化事件的社会影响，如对当代文化和社会发展的影响；利用社会网络分析工具，如 NodeXL，构建历史人物、事件与社会结构之间的关系网络。

（4）角色扮演。学生通过扮演历史人物，更深入地了解历史文化。教师利用历史场景还原软件，如 Unreal Engine 的历史场景插件，根据历史文献和考古资料，创建逼真的历史场景，让学生身临其境地感受历史人物的生活环境、社会背景和思想情感，从而更深入地理解历史。

（5）项目实践。学生自己策划行程，进行以历史文化为主题的旅行，体验不同地区的文化，达成实践认知和文化交流。教师利用旅游规划软件，如马蜂窝的智能行程规划功能，结合历史文化景点的详细信息和交通、住宿等数据，帮助学生制订更加合理的旅行计划。

（6）反思和总结。课程结束后，学生总结自己体验的历史文化对当代文化的影响。教师利用文本分析工具，如 Lingo3G，对学习笔记、旅行感悟等文本资料进行分析，提取关键主题和观点。

3. 新医科：防治疾病课程

（1）问题导向式教学。教师提出防治疾病的各种问题，如怎样预防肥胖症、如何控制糖尿病；利用医学知识图谱工具，如丁香园的知识图谱，提出关于疾病防治的前沿问题，如"基于大数据分析，如何制定个性化的糖尿病防治方案"，引导学生结合最新的医学研究成果和临床案例进行思考和讨论。

（2）合作学习。学生分组分析各种防治疾病的情况，调查当地的信息，制定有效的防疫措施；利用远程医疗协作工具，如好大夫在线的团队会诊功能。

（3）案例研究。在课堂上，学生以特定人群防控为主题开展案例讨论，分析防疫措施和疾病传播途径。教师利用医学影像分析工具，如联影医疗的智能影像诊断系统，对案例中的医学影像数据进行分析，如分析肺部疾病患者的 CT 影像特征，结合患者的临床信息，深入探讨防疫措施和疾病传播途径，提高学生对疾病诊断和防控的实践能力。

（4）角色扮演。学生扮演医生或患者，进行沟通和交流，让患者更好地了解健康知识；利用医学模拟人，如挪度的高端模拟人产品，进行真实感十足的医患沟通和疾病诊断模拟操作。

（5）项目实践。学生参与社区或学校的防疫宣传，运用自己的医学知识和沟通技巧；利用传播效果评估工具，如百度指数结合社交媒体监测工具，分析宣传内容的传播范围、受众反馈等信息，根据评估结果优化宣传策略，增强防疫宣传的效果和影响力。

（6）反思和总结。课程结束后，学生总结自己体验的防治疾病的有效措施和方法，提出新的方案和建议；利用医学文献综述工具，如 NoteExpress 的智能综述功能，对学习过程中的医学文献、案例分析、实践经验等进行全面的梳理和总结，提取有效的防治疾病措施和方法。

4. 新农科：生态农业课程

（1）问题导向式教学。教师引导学生提出生态农业方面的问题，如怎样平衡农业生产和环境保护；利用农业大数据分析平台，如阿里云农业大脑，引导学生提出关于生态农业的关键问题，如"如何利用分析的气象数据和土壤数据精准安排农作物种植计划以平衡农业生产和环境保护"。通过平台提供的海量数据，学生能够深入了解生态农业中各种因素的相互关系，从而激发更具深度和针对性的思考与讨论。

（2）合作学习。学生分组参观农场、研究生态农业，共同讨论和解决遇到的问题；借助农场管理 App，如智慧农场助手，实时获取农场的各项数据，包括农作物生长状况、病虫害预警、灌溉施肥建议等。各小组基于这些数据共同探讨和解决遇到的问题，如根据病虫害预警制定绿色防控方案等。

（3）案例研究。教师分析成功案例和失败案例，分析影响生态农业的因素。学生利用案例对比分析工具，如 CaseCruncher，对不同案例从土地利用效率、资源循环利用、经济效益与环境效益平衡等多个方面进行详细对比和深入剖析。

（4）角色扮演。学生扮演农民、公务员、环保志愿者等角色，模拟各种生态农业场景和情况，并讨论解决方法。教师利用情景模拟软件，如 AgroSim，模拟环保志愿者推广生态农业技术时遇到的挑战与应对策略，这种沉浸式的体验可以增强学生对生态农业系统中不同角色的理解和应对复杂问题的能力。

（5）项目实践。学生亲身体验农业生产和生态保护，通过栽培有机蔬菜、植被修复等方式学习生态农业知识；借助农业物联网设备，如智能灌溉系统和环境监测传感器，实时监测土壤湿度、养分含量、空气质量等环境参数，根据算法自动调整灌溉和施肥策略，实现精准农业生产与生态保护的有机结合，提升实践效果和科学管理水平。

（6）反思和总结。课程结束后，学生总结生态农业的特点和优势，并就如何推广和实现生态农业提出建议；利用数据分析工具，如 Excel 的高级数据分析插件，对实践过程中收集的数据进行整理和分析，总结生态农业的特点和优势，例如，通过分析产量与投入成本、环境指标变化的数据关系，深入理解生态农业的可持续性。

5. 基础课：数学分析课程

（1）问题导向式教学。提出数学问题，在分析的基础上解决问题，如"曲线的切线是什么"。教师借助数学教育软件，如 GeoGebra 的 3D 数学功能，提出更直观、更有挑战性的数学问题，如"如何利用 3D 图形直观理解多元函数的极限与连续性"，通过软件的动态演示和交互功能，帮助学生更好地理解抽象的数学概念，引导学生深入思考和探索数学问题的本质。

（2）合作学习。学生分组分析问题，交流各自的思路和解法；利用在线数学协作平台，如 Mathigon 的团队解题空间，实时共享解题思路、绘制数学图形、推导公式等。

（3）案例研究。教师引入经典数学问题，让学生分析解决方法并进行讨论；利用数学可视化工具，如 Desmos 的动画功能，对不同解法进行动态演示和比较，帮助学生深入理解各种解法的优劣和内在逻辑，拓展其思维方式。

（4）角色扮演。学生扮演数学家，模拟数学问题研究的情境和过程。教师结合虚拟实验室，如 Simulink 的数学建模环境，模拟数学问题研究的情境和过程，让学生亲身体验数学家的探索精神和创新思维。

（5）项目实践。学生独立完成数学分析作业和练习，巩固自己的数学分析能力；利用智能辅导系统，如作业帮的数学分析专项辅导功能，对遇到的难题进行即时解答和详细讲解。

（6）反思和总结。课程结束后，学生总结数学分析的理论知识和解题方法，找出自己的不足之处，加强练习；利用学习分析平台，如 Coursera 的学习分析仪表盘，对自己的学习过程进行全面回顾，包括学习时间、答题准确率、知识点掌握情况等。

6. 课程思政：道德与法治课程

（1）问题导向式教学。教师提出道德与法治背后的问题，如"如何保证公正"；利用社会热点分析平台，如百度舆情的思政专题分析功能，提出跟道德与法治相关的热点问题，如"在技术应用中如何保障个人隐私与数据安全，体现法治精神"。

（2）合作学习。学生分组讨论和分析社会道德与法治问题，探讨如何在社会生活中实现道德与法治目标；利用在线讨论平台的分组讨论区，便捷地进行文字、语音甚至视频交流。

（3）案例研究。教师引入典型案例，如社会公正、民主与法治的冲突及相互制约的情况，让学生分析社会道德和法治现状；利用法律案例数据库，如北大法宝的思政案例库，让学生获取丰富的案例资料，包括案件事实、法律适用、判决结果等。

（4）角色扮演。学生扮演法官、律师和公民等角色，模拟法庭审判和诉讼情况，并讨论一些敏感问题；利用模拟法庭软件，如法翼的智能模拟法庭系统，创建高度仿真的法庭审判环境，包括法庭场景、角色服装、证据展示等元素。

（5）项目实践。学生通过座谈会、文章写作等方式展开社区和学校的公民道德和法治宣传，提高公民素质和法治意识；利用传播效果评估工具，如微信指数结合问卷星的数据分析功能，对宣传内容的传播范围、受众反馈、行为改变等进行评估。

（6）反思和总结。课程结束后，学生总结道德与法治在日常生活中的重要性，并发表自己的观点和建议；利用文本分析工具，如 AYLIEN 的文本情感分析功能，对自己在讨论、案例分析、角色扮演和项目实践过程中的发言、文章等文本资料进行情感倾向和价值取向分析。

7. 产教融合：创业管理课程

（1）真实项目驱动。学校与企业合作，引入真实创业项目或模拟创业项目，让学生全程参与项目的策划、执行和评估；学生利用市场分析工具，如艾瑞咨询的创业板分析平台，对市场需求、竞争态势、行业趋势等进行深入分析，为项目策划提供数据支持。

（2）一对一辅导。学校建立创业导师制度，邀请具有丰富创业经验的企业家或校友作为导师，为学生提供一对一或小组形式的辅导。导师根据学生的创业项目和个人特点，提供具有针对性的指导和建议，帮助学生解决创业过程中的实际问题，同时传授宝贵的创业经验和智慧。学校利用 AI 导师匹配平台，如领英的智能导师推荐功能，根据学生的创业项目类型、个人特点、技能需求等为其精准匹配具有丰富创业经验的企业家或校友作为导师。

（3）创业沙龙与分享会。学校定期举办创业沙龙和分享会，邀请成功创业者、投资人、行业专家等分享他们的创业故事、经验和教训；利用 AI 社交网络分析工具，如 Gephi 的活动社交图谱功能，分析参会人员之间的社交关系和互动情况，为创业者搭建更广泛的社交网络，促进创业交流与合作。

（4）模拟创业竞赛。学校组织模拟创业竞赛，鼓励学生组队参赛，提出具有创新性和可行性的创业项目。竞赛可以锻炼学生的团队协作能力、创新思维能力和项目管理能力，并为他们提供展示自我和获取资源的平台。学校利用竞赛管理平台，如挑战杯的智能竞赛管理系统，对竞赛报名、项目评审、团队组建等环节进行高效管理。在竞赛过程中，学校为参赛学生提供创业计划书生成工具，如 Bplans 的智能计划书模板，帮助学生快速构建创业计划书框架并填充内容。

（5）反馈与迭代。在创业管理课程中，要注重学生的反馈和项目的迭代，鼓励学生不断反思和总结自己的创业实践，根据市场反馈和导师建议进行项目调整和优化。学校利用反馈收集工具，如 SurveyMonkey 的智能问卷设计功能，定期收集学生对课程内容、教学方法、项目实践等的反馈意见。

6.3　案例实训：AI 辅助案例生成及教学实操

6.3.1　传统案例教学的痛点

案例教学作为一种行之有效的教学方法（见图 6.5），能够通过具体情境帮助学生深刻理解抽象的知识。然而，在实际应用中，传统案例教学存在诸多痛点。

（1）案例难以与知识点精准匹配。许多案例较为笼统，无法对教学内容的重点、难点进行有效阐释。

（2）准备成本高。教师需花费大量的时间搜集、筛选、加工案例，跨学科案例设计难度更大。

（3）缺乏实时性。许多案例因时代久远或数据过时，无法引起学生兴趣或体现前沿性。

（4）学生参与度不足。单向讲解案例的方式导致学生只能被动接受，难以实现深度互动。

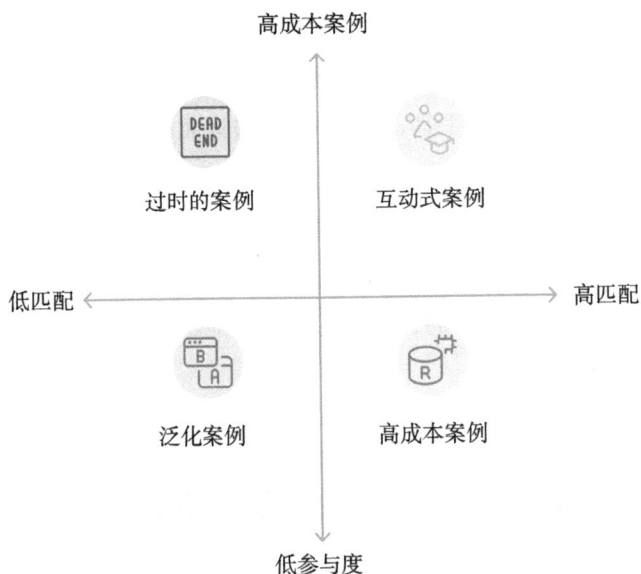

图 6.5　案例教学中的不同案例

6.3.2　AI 辅助生成课堂案例

教师可以借助 AI 快速生成与课程内容高度匹配的案例，并根据教学目标进行调整优化。下面举例说明如何用 AI 生成课堂案例。

1. 新工科：大数据与 AI 课程

知识点：分类算法应用。

AI 生成案例：用文心一言、豆包、ChatGPT 等 AI 工具生成一个关于银行贷款违约预测的案例，涵盖数据分类、模型选择与结果分析。

操作示例如下。

提问："请生成一个关于银行贷款违约预测的案例，包含数据变量（如收入、信用评分等）及如何通过分类算法进行分析的情节。"

AI 输出具体案例后，教师可结合实际数据进行补充。

2. 新文科：新闻传播学课程

知识点：新闻内容的情感分析。

AI 生成案例：用 AI 生成一组关于某社会热点事件的媒体报道，分析报道中的情感倾向。

操作示例如下。

提问："请提供一个社会热点事件，并生成两个情感倾向不同的新闻报道。"

AI 生成内容后，学生可对比分析不同报道对公众舆论的影响。

3. 新医科：呼吸系统疾病课程

知识点：肺炎诊断流程。

AI 生成案例：用 AI 生成一位患者从初诊到确诊的完整诊疗流程，包含病史采集、影像学分析和治疗方案。

操作示例如下。

提问："生成一个关于肺炎患者的案例，包含症状、诊断方法及治疗建议。"

学生基于此案例进行角色扮演，模拟诊疗过程。

4. 新农科：生态农业课程

知识点：有机农业的生产管理。

AI 生成案例：用 AI 构建一个有机农场的生产决策情境，如虫害处理与肥料使用。

操作示例如下。

提问："设计一个有机农场面临虫害问题的案例，提出几种解决方案并分析其利弊。"

5. 基础课：高等数学课程

知识点：微积分的实际应用。

AI 生成案例：用 AI 设计一个物流公司优化运输路径的情境，用微积分计算最优路径。

操作示例如下。

提问："设计一个优化物流运输路径的案例，该案例应涉及微积分的应用场景。"

6. 课程思政：马克思主义基本原理课程

知识点：资本主义经济危机的本质。

AI 生成案例：用 AI 生成 2008 年金融危机的背景及关键事件，并结合马克思主义经济学理论对其进行解释。

操作示例如下。

提问："简述 2008 年金融危机的背景，并结合马克思主义经济学解释其本质。"

7. 产教融合：创新创业课程

知识点：商业计划书撰写。

AI 生成案例：用 AI 为一个创业团队写一份关于新型环保产品的商业计划书，包括市场调研、财务预测和风险分析。

操作示例如下。

提问："生成一份关于新型环保产品的商业计划书，包含市场调研、财务预测和风险分析。"

6.3.3 AI 辅助生成案例教学实操步骤

在案例教学中，AI 不仅可以辅助生成案例，还能促进课堂互动及学生深度思考。以下是 AI 辅助生成案例的教学实操步骤。

第 1 步：课程导入

目标：激发学生兴趣，导入案例背景。

操作：用 AI 生成一段案例背景视频或情境描述，引导学生思考。

示例：在创新创业课上，播放一段由 AI 生成的环保产品宣传视频。

第 2 步：学生个人阅读案例

目标：学生初步了解案例内容。

操作：将 AI 生成的案例文本分发给学生。

示例：在呼吸系统疾病课程中，让学生阅读 AI 生成的患者病例并标注关键信息。

第 3 步：小组讨论

目标：培养学生的团队协作与批判性思维。

操作：将学生分组，让各小组结合案例提出问题或解决方案。

示例：在生态农业课程中，各小组讨论有机农场的经营策略，并选择最优方案。

第 4 步：师生互动

目标：深化案例分析与学生思考。

操作：教师根据学生的讨论进行提问与点评。

示例：在新闻传播学课程中，教师引导学生分析不同报道的倾向性及其社会影响。

第 5 步：总结升华

目标：提炼案例的核心知识点，升华课程主题。

操作：用 AI 生成的知识图谱或结论图表进行总结。

示例：在高等数学课程中，用 AI 制作运输成本优化图表，直观展示微积分的应用价值。

6.4　图像创作：AI 辅助激发课堂视觉表达力

6.4.1　传统备课中寻找图片的难点

在备课的过程中，教师经常需要为教学内容寻找合适的图片。然而，这一过程存在诸多难点（见图 6.6）。

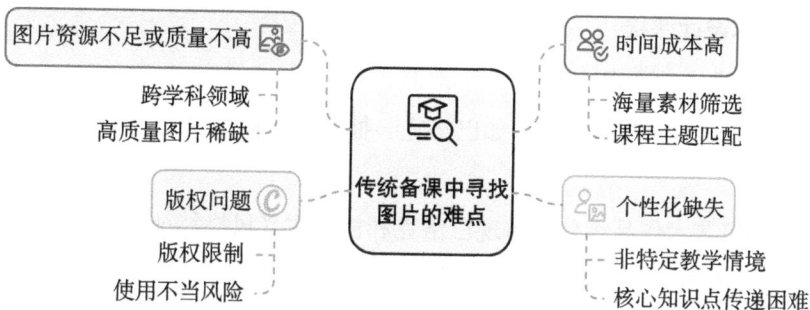

图 6.6　传统备课中寻找图片的难点

（1）图片资源不足或质量不高。适用于教学的高质量图片较为稀缺，尤其是跨学科领域的图片。

（2）时间成本高。教师需要在海量素材中筛选符合课程主题和知识点的图片，这一过程耗时费力。

（3）个性化缺失。大多数现成的图片并非为特定教学情境设计，难以精准传递核心知识点。

（4）版权问题。许多图片存在版权限制，使用不当可能引发法律风险。

6.4.2 AI 辅助生成图片

AI 能够快速生成与知识点高度契合的图片，帮助教师节省时间，提高教学效率。下面举例说明如何用 AI 生成与知识点精准匹配的图片。

1. 新工科：AI 课程

知识点：神经网络结构。

AI 生成图片：用 AI 生成一张清晰的神经网络结构图，并在图中标注输入层、隐藏层和输出层的功能。

操作示例如下。

工具：百度 AI 图片助手、DALL·E、MidJourney。

提问："生成一张三层神经网络结构图，图中显示每层节点的连接关系及权重示意。"

AI 输出图片后，教师可以调整颜色、注释等细节，以满足教学需求。

2. 新文科：艺术设计课程

知识点：风格化设计的要素。

AI 生成图片：生成不同艺术风格（如巴洛克、抽象、极简主义）的对比图。

操作示例如下。

提问："生成一组艺术作品，分别体现巴洛克和极简主义风格特征。"

教师可以将生成的图片用于分析不同设计风格的差异。

3. 新医科：解剖学课程

知识点：人体器官结构。

AI 生成图片：生成人体主要器官的解剖图，图中标注每个部分的功能。

操作示例如下。

提问："生成一张标注心脏主要结构（如左心房、右心室、主动脉）的解剖图。"

教师将生成的图片用于课堂教学或复习。

4. 新农科：农业生态课程

知识点：农田生态系统。

AI 生成图片：生成农田中作物、害虫和天敌的生态关系图。

操作示例如下。

提问："生成一张展示农田生态系统中作物、害虫和天敌关系的图。"

教师可以结合该图讲解生态平衡的重要性。

5. 基础课：物理课程

知识点：波的干涉现象。

AI 生成图片：生成两列水波相遇时的干涉图。

操作示例如下。

提问："生成一张两列水波干涉形成相长与相消的图。"

教师可以动态演示相干波的干涉原理。

6. 课程思政：中国特色社会主义理论课程

知识点：绿色发展理念。

AI 生成图片：生成展现我国绿色经济成果的主题图（如光伏发电基地、绿色建筑等）。

操作示例如下。

提问："生成一张展现我国绿色经济发展成果的图，包括光伏发电和风能利用场景。"

教师可以将该图用于讨论绿色发展的意义。

7. 产教融合：创业管理课程

知识点：商业模式画布。

AI 生成图片：生成商业模式画布模板，包含关键合作伙伴、核心价值等要素。

操作示例如下。

提问："生成一张商业模式画布模板，图中标注每个模块的内容及功能。"

学生可以基于此模板填写实际案例。

6.4.3　AI 辅助教学图片"活化"实操步骤

教学图片不仅要清晰直观，还应具备一定的互动性与动态效果，这样才有吸引力。下面以腾讯智影的数字播报功能为例，说明如何让 AI 生成的图片会"说话"。

第 1 步：打开腾讯智影主页

打开腾讯智影主页。

第 2 步：登录后，单击"数字人播报"

完成登录，单击"数字人播报"。

第 3 步：上传画像

单击"照片播报"，上传教师照片或相关教学图片。

第 4 步：输入文本

在文本框内输入需要播报的内容。

第 5 步：保存并生成播报

选择合适的音色，并单击"试听"。确认满意后，单击"保存并生成播报"，生成内容。

第 6 步：合成视频

完成播报后，进入合成设置页面，通常无须修改选项，直接命名文件并单击"确定"。视频生成完毕后，下载视频并进行课堂展示。

通过以上操作步骤，教师可以轻松地将 AI 生成的图片与动态播报结合，增强课堂内容的互动性和吸引力。这不仅缩短了教师的备课时间，也改善了课堂的教学效果。

需要说明的是，虽然目前通义万相、Sora 等 AI 工具具备文生视频、图生视频功能，但距离直接生成有效的教学视频还有一段距离。

6.5　教学创新：AI 替代教师完成部分教学工作

6.5.1　AI 可替代教师完成的教学工作

越来越多的教学任务可以通过 AI 完成。这不仅减轻了教师的工作负担，还为学生提供了更加个性化的学习体验。以下是 AI 可以替代教师完成的一些教学工作。

1. 基础知识传授

基础知识的传授是教育过程的重要组成部分，但它往往具有重复性和标准化的特点，非常适合由 AI 承担。通过预录视频、在线课程平台或智能学习助手，AI 可以根据每位学生的学习进度推送合适的内容，并提供即时反馈。

示例如下。

（1）数学概念学习。AI 工具的自适应学习模块可以根据学生的答题情况调整难度，确保每位学生都能在最适合自己的节奏下掌握微积分、线性代数的核心概念。

（2）语言学习。教师可以利用 AI 工具创建互动式外语学习环境，如模拟对话练习，帮助学生提高听力和口语能力。

2. 课堂管理

课堂管理涉及考勤记录、作业提交、成绩统计等多个方面。教师借助 AI，可以将这些烦琐任务的处理自动化，从而专注于教学本身。

示例如下。

（1）自动点名系统。结合人脸识别技术和移动设备，可以实现快速准确的签到，减少人工干预带来的误差。

（2）在线作业平台。作业帮等平台支持多种格式文件的上传，具备自动批改功能，还能生成详细的报告。

3. 答疑与辅导

AI 聊天机器人可以 24 小时在线回答学生的问题，无论这些问题是关于课程内容的还是关于学习方法的。对于常见问题，AI 聊天机器人能迅速给出准确答案；对于更复杂的问题，AI 聊天机器人可以将其转交给教师解答。

示例如下。

（1）智能答疑平台。通义千问等工具不仅能理解自然语言查询，还可以基于上下文进行多轮对话，帮助学生解决疑惑。

（2）虚拟家教。Socratic 等应用程序不仅可以解释难题，还可以推荐相关练习题，帮助学生巩固知识点。

4. 数据分析与评估

通过对大量学习数据的收集和分析，AI 可以帮助教师更好地了解学生的表现模式，从而制定更有针对性的教学策略。此外，AI 还能自动生成评分标准，确保评价的公平性和一致性。

示例如下。

（1）学习行为追踪。教师利用 Coursera 等平台的学习分析仪表盘，监测学生观看视频的时间、参与讨论的积极性及作业完成情况，据此调整教学内容和方式。

（2）智能测评系统。不少工具可以对选择题、填空题甚至主观题进行自动打分，并提供详细的成绩单和改进意见。

5. 个性化学习

AI 可以根据每位学生的学习风格、兴趣爱好和薄弱环节定制个性化的学习路径，推送更加精准的学习资源和服务。这有助于满足不同层次学生的需求，促进其全面发展。

示例如下。

（1）智能推荐引擎。Knewton 等服务商的技术可以根据学生的历史表现为其量身定制学习计划，推荐最合适的教材和练习材料。

（2）游戏化学习平台。Quizlet Live 等平台可以将知识点融入趣味游戏，激发学生的学习动力，并根据个人进展动态调整挑战等级。

6.5.2 AI 不可替代教师完成的教学工作

尽管 AI 在许多领域展现出强大的能力，但在某些关键的教学工作中，教师仍然无可取代。以下是目前 AI 不可替代教师完成的几项重要教学工作。

1. 解决复杂问题

面对复杂的学术问题或现实生活中的挑战时，需要综合运用多学科知识和批判性思维。这种深层次的理解和灵活应用远非当前的 AI 所能企及。

示例如下。

（1）科研指导。在研究生阶段的研究项目中，导师不仅要提供技术支持，还要引导学生提出有价值的研究问题、设计合理的实验方案并解读实验结果。

（2）跨学科项目。当遇到多领域交叉融合问题时，教师的经验和直觉往往是解决问题的关键。

2. 培养创新思维

创造力是一种高度个体化且难以量化的能力，它依赖丰富的想象力、独特的视角和敢于突破常规的精神。这些都是 AI 目前无法模仿的人类特质。

示例如下。

（1）艺术创作。无论绘画、音乐还是文学作品，都需要创作者注入个人情感和灵感，而这是 AI 难以胜任的。

（2）创业指导。发现市场空白点、设计新颖的产品或服务充满了不确定性和风险，需要教师给予启发和支持。

3. 情感支持与互动

教育不仅是知识的传递，还包括对学生心理健康的关注和人格塑造。良好的师生关系建立在信任、尊重和理解的基础上。这是 AI 暂时无法做到的。

示例如下。

（1）心理咨询。当学生遇到学业压力或生活困扰时，教师的倾听和安慰能够起到积极的作用，帮助他们渡过难关。

（2）班级活动组织。教师通过团队建设、户外拓展等活动可以增进学生之间的友谊，培养他们的合作精神和社会责任感。

4. 道德与伦理教育

价值观和道德观念是社会和谐稳定的基础，而这些内容的传授往往离不开面对面的情感交流和个人示范。AI 虽然可以在一定程度上辅助讲解理论知识，但无法替代教师发挥榜样的作用。

示例如下。

（1）课程思政。在探讨社会主义核心价值观等主题时，教师可以用自己的言行诠释什么是责任、诚信和奉献，潜移默化地影响每一位学生。

（2）案例分析。教师可以通过真实发生的事件讨论道德困境及其解决方案，让学生学会权衡利弊，做出正确的判断。

5. 个性化指导

每一位学生都是独一无二的个体，他们的成长背景、兴趣爱好和发展方向各不相同。因此，根据个人特点进行深度指导至关重要，而这是 AI 当前难以胜任的。

示例如下。

（1）职业规划咨询。教师可以帮助学生明确未来的职业发展目标，根据其特长和兴趣推荐适合的专业方向或实习机会。

（2）升学建议。教师可以为准备继续深造的学生提供择校、备考等方面的指导，帮助他们在竞争激烈的环境中脱颖而出。

总之，通过精确导入、深度互动、案例生成等，教师能够更有效地实施教学，让学生在主动探索中获得知识，有效地提升教学质量。

第三部分

AI 辅助教学竞赛、
成果建设与学生培养

第 **7** 章

AI 辅助教创赛备赛

笔者曾以选手身份参加首届教创赛，此后，又先后担任评委与教练，亲历并见证了四届大赛的全过程。下面我将结合自身的实际体会，从 5 个方面分析如何在大赛中抓住获胜的关键点，并在 AI 的辅助下实现高效备赛。

7.1 教创赛获胜的 5 个关键点

教创赛年年有教师陪跑，但为何有人却能连闯三关？秘诀全在图 7.1 所示的 5 个关键点中。有的教师靠"找动力"的方法，实现从被动参赛到获得国赛二等奖的"逆袭"；有的教师用"找定位"的方法，凭借枯燥的燃烧学课程也能斩获产教融合赛道的国赛一等奖。备赛不是拼教案厚度，而是要找准发力点——选对赛道非常关键。那些让评委眼前一亮的案例，往往源于日常教学中最常见的痛点。下面逐一分析每个关键点。

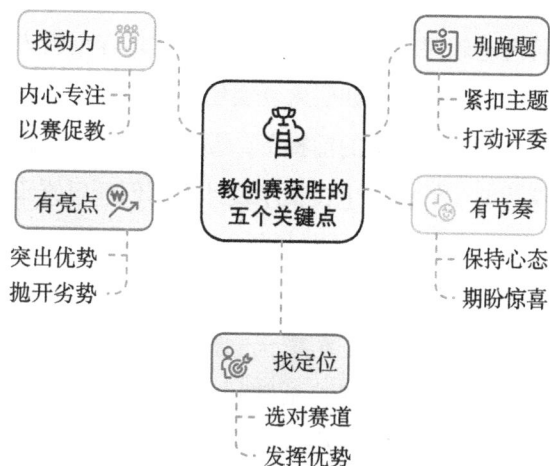

图 7.1　教创赛获胜的 5 个关键点

关键点 1：找动力——内心专注，以赛促教

参加教创赛，找准动力是关键。有的教师追求职称晋升、年终奖励或为学科争光；有的则渴望得到专家认可或让社会满意。以本人为例，我初涉校赛，更多是为了完成任务，处于被动参与的状态。然而，备赛之路却悄然唤醒了我。随着晋级省赛，我变得越来越主动，渴望通过大赛分享教学心得，惠及更多的学生。

教创赛不仅是竞技场，更是教师成长的舞台。每位教师应视其为"教学的奥林匹克"，珍惜参赛机会。一旦决定参赛，就要积极投入，边赛边改，让日常教学焕发新的生机。备赛期间，教师可深度反思教学过程中存在的问题，主动寻找自身不足，虚心向全国同行求教。备赛之路，难免遇到诸多干扰，科研压力、胜负心态都可能成为绊脚石。唯有坚守初心，专注于教学理念和目标，方能排除干扰，真正做到以赛促教。

关键点 2：别跑题——紧扣主题，打动评委

首届教创赛的主题是"推动教学创新，打造一流课程"，第二届到第四届的主题为"推动教学创新，培养一流人才"，教师要围绕这一主题设计教学目标、内容和方法。同时，教师还应关注当前的教育发展趋势和时代需求，例如，随着"四新"（新工科、新文科、新医科、新农科）建设的推进，教创赛会强调将相关内容融入日常教学。

教师可选择一门与教创赛主题紧密相关的课程。笔者在大赛中选择了自己负责的创业管理基础课程，该课程不仅符合"培养创新人才"这一主题，还能充分展示在创业教育方面的创新成果，如引入真实创业案例进行教学、组织学生开展创业实践项目等。

在紧扣主题的前提下，要找到一个小而精的切入点。例如，某教师在讲授计算机基础课程时，针对学生在程序设计方面创新思维不足的问题，以培养学生的微信小程序编程创新能力为切入口，设计了一系列创新教学活动，并且通过具体的数据、案例等展示人才培养方面的教学成果，最终得到了评委的一致好评。

关键点 3：有节奏——保持心态，期盼惊喜

教创赛历时长，通常超过半年，实行校赛、省赛、国赛三级赛制。教师须提前规划，紧跟赛事节奏，否则很可能在校赛就出局。大赛分网络评审与现场评审两个阶段，实行匿名评审，内容要求繁杂（见图 7.2），任何疏忽都可能导致被淘汰。

网络评审含课堂实录和创新报告两部分内容。其中，课堂实录是基石，占总分的 40%（首届为 50%），其质量在很大程度上决定了比赛的成败；创新报告虽只占总分的 20%，但它是参赛纲领，要回答教学痛点、创新举措和成效是否匹配的问题。

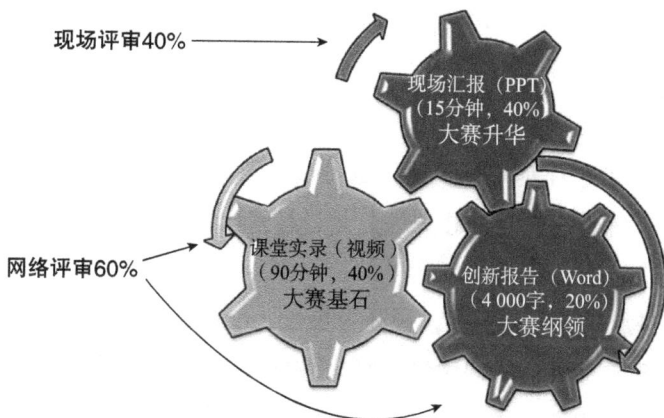

现场评审40%

网络评审60%

现场汇报（PPT）
（15分钟，40%）
大赛升华

课堂实录（视频）
（90分钟，40%）
大赛基石

创新报告（Word）
（4 000字，20%）
大赛纲领

图 7.2　教创赛网络评审与现场评审的主要内容要求

现场评审时，教师要进行教学创新设计汇报，限时 15 分钟，评委提问交流时间不超过 8 分钟（前三届为 10 分钟），此环节在总分中占比为 40%。这是教师在大赛过程中唯一与评委面对面沟通的环节，也是升华之处。但由于思维差异等因素，很多教师容易在此环节出问题。

因此，教师在备赛期间要保持良好的心态：既不能急功近利，要将参赛视为学习成长的机会，坦然接受结果的不确定性；又要尽早准备，勇于探索，期盼收获意外的惊喜。

关键点 4：找定位——选对赛道，发挥优势

选择合适的赛道并充分发挥自身的优势，能够提高获奖的概率。以第四届大赛为例，国赛赛道分为 7 个大组、20 个小组，如图 7.3 所示。不同赛道的竞争情况有较大的差异。其中，新文科、新工科、课程思政赛道的竞争相对激烈，因为参赛人数较多；基础课赛道竞争适中；相比之下，新农科、新医科、产教融合赛道的竞争不太激烈。

四新：4大组
● 新工科（正/副/中）
● 新农科（正/副/中）
● 新医科（正/副/中）
● 新文科（正/副/中）

＋

其他：3大组
● 基础课（正/副/中）
● 课程思政（正/副/中）
● 产教融合（部属/
地方）

＝

7大组
20个小组

图 7.3　第四届教创赛的赛道划分

当然，不同赛道在校赛、省赛、国赛阶段竞争情况各异，取决于各个赛道参赛教师的人数和水平，难以准确预测。

教师要根据自己所授课程的性质、内容和特色，选择最适合自己的赛道。例如，教授统计学课程的教师既可选择基础课赛道，也可选择新文科、产教融合、课程思政等赛道。具体如何选择，要看课程与赛道的相关性、是否具有比较优势，还要看大赛组委会有什么规定或要求。

关键点 5：有亮点——突出优势，避开劣势

教师要善于发现并突出自身的优势，好让评委眼前一亮。具体来讲，教师可从理念引领、目标重塑、内容重构、方法匹配、评价合理、模式创新等方面凸显自己的教学创新亮点，如图 7.4 所示。

图 7.4　教学创新的 6 个要素

7.2　AI 辅助创新报告撰写与打磨

创新报告是参赛的纲领性文件。它不仅包含课程中的教学痛点，以及针对这些痛点所采取的创新举措，还要通过清晰的逻辑和具体的案例打动评委。

7.2.1　AI 辅助创新报告模板制作

教创赛官方并未提供具体的创新报告模板。下面根据教创赛的评分标准，结合笔者的实际参赛与评审体会，分享创新报告核心内容框架模板，如图 7.5 所示。

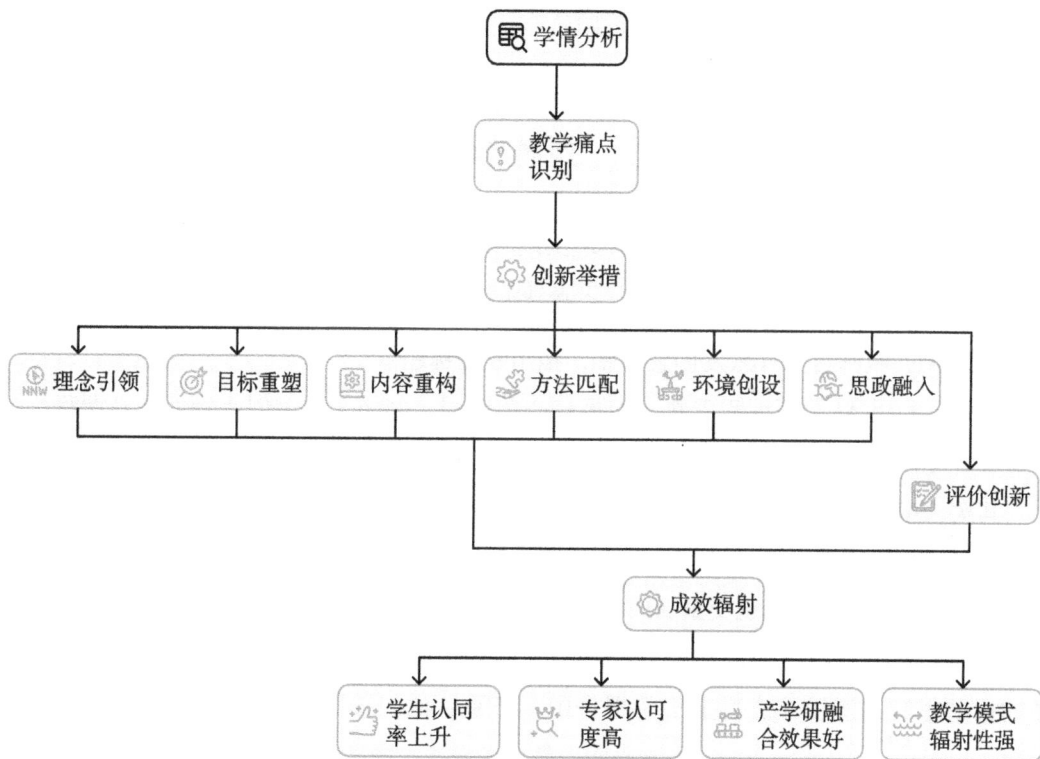

图 7.5　创新报告核心内容框架模板

该模板按照"学情分析—创新举措—成效辐射"的逻辑主线设置。首先，教师通过学情分析发现教学痛点；其次，教师采取理念引领、目标重塑、内容重构、方法匹配、环境创设、思政融入、评价创新等创新举措，有针对性地解决痛点问题；最后，这些创新举措取得了显著成效，如学生认同率上升、专家认可度高、产学研融合效果好、教学模式辐射性强等，并已被推广至全校及校外，得到广泛认可和应用。

下面逐一分享报告撰写与打磨的 12 个心得，以帮助参赛教师高效地创作一份高水平的创新报告。

7.2.2　心得 1 ~ 2：AI 辅助报告标题凝练与目录优化

心得 1：标题新颖，简单明了

一个新颖且简单明了的标题能够在第一时间吸引评委，给评委留下良好的第一印象。

例如，创业管理基础课程创新报告的标题就非常新颖，如图 7.6 所示。

创业管理基础课程

泛在学习下"两课两实"耦合探索

教学创新成果报告

图 7.6　创业管理基础课程创新报告的标题

借助 AI，教师可充分激发创意灵感，拟出吸睛标题。

首先，利用 AI 分析课程资料，挖掘核心关键词。例如，针对创业管理基础课程，AI 能提取"泛在学习""两课两实"等关键词，这些词能凸显课程的特色与创新点。

其次，AI 可分析历年大赛优秀标题，结合热门文章标题，为教师提供创意。

最后，基于所提炼的关键词和可参考的风格，AI 能生成多个标题供教师挑选。同时，教师可以将初步确定的标题交给 AI 评估，依其反馈从表达、吸引力等方面进行优化。

例如，某院校的机械设计课程参赛时，初版标题是"机械设计课程改革实践"。这样的标题很容易淹没在成百上千份报告中。于是，他们按照以下步骤，利用 AI 来优化标题。

（1）挖掘关键词。利用 AI 扫描课程材料，抓取了"故障拆解""实景闯关""军工案例"等特色词。

（2）分析高频词。利用 AI 分析近 3 年工科获奖课程的标题，发现"军事化""游戏化"是高频词。

（3）优化标题。用 AI 生成 20 个标题，最终选定"把车间变战场：军工案例驱动的机械拆解闯关课"这一标题。

最终，省赛评委特别备注"标题体现产教融合创新"，该课程也顺利进入国赛。

心得 2：目录清晰，一目了然

清晰的目录对创新报告十分重要。图 7.7 为创业管理基础课程创新报告的目录。

目　录

图 7.7　创业管理基础课程创新报告的目录

AI 能从多方面助力目录优化。

首先，AI 可以分析课程资料，精准定位教学痛点与真实问题，帮助教师将这些内容合理编排进目录开篇部分，符合从实际问题出发的逻辑。例如，某思政课的痛点是"学生参与度低"，经 AI 优化后变为"83% 的学生认为上思政课不如看电视剧有吸引力"。

其次，AI 能深入解读大赛评分标准，构建"课程概述—问题分析—创新举措—成效辐射"的通用目录结构，并梳理出关键点和重点考察方向。例如，AI 能提炼出理念引领、目标重塑、内容重构、方法合理、评价合理等创新举措，为编写目录提供框架指引。

最后，AI 能根据课程特点和创新点，为每个部分提供细分目录建议。例如，AI 在分析创业管理基础课程的特色时，建议添加"线上微课与线下项目深度耦合"等细分条目，使目录更贴合课程实际，内容更丰富、清晰，便于评委快速把握报告亮点；在分析计算机编程课程数据时，发现隐藏亮点，教师原话为"用了虚拟仿真软件"，改编后的版本为"打造'黑客攻防'实训室，让学生在入侵演练中掌握网络安全"（配学生攻防作战数据图）。

7.2.3　心得 3 ~ 5：AI 辅助报告摘要、课程简介和报告图表优化

心得 3：摘要要清晰呈现"痛点 + 方案 + 成效"

在撰写创新报告摘要时，教师可利用 AI 进行优化。具体操作步骤如下。

（1）报告导入。将创新报告正文完整地输入具备文本分析功能的 AI 工具，确保文本的准确性和完整性。

（2）向 AI 输入提示词。例如，教师可输入："根据这份创新报告写 300 字左右的摘要。在教学痛点方面……（阐述痛点内容）；创新举措包括理念引领（用一句话说明具体做法）、目标重塑（用一句话说明具体做法）、方法合理（用一句话说明具体做法）、评价合理（用一句话说明具体做法）等；成效辐射体现为学生认同率提高（用一句话举例说明）、专家认可度提升（用一句话举例说明）等。按照这个结构生成摘要。"

（3）摘要生成与优化。根据 AI 输出的结果，人工进行逻辑整理和语言优化，使摘要保持在 300 字左右，清晰地呈现教学痛点、创新举措和成效辐射，确保语句通顺、重点突出。

心得 4：课程简介要突出重点、精准定位

在撰写课程简介时，务必做到精准定位，摒弃一般性的宽泛表述。教师可利用 AI 对自身课程与同赛道其他课程进行比较和分析，发掘自身课程独特优势，以实现精准定位。

下面以电子商务概论为例，介绍如何设置提示词。

（1）课程特色对比。让 AI 分析本课程与同赛道其他课程在教学内容、方法、实践环节等方面的差异，如"对比电子商务概论课程与同赛道其他课程的特色差异"。

（2）AI 优势分析。让 AI 找出本课程在结合 AI 技术方面的优势，如"分析电子商务概论，利用 AI 智能推荐算法的优势"。

（3）突出体验式教学。让 AI 强调课程给学生带来的独特实践体验，如"突出电子商务概论课程在引导学生利用 AI 技术方面的实践体验优势"。

（4）挖掘评委关注点。让 AI 依据以往经验和案例，判断哪些内容更容易吸引评委，如"挖掘电子商务概论课程吸引评委的关键定位点"。

心得 5：正文要控制字数、图文并茂

正文作为创新报告的核心部分，字数宜控制在 3 700 字左右，写作时应尽量规避复杂的科研思维与晦涩的专业术语。教师可将创新报告正文完整地输入具备文本分析功能的 AI 工具，利用 AI 梳理创新脉络并进行图文优化，以增强其可读性。

具体的操作过程及提示词如下。

（1）梳理创新脉络。按"教学痛点—创新举措—成效辐射"的结构对报告内容进行整合，使其逻辑更加清晰。

（2）教学流程绘制。绘制教学步骤流程图，标注关键环节与 AI 应用点。

（3）案例图表制作。整理典型案例数据，根据数据制作图表，展示教学效果变化趋势。

（4）成果图片展示。挑选学生优秀成果展示图，附文字说明创新方法对成果的促进作用。

7.2.4　心得 6 ～ 7：AI 辅助痛点提炼与目标重塑

心得 6：痛点明确，避免"头痛医头"

明确教学痛点是教学创新的首要任务，只有精准地找到问题根源，才能避免出现治标不治本的情况。下面介绍利用 AI 明确教学痛点及其根源的操作过程及提示词。

（1）日常观察与问题收集。

教师在教学的各个环节都要保持敏锐的观察力，无论课堂讲授、小组讨论，还是课后作业批改、答疑交流，都要留意学生的表现。以英语写作课程为例，教师在批改作文时发现学生频繁出现写作内容空洞、语法错误较多等突出问题，这便是初步捕捉到的"症状"。

提示词："［课程名称］课堂表现异常点记录""［课程名称］课后作业问题汇总"。

（2）深入调研找根源。

教师可通过问卷调查、学生访谈和 AI 分析这 3 种方式寻找问题根源。

① 问卷调查：教师可利用 AI 设计有针对性的问卷，围绕学生的学习习惯、兴趣偏好、知识获取途径等方面展开调查。例如，针对写作课程，可以询问学生平时是否有积累写作素材的习惯、从哪些渠道获取素材、对语法学习的感受，以及觉得难的语法知识点有哪些等。教师通过对问卷数据的统计分析，可以挖掘出问题背后的深层次原因。

提示词："设计［课程名称］学习情况调查问卷""［课程名称］学生知识短板问卷调查"。

② 学生访谈：教师可挑选不同层次、具有代表性的学生进行面对面交流，让他们畅所欲言，分享在学习过程中的真实体验和困惑。例如，学生可能会提到他们看到写作题目时脑袋一片空白，不知如何下笔；或者抱怨教师在课堂上一味地讲解语法规则，教学内容枯燥乏味，难以理解和记忆。

提示词："［课程名称］学生深度访谈提纲拟定""［课程名称］代表性学生访谈要点"。

③ AI 分析：教师可将学生的作业、测试答卷等学习成果输入智能文本分析工具，AI 可以快速识别出高频错误类型、词汇使用短板等问题，并给出初步的分析报告，辅助教师进一步判断痛点根源。例如，在分析学生英语作文时，AI 能精准指出学生在特定语法结构上频繁出错的情况及词汇匮乏的问题，为教师深入探究原因提供数据支持。

提示词："分析［课程名称］学生作业问题的产生根源""剖析［课程名称］测试答卷体现的学习痛点"。

心得 7：目标重塑，重视综合素养

教育领域亟需打破传统教学对知识的过度依赖，通过思维拓展、能力塑造及素养培育的有机融合，着力培养学生解决复杂现实问题的综合素养。

以软件工程课程为例，传统教学常常聚焦于编程语言和开发工具的知识传授。根据新工科教育理念，教师可借助 AI 对教学目标进行重塑，例如，以思维拓展为核心，结合数字化、智能化和跨学科融合，全面培养学生解决软件工程领域复杂问题的综合素养。通过 AI 赋能，教学目标可以从知识传授转向逻辑思维、创新能力与跨领域综合素养的深度融合。

下面介绍 AI 辅助目标重塑的操作过程及提示词。

（1）逻辑思维目标的重塑。

国内主流 AI 开发工具，如阿里巴巴达摩院 AI 平台和腾讯云 AI 套件，可以支持学生

进行代码逻辑优化和问题建模。这些平台提供丰富的 AI 模型开发工具和算法优化功能，能帮助学生培养系统化的逻辑思维能力。

提示词："如何通过阿里巴巴达摩院 AI 平台优化学生的代码逻辑并提升其建模能力""腾讯云 AI 套件如何支持教学目标转向逻辑思维培养"。

（2）创新思维目标的重塑。

教师借助 AI 工具，如讯飞星火和文心一言，可以启发学生的创新思维。这些工具能生成多种问题解决方案并进行对比，帮助学生探索更具创意的问题解决路径。

提示词："如何利用讯飞星火辅助学生设计多样化的解决方案""文心一言如何激发学生的创新潜能"。

（3）跨学科综合能力目标的重塑。

国内 AI 数据分析平台，如阿里云 Quick BI 和京东智联云，支持学生整合来自多领域的数据，如工程数据、市场需求数据等，从而在软件工程中实现跨学科融合。

提示词："如何通过阿里云 Quick BI 提升学生的跨学科数据分析能力""京东智联云在培养学生综合能力方面的优势是什么"。

（4）服务"数字中国"的综合素养目标。

教师借助国内领先的 AI 及大数据平台，如百度 AI 开放平台和滴滴大数据平台，可以帮助学生理解数字化场景中的社会需求，培养其服务"数字中国"的综合素养。例如，教师结合智慧交通或智慧医疗的真实数据，引导学生从技术层面深入思考其蕴含的社会价值。

提示词："滴滴大数据平台如何支持学生分析智慧交通领域的需求""百度 AI 开放平台能否提供技术支撑，帮助学生服务'数字中国'"。

7.2.5　心得 8 ~ 10：AI 辅助教学设计、内容重构与方法匹配

心得 8：教学设计简约，重难点明确

在传统课堂中，教学以知识点为核心，重点是基本概念和基本原理，难点集中在例题与练习题上，呈现出明显的应试导向特征：重点固化，难点模糊。AI 可辅助创新教学设计，使其转向实践导向，实现教学内容的重构和教学方法的匹配，优化重点和难点的教学

方式，并改善学生的学习效果。

下面介绍 AI 辅助教学设计优化的操作过程及提示词。

（1）重构课程内容体系。

操作方法：教师利用 AI 工具（如知识图谱生成工具或教学内容规划平台）分析课程知识点的关联性，提炼出适合教学的"知识颗粒度"，然后用 AI 优化内容逻辑，以实践为导向重构课程体系。

提示词："如何利用 AI 优化课程内容，确定适合教学的'知识颗粒度'""设计一个围绕实践问题的课程知识点关系图"。

（2）明确课程重点与难点。

操作方法：教师利用 AI 工具（如豆包或数据分析工具）分析课程核心内容，生成重点与难点分布图，再结合学生的学习反馈数据（如学习记录或答题数据），动态调整重点和难点的呈现方式。

提示词："根据课程内容生成重难点分析报告，明确教学设计方向""如何利用学生的学习数据优化重点和难点的呈现方式"。

（3）创新教学方法设计。

操作方法：教师运用问题教学法（Problem-Based Learning，PBL），结合 AI 微课平台（如网易云课堂）设计教学活动。

首先，用 AI 生成场景化问题微课，线上讲解课程重点内容，确保学生对基本概念与原理的理解；然后，结合 AI 生成的互动案例，线下开展沉浸式直播实训，解决课程难点，并将实践项目贯穿教学全过程。

提示词："设计基于 PBL 的场景化问题微课，帮助学生掌握课程重点""如何通过 AI 设计沉浸式实训任务，从而攻克课程难点"。

（4）教学资源智能推荐。

操作方法：教师借助 AI 推荐系统（如超星学习通），为学生智能推送与课程重点和难点相关的学习资源，包括视频微课、文献资料、在线练习等，实现个性化学习路径规划。

提示词："根据课程重点推荐相关视频微课和练习题""如何利用 AI 生成个性化学习计划，帮助学生攻克课程难点"。

下面以创业管理基础课程为例，介绍如何进行教学设计优化。

教师通过 AI 优化教学设计，创业管理基础课程实现了从理论导向向实践导向的转型。学生不仅能准确把握重点，还能在解决实际问题的过程中有效地突破难点。创新报告中展示的优化效果获得了广泛认可，也为其他课程提供了可借鉴的设计思路，如图 7.8 所示。

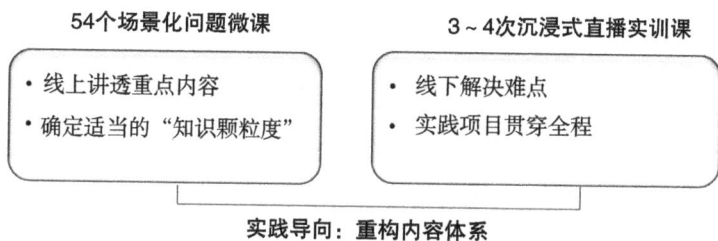

图 7.8　创业管理基础课程创新教学设计

知识点优化：利用 AI 规划知识点，精确划分 54 个场景化问题，确定适当的"知识颗粒度"，构建实践导向的课程体系。

重点讲解：线上讲透重点内容，利用 AI 生成的案例直观展示创业原理。

难点攻克：通过 3 ~ 4 次沉浸式直播实训课，结合实践项目解决难点问题，让学生在真实任务中学习并应用所学知识。

这种教学设计清晰明了，能让学生准确地把握学习重点，其效果在创新报告中也得到了很好的体现，并获得了评委的好评。

心得 9：内容重构，落实到章节

内容重构通常的做法是实施模块化策略，将微课与"四新建设"结合，并融入课程思政元素，使课程内容更加系统化、前沿化，以此提升学生解决复杂现实问题的能力，同时实现学科内容与社会责任的有机结合。图 7.9 为内容重构的基本思路。

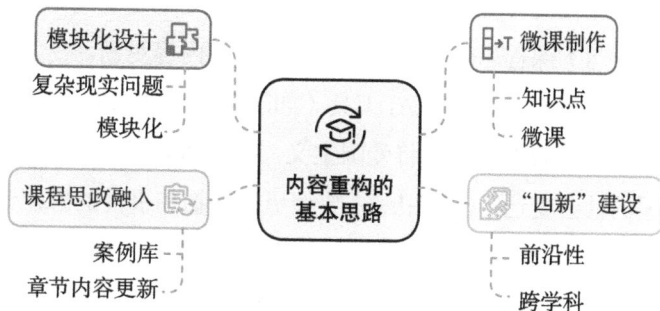

图 7.9　内容重构的基本思路

下面以中国近现代史纲要课程为例，说明 AI 辅助内容重构的操作过程及提示词。

（1）模块化设计：聚焦复杂现实问题。

操作方法：利用 AI 工具（如文心一言）分析课程内容核心主题，将其划分为若干模块化专题。例如，在中国近现代史纲要课程中，提炼"列强侵略与中国社会的变迁""救亡图存运动"等模块，再用 AI 创建与模块相关的案例和分析材料，帮助学生深入理解复杂的历史问题。

提示词："将中国近现代史纲要课程内容按专题模块化重构""生成与'列强侵略与中国社会的变迁'相关的历史案例分析材料"。

（2）微课制作：打破传统章节课时安排。

操作方法：利用 AI 微课生成工具（如讯飞智慧课堂、超星学习通），针对每个模块的重点和难点制作高质量微课，打破传统章节课时的固定框架。同时，利用 AI 分析学生学习数据，定期更新微课内容，保持课程内容的前沿性。

提示词："设计适用于'救亡图存运动'模块的微课内容，包括重点讲解与难点突破""如何利用学生的学习反馈数据优化微课内容"。

（3）"四新"建设：前沿性与跨学科相融合。

操作方法：利用 AI 前沿分析工具（如知网大数据平台、天翼云大数据分析）更新课程内容，体现学科的前沿性、跨学科和数字化特征。例如，设计"历史大数据分析与应用"模块，探索数字化技术在历史研究中的应用，培养学生解决新型问题的能力。

提示词："设计一节关于'历史大数据分析与应用'的课程模块""生成体现跨学科特点的课程内容更新建议"。

（4）课程思政融入：案例库与章节内容更新。

操作方法：利用 AI 工具（如阿里巴巴达摩院 AI 开放平台、腾讯云 AI 开发工具），创建课程思政案例库，将爱国主义、社会责任等思政元素嵌入章节内容。例如，在"近代中国的社会变迁"模块中融入典型历史人物和事件的思政分析，引导学生从历史中汲取智慧。

提示词："生成体现爱国主义且适合融入'中国社会变迁'章节的案例""如何结合历史事件设计课程思政案例，培养学生的社会责任感"。

这里需要强调的是，课程思政要实现思政和专业教育的深度融合，不是简单地将二者相加，而是要像发生化学反应一样，使二者在深度交融中相互依存、相互促进。

下面以土木工程课程为例，说明如何借助 AI 优化思政元素的融入。

操作方法：首先，梳理土木工程课程各章节专业知识点，明确重点内容，如石拱受力原理、重大工程项目等；其次，针对每个知识点，思考与之契合的思政元素，像工匠精神、土木工程文化、科学思维、使命担当意识等；最后，将相关的思政元素自然地融入专业知识的讲解过程。

提示词：讲解石拱受力原理时，提示词可为"以赵州桥为例，思考其历经千年仍屹立不倒的原因，引出工匠精神与土木工程文化"；讲解重大工程项目时，提示词可为"结合长城建造案例，培养学生的科学思维与使命担当意识"。

图 7.10 为在土木工程课程中将思政元素自然融入专业知识的示例。

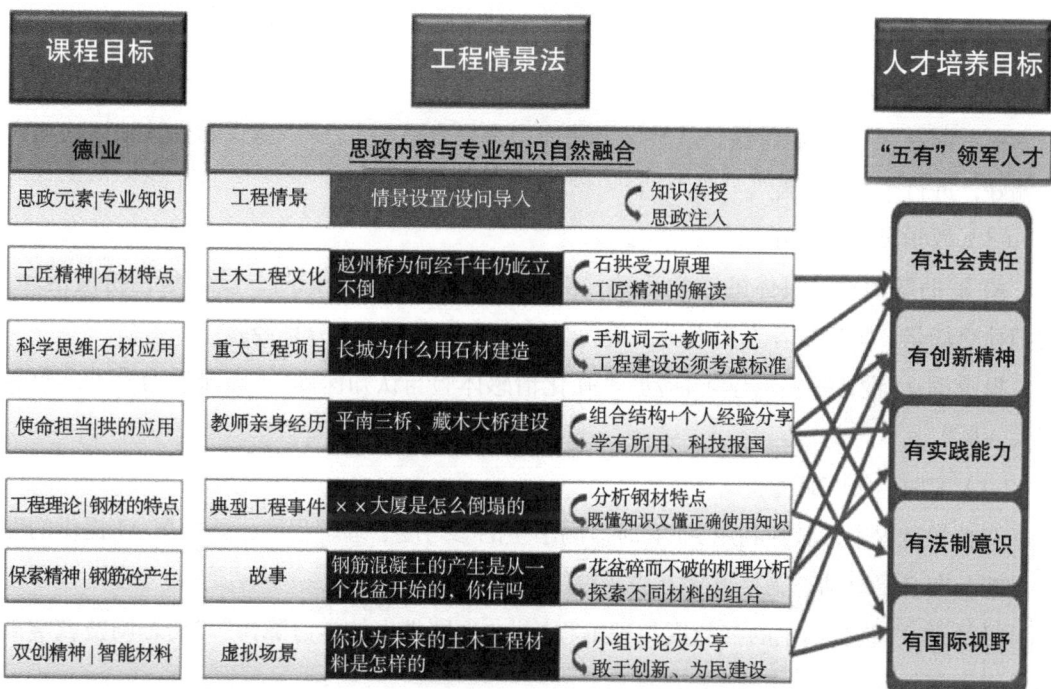

图 7.10　在土木工程课程中将思政元素自然融入专业知识

如果将思政元素与专业知识有机融合，学生在学习专业知识时便会自然地接受思政教育。在创新报告中呈现这种化学反应式的课程思政模式，有利于获得评委的高度认可。

心得 10：方法匹配，上好每一节课

在教学过程中，每节课都应精准匹配合适的教学方法。尤其是在面对复杂问题时，教师要用深入浅出的知识呈现方式，致力于为学生提供身临其境的感知、强烈的情感触动，以及深度的认知体验。

下面以心理学课程为例，说明 AI 辅助方法匹配的操作过程及提示词。

（1）问题识别与分析。

AI 通过分析课程大纲、学生作业、在线讨论等数据，智能识别复杂问题，如心理学课程中的"社交焦虑"。

提示词："扫描课程内容，标注难点与抽象概念""收集学生作业、测试成绩与在线讨论数据，识别普遍学习障碍"。

（2）教学方法智能匹配。

AI 根据复杂问题的特性，从教学方法库（如角色扮演、案例分析、小组讨论等）中智能选择并组合最适合的教学方法。

提示词："根据问题特性，从教学方法库中选择合适的方法""考虑学生认知风格与学习偏好，进行个性化匹配"。

（3）教学设计与实施。

AI 辅助教师设计具体的教学活动，例如，在讲解社交焦虑时，设计角色扮演活动，模拟社交场景，随后推荐真实案例，最后组织小组分析讨论，分享经验。

提示词："设计沉浸式学习活动""强化情感体验与认知深度""确保活动易于理解且引人入胜"。

（4）实时监测与调整。

在教学过程中，教师利用 AI 实时监测学生的参与度、理解程度，并根据 AI 提供的即时反馈，在必要时动态调整教学方法或提供额外的辅助材料。

提示词："监测学生的参与度与理解程度""识别学生的学习障碍""动态调整教学策略或提供额外资源"。

（5）效果评估与反馈。

课程结束后，教师利用 AI 从知识掌握、技能提升、情感态度等多个维度评估学生的学习效果，生成包含学生个体与班级整体表现的反馈报告，为教学方法的持续优化提供依据。

提示词："评估知识掌握、技能提升与情感态度""生成个性化反馈报告""为教学方法的持续优化提供依据"。

（6）重构教学流程，真正实现以评促学。

教师可借助 AI 重构教学流程，打造"正向激励 + 过程引导"的教学模式，实现以评促学的教学目标。

以计算机网络课程为例，教师可利用 AI 监测学生的学习习惯，通过微课弹题、章节测试和期末考试等方式对学生的学习情况进行全面跟踪。对于积极学习、表现优秀的学生，教师应给予相应的奖励（正向激励），如在课堂上进行表扬、推荐参加相关竞赛等；对于学习态度不佳的学生，教师应采取必要的引导措施（过程引导），如直播互动时严格考勤、督促完成作业等。同时，教师还可通过微课、实训项目、短视频作业等多种形式丰富教学内容。教师可在创新报告中展示实施该举措后取得的良好效果，如学生的及格率从原来的 80% 提升到 93% 等。

通过上述操作，AI 不仅能帮助教师将复杂问题与教学方法精准匹配，还能促进教学设计的个性化与智能化，大大提升教师的教学质量与学生的学习体验。

7.2.6　心得 11 ~ 12：AI 辅助报告逻辑优化与细节检查

心得 11：合理运用段首主题句和段间连接词

撰写创新报告时，合理运用段首主题句和段间连接词，可以使报告的逻辑更加清晰，层次更加分明，让评审者轻松理解报告内容。

例如，在介绍教学创新举措时，每段开头用简洁明了的主题句概括核心内容，如"举措一：引入 AI 互动教学平台，增强师生互动""举措二：开展项目式学习，培养学生实践能力"等。在段落之间，使用恰当的连接词（如"此外""同时""然而"等），可以使过渡更加自然流畅。这种写作方法有助于增强报告的可读性和说服力。

下面介绍 AI 辅助报告逻辑优化的操作过程及提示词。

（1）生成段首主题句。

分析每段内容，提取核心观点，生成能概括主题的简洁句子。

提示词："概括段落主旨""生成主题句""提取段落核心"。

（2）插入段间连接词。

根据上下文逻辑关系，生成恰当的过渡短语或连接词，使内容衔接流畅。

提示词："生成过渡句""连接词推荐""逻辑衔接"。

（3）优化段落结构。

调整段落顺序，突出重点，确保逻辑清晰。

提示词："优化段落顺序""突出重点""增强逻辑性"。

（4）检查逻辑一致性。

检查报告中的逻辑断点，修订或补充内容。

提示词："逻辑一致性检查""报告结构分析""段落连贯性检查"。

（5）提高可读性。

生成润色建议，使句子简练、语义清晰，提升整体流畅度。

提示词："优化句式""简化表达""提升流畅度"。

心得 12：检查细节

细节决定成败。在撰写创新报告时，必须避免细节错误，以保证报告的专业性和可信度。

例如，有的报告出现了大纲中的教学目标与报告中的目标描述不一致的情况，给评委留下了不严谨的印象。此外，使用过时教材也会影响报告质量。因此，提交报告前务必仔细检查每一处细节，确保信息准确、内容完整，避免因疏漏导致被扣分或误解。

下面介绍 AI 辅助细节检查的操作过程及提示词。

（1）对比和验证信息的一致性。

检查教学大纲与报告内容中的目标、方法等关键信息是否一致。

提示词："检查大纲与报告的一致性""目标对比""方法一致性检查"。

（2）检测引用和教材的时效性。

检查报告所引用的资料和教材的出版时间，确保使用的是最新版本。

提示词："检查引用资料的年份""验证教材更新""检测内容时效性"。

（3）查找和修正错误信息。

自动扫描报告中可能存在的事实错误或不准确表述。

提示词："事实错误检测""内容准确性检查""修正错误信息"。

（4）格式和语言检查。

识别拼写、标点、格式错误，确保语言表达规范。

提示词：“拼写检查”“格式一致性检查”“语言规范化检查”。

（5）完整性和连贯性审查。

评估报告的内容是否全面覆盖关键点，是否逻辑通顺。

提示词：“检查报告完整性校验”“逻辑连贯性审查”“内容覆盖度评估”。

希望以上 12 个心得能够帮助各位教师在撰写和打磨创新报告时更加得心应手，充分展示自己的教学创新成果，在教创赛中取得优异的成绩。

7.3　AI 辅助课堂实录质量提升与细节完善

7.3.1　课程实录：警惕“以学生为中心”的误区

在教育领域中，“以学生为中心”的理念日益受到重视，尤其是在教创赛中，其贯彻程度已成为课堂实录评审的关键指标。然而，不少教师在实践这一理念的过程中存在诸多误区，如图 7.11 所示。

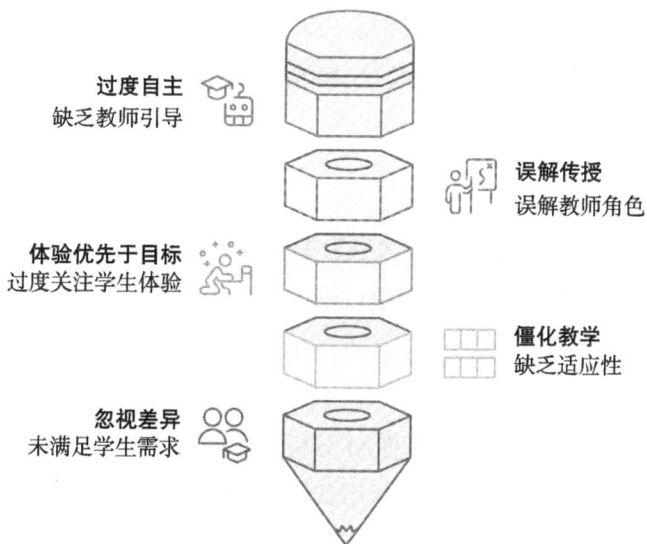

图 7.11　实践“以学生为中心”理念时的误区

（1）过度自主。"以学生为中心"并非弱化教师角色，若过度强调学生自主学习，而忽视教师的引导、辅导和监督，会使学生没有明确的学习方向，难以系统地掌握知识。

（2）误解传授。有人误将"以学生为中心"等同于"教师不再传授知识"。实际上，该理念是为了让学生更积极主动地去获取、理解和运用知识，教师在知识传授方面的作用依然重要。

（3）体验优先于目标。"以学生为中心"是一种教学理念，不能将其等同于教学目标。若只注重学生的主观体验，却忽视教学的实际效果和目标，会导致教学缺乏深度和成效。

（4）僵化教学。有些人认为"以学生为中心"就是完全按照预设教案执行教学过程，这种想法是错误的。教师应根据学生的反应和课堂氛围灵活地调整教学方式，以满足学生的学习需求。

（5）忽视差异。每位学生的学习能力、兴趣和基础都存在差异，"以学生为中心"这一理念要求教师充分考虑这些差异，采用多样化的教学方式，以满足不同学生的学习需求。

7.3.2　AI 辅助课堂实录教案设计的提示词及实例

AI 赋能的课堂实录教学设计，为践行"以学生为中心"的教学理念提供了新的思路与方法。下面以新工科、新文科、新医科、新农科、基础课、课程思政和产教融合的 7 类课程为例进行说明。

1. 新工科（机械原理课程）

（1）提示词："机械原理课程，以学生为中心，机械原理几何概念教学，涵盖教学目标确定、课堂导入、教师讲授、学生小组讨论、小组代表发言、总结与课堂结束环节，注重学生实践能力的培养。"

（2）示例如下。

教学目标确定（2 分钟）：教师借助 AI 分析行业需求和学生基础，确定教学目标为让学生了解机械原理中的几何概念，并能运用其解决实际问题。

课堂导入（3 分钟）：教师利用 AI 展示机械结构、运作原理的 3D 动画，通过提问进行引导，如"在这个动画中，大家观察到哪些几何形状在机械运动中起关键作用"，引起学生的兴趣。

教师讲授（15 分钟）：教师利用 AI 制作生动的实例演示课件，结合讲解几何概念，并利用 AI 模拟机械运动过程，帮助学生理解概念与实际应用之间的联系。

学生小组讨论（10 分钟）：教师通过 AI 将学生分组，发放小组任务卡，如"分析给定机械结构中几何概念的应用，并讨论优化方案"，并借助 AI 实时监测讨论进度，适时给予指导。

小组代表发言（10 分钟）：小组代表汇报时，AI 展示相关机械结构示意图辅助讲解，其他学生参与互动、交流，教师利用 AI 分析学生发言中的技术要点和思维亮点。

总结与课堂结束（5 分钟）：教师依据 AI 收集的学生讨论和发言数据进行总结，强调机械原理在实际生活中的应用价值，并通过 AI 推送拓展资料，供学生课后自主学习。

2. 新文科（大学英语课程）

（1）提示词："大学英语课程，以学生为中心，介绍家乡的英语表达教学，包含教学目标确定、课堂导入、教师讲授、学生小组讨论、小组代表发言、总结与课堂结束环节，各环节突出学生的主体地位和教师的引导作用。"

（2）示例如下。

教学目标确定（2 分钟）：教师借助 AI 分析学生过往的学习数据，结合课程标准，明确教学目标为让学生熟练掌握介绍家乡的英语表达方式，并能在小组讨论中进行口语表达。

课堂导入（3 分钟）：教师利用 AI 搜索并展示学生家乡的图片、视频等资料，配合提问进行引导，如"根据这些画面，大家能用英语说出家乡的哪些特色"，激发学生的兴趣。

教师讲授（15 分钟）：教师利用 AI 整理简洁明了的知识讲解框架，结合实例和演示讲解介绍家乡的英语表达方式，同时利用 AI 的互动功能随时提问，检验学生的理解程度。

学生小组讨论（10 分钟）：教师借助 AI 将学生合理分组，发放小组任务卡，提出引导问题，如"用所学英语表达并讨论家乡独特的文化习俗有哪些"，引导学生开展讨论。

小组代表发言（10 分钟）：小组代表发言时，AI 实时记录重点内容，其他学生补充、发问或质疑，教师利用 AI 总结互动中的语言要点。

总结与课堂结束（5 分钟）：教师借助 AI 分析学生的课堂表现数据，对汇报进行总结，强调英语表达的重要性，并通过 AI 布置个性化作业，如根据学生口语薄弱点推荐练习内容。

3. 新医科（人体解剖学课程）

（1）提示词："人体解剖学课程，以学生为中心，人体骨骼系统和肌肉系统教学，包含教学目标确定、课堂导入、教师讲授、学生小组讨论、小组代表发言、总结与课堂结束环节，强化学生对医学知识的理解和应用。"

（2）示例如下。

教学目标确定（2分钟）：教师借助 AI 分析医学教育标准和学生学习情况，确定教学目标为让学生了解人体骨骼和肌肉系统的基本结构及功能，掌握人体解剖学基础知识。

课堂导入（3分钟）：教师利用 AI 展示人体骨骼和肌肉模型的虚拟 3D 图像，配合运动视频，通过提问进行引导，如"从视频中，大家能看出哪些肌肉在运动中协同工作"，激发学生的好奇心。

教师讲授（15分钟）：教师利用 AI 制作详细的结构功能讲解课件，结合实例和演示讲解医学知识要点，并借助 AI 的标注功能清晰展示重点结构，帮助学生理解。

学生小组讨论（10分钟）：教师通过 AI 将学生分组，发放小组任务卡，如"讨论常见运动损伤与骨骼肌肉系统的关系"，并通过 AI 提供相关医学案例资料，辅助学生讨论。

小组代表发言（10分钟）：小组代表发言时，AI 展示对应的人体结构部位图，其他学生予以补充、提问，教师利用 AI 总结医学知识要点和学生思维误区。

总结与课堂结束（5分钟）：教师依据 AI 收集的学生讨论数据进行总结，强调人体解剖学在医学领域的应用价值，并通过 AI 布置案例分析作业，加深学生对知识的理解。

4. 新农科（农业生态学课程）

（1）提示词："农业生态学课程，以学生为中心，农业生态学的概念、原理和应用教学，包含教学目标确定、课堂导入、教师讲授、学生小组讨论、小组代表发言、总结与课堂结束环节，培养学生解决农业实际问题的能力。"

（2）示例如下。

教学目标确定（2分钟）：教师借助 AI 分析农业发展趋势和学生知识储备，确定教学目标为让学生了解农业生态学的基本概念、原理和应用，掌握相关知识技能，提高科学素养和问题解决能力。

课堂导入（3 分钟）：学生参考 AI 推送的课前准备资料，在小组内讨论农业生态学的概念；教师邀请学生分享想法，引入课程主题。

教师讲授（15 分钟）：教师利用 AI 辅助整理讲授内容，结合农业生产实例和数据讲解相关知识点，并利用 AI 展示生态系统模型，讲解其概念、原理和应用。

学生小组讨论（10 分钟）：教师通过 AI 将学生分组，让学生讨论农业生态学在当地农业生产中的应用和意义，并通过 AI 提供当地农业数据和案例，支持学生讨论。

小组代表发言（10 分钟）：小组代表汇报时，AI 展示相关农业生态图表，其他学生参与互动、交流，教师利用 AI 总结学生的讨论成果和存在的问题。

总结与课堂结束（5 分钟）：教师依据 AI 收集的讨论数据进行总结，强调重点和难点，并通过 AI 推送农业生态研究前沿资料，鼓励学生预习下节课内容。

5. 基础课（高等数学课程）

（1）提示词："高等数学课程，以学生为中心，数学的基本概念、学习方法和应用教学，包含教学目标确定、课堂导入、学生互动讨论、教师辅助讲解、学生演示和总结、总结与课堂结束环节，提升学生的数学思维和解题能力。"

（2）示例如下。

教学目标确定（2 分钟）：教师借助 AI 分析数学课程标准和学生学习情况，确定教学目标为让学生了解数学的基本概念、学习方法和应用，掌握相关知识技能，提高数学素养和问题解决能力。

课堂导入（3 分钟）：教师借助 AI 回顾上节课知识点，随机提问学生，激发其学习兴趣和积极性。

学生互动讨论（15 分钟）：教师借助 AI 将学生分组，提出数学问题，如"利用导数概念分析函数变化趋势"，并通过 AI 提供解题思路提示，鼓励学生讨论。

教师辅助讲解（10 分钟）：在小组讨论时，教师利用 AI 监测学生的讨论进度和存在的问题，根据 AI 反馈适时介入，并利用 AI 的图形绘制功能辅助讲解。

学生演示和总结（5 分钟）：各小组派代表演示解题过程，AI 记录关键步骤，教师和其他学生进行点评、总结，并利用 AI 对比不同解法的优缺点。

总结与课堂结束（5 分钟）：教师依据 AI 收集的学生讨论和演示数据进行总结，强调重点和难点，并通过 AI 布置分层作业，满足不同学生的学习需求。

6. 课程思政（数字信号处理课程）

（1）提示词："数字信号处理课程（融入课程思政），以学生为中心，引导学生了解数字化时代的社会发展和人类进步，包含教学目标确定、课堂导入、学生互动讨论、教师辅助讲解、学生演示和总结、总结与课堂结束环节，培养学生的思政素养和社会责任感。"

（2）示例如下。

教学目标确定（2 分钟）：教师借助 AI 分析课程内容和思政教育要求，确定教学目标为通过教授数字信号处理知识技能，引导学生了解数字化时代的社会发展和人类进步，提高其思政素养和社会责任感。

课堂导入（3 分钟）：教师借助 AI 回顾上节课知识点，展示数字信号处理在社会发展中的应用案例，并提出关联性问题，如"数字信号处理技术对社会公平有哪些影响"，激发学生的思考。

学生互动讨论（15 分钟）：教师借助 AI 将学生分组，为学生分配不同数字信号处理应用场景，并通过 AI 提供相关资料；学生讨论相关场景下的问题解决方案，思考其中的思政内涵。

教师辅助讲解（10 分钟）：教师根据 AI 反馈适时介入，利用 AI 的数据分析功能辅助讲解，引导学生将知识与社会现实联系起来，以理解其在社会发展和人类进步方面发挥的作用。

学生演示和总结（10 分钟）：各小组派代表演示，AI 展示相关技术原理示意图；教师和其他学生进行点评、总结，挖掘其中的思政价值。

总结与课堂结束（5 分钟）：教师依据 AI 收集的学生讨论结果和演示数据进行总结，强调知识的重要性及其应用价值，并通过 AI 推送思政拓展资料，鼓励学生课后积极思考。

7. 产教融合（创新创业课程）

（1）提示词："创新创业课程（产教融合赛道），以学生为中心，包含引入与激发兴趣、理论学习与基础构建、实践探索与案例分析、创意生成与方案设计、总结反思与未来规划环节，培养学生的创新创业能力和产教融合意识。"

（2）示例如下。

引入与激发兴趣（5 分钟）：教师借助 AI 展示创新创业课程的背景、目标和意义，利用 AI 播放成功创业案例视频，引导学生分享其看法和期待，激发学生的兴趣。

理论学习与基础构建（10 分钟）：教师利用 AI 辅助制作创新创业理论和产教融合模式的讲解课件，介绍其基本概念、流程、关键要素和实践方式，并利用 AI 互动功能向学生提问，检验其学习效果。

实践探索与案例分析（15 分钟）：教师组织学生借助 AI 虚拟参观产业前沿场景，并利用 AI 展示详细案例资料；学生分组模拟创新创业过程，教师通过 AI 提供实时指导和建议。

创意生成与方案设计（10 分钟）：教师借助 AI 开展创意思维训练活动，如通过 AI 提供创意启发问题，指导学生设计创新创业方案；学生利用 AI 展示设计思路和市场数据，并开展互评。

总结反思与未来规划（5 分钟）：教师依据 AI 收集的学生课堂表现数据进行总结，引导学生反思不足，并利用 AI 提供未来创新创业趋势分析，鼓励学生积极规划未来实践。

7.3.3　AI 辅助问题链教学的操作过程及提示词

问题链教学是饯行"以学生为中心"理念最常见、最有效的教学方法之一。AI 辅助问题链教学的操作步骤如下。

步骤 1：明确教学目标与内容

教师操作方法：在启动 AI 工具前，先手动梳理并明确每类课程（如新工科的计算机科学与工程课程、新文科的社会学课程、新医科的临床医学课程、新农科的农业科学与技术课程、基础课的高等数学课程、课程思政的数字信号处理课程、产教融合的智能制造实训课程等）的教学目标和需要覆盖的核心知识点。

提示词："请输入本单元的教学目标，如'提升学生对 ×× 领域的理解与应用能力'等；请列出核心知识点，如'×× 原理''×× 技术'等。"

步骤 2：设计问题链

教师操作方法：根据教学目标和内容，结合 AI 提供的建议，设计一系列具有逻辑性和层次性的问题链。问题链应涵盖基础知识、进阶理解和综合应用等不同层次的内容。

提示词："请为以下知识点设计问题链：××。从基本概念出发，逐步深入到应用和实践层面。例如，对于新工科的计算机科学与工程课程，可以从'什么是计算机科学与工程'开始，逐步深入到'如何应用计算机科学的基本理论和概念解决实际问题'。"

步骤 3：优化问题表述

教师操作方法：利用 AI 优化问题表述，使其更加清晰、具体，能够激发学生的兴趣和思考。

提示词："请检查以下问题表述是否清晰、准确：××。如有必要，请进行修改，使其更具启发性和引导性。"

步骤 4：生成教学方案

AI 操作方法：根据设计好的问题链，AI 自动生成包含问题引导、知识讲解、案例分析、实践练习等环节的教学方案。

教师审核：教师审核 AI 生成的教学方案，确保其符合教学目标和学生实际情况，并根据需要进行调整。

步骤 5：实施与反馈

教师操作方法：在课堂上按照教学方案实施问题链教学，观察学生的反应和参与度，收集学生的反馈意见。

AI 分析：AI 分析学生的学习数据，如回答问题的正确率、参与讨论的次数等，为教师提供教学效果评估和改进建议。

下面以新工科、新文科、新医科、新农科、基础课、课程思政、产教融合的 7 类课程为例，说明 AI 辅助问题链教学的操作步骤及提示词。

1. 新工科（计算机科学与工程课程）

（1）问题链设计：从计算机科学与工程的基本概念出发，逐步深入到算法、数据结构、计算机组成原理等基础知识，再进一步探讨软件工程、AI 等应用领域。

（2）提示词。

以自动驾驶系统开发为场景，设计计算机科学与工程问题链。

概念层：如何用二进制描述交通信号灯状态？（数字逻辑基础）

算法层：设计车辆轨迹预测算法时优先选 A* 算法还是 Dijkstra 算法？（数据结构决策）

系统层：当雷达与摄像头数据冲突时，如何构建容错机制？（计算机组成原理应用）

伦理层：紧急避让算法面临"电车难题"时如何抉择？（AI 伦理）

要求：包含代码审查会、压力测试等实战训练环节，最终输出可在树莓派上运行的微型自动驾驶模型。

2. 新文科（社会学课程）

（1）问题链设计：从社会学的定义和研究范围开始，逐步引入功能主义、冲突理论等基础理论，再通过案例分析探讨社会结构、社会变迁等现实问题。

（2）提示词如下。

以直播带货现象为研究对象，构建三阶问题链。

观察层：统计某直播间观众画像（年龄 / 地域 / 消费层级）与社会阶层的关系。（功能主义分析）

冲突层：分析头部主播垄断流量是否加剧了社会资源分配矛盾。（冲突理论应用）

变革层：设计乡村振兴直播方案时如何规避文化剥削。（社会结构重构）

要求：融合心理学（从众心理）、经济学（边际效用）设计跨学科调研方案，须包含田野调查和辩论赛双轨训练。

3. 新医科（临床医学课程）

（1）问题链设计：从临床医学的基本原则和流程出发，逐步深入到内科、外科等专科知识和技能，再探讨病史采集、体格检查等诊断方法，以及精准医学等新兴领域。

（2）提示词如下。

基于真实糖尿病病例，设计诊疗全流程问题链。

诊断陷阱：如何区分 1 型糖尿病和 2 型糖尿病？（糖化血红蛋白与酮症酸中毒）

治疗沙盘：设计个性化控糖方案时如何确定药物选择、饮食控制、运动疗法的优先级？

突发推演：患者夜间突发低血糖，AI 监护系统如何分级预警？（临床决策树构建）

要求：结合 VR 病例库进行三维解剖标记训练，最终产出带有风险预警系数的智能诊疗路径图。

4. 新农科（农业科学与技术课程）

（1）问题链设计：从农业科学与技术的定义和研究领域开始，逐步引入植物生理学、动物营养学等基础理论，再通过案例分析探讨种植技术、养殖技术等的实际应用。

（2）提示词如下。

以盐碱地水稻种植为攻关项目，设计四维问题链。

生理挑战：如何通过基因编辑增强水稻耐盐性？（植物生理学实操）

数据赋能：构建"土壤 pH 值—灌溉量—产量"三元回归模型。（农业大数据分析）

生态博弈：改良盐碱地与周边水域生态平衡的冲突解决。（可持续农业设计）

产业破局：设计"盐碱稻米"品牌营销方案。（农业经济学实践）

要求：配套无人机巡田和区块链溯源技术实操，须产出带有成本收益分析的商业计划书。

5. 基础课（高等数学课程）

（1）问题链设计：从数学的基本概念和思维方式出发，逐步深入到代数学、几何学等基础理论，再探讨数学建模、数据分析等应用方法。

（2）提示词如下。

以 ChatGPT 数学能力缺陷为切入点，设计对抗性学习问题链。

陷阱挖掘：构造让 AI 混淆的极限计算题（如 $\infty - \infty$ 型未定式）。

攻防演练：用泰勒展开破解 GPT-4 的积分计算错误。

降维打击：设计能暴露神经网络符号推理缺陷的矩阵方程。

要求：问题链须包含 Matlab 验证环节，最终产出"AI 数学能力诊断报告＋人类智能捍卫指南"。

6. 课程思政（数字信号处理课程）

（1）问题链设计：从数字信号处理的基本概念和技术出发，逐步引入信号处理在通信、图像处理等领域的应用价值，再通过案例分析探讨技术创新与社会责任等现实问题，培养学生的工程伦理和社会责任感。

（2）提示词如下。

以疫情防控健康码系统为案例，设计三幕式问题链。

技术幕：如何用傅里叶变换消除核测信号噪声？（技术精进）

伦理幕：设计接触者追踪算法时如何平衡精准防控与隐私保护？（科技向善）

家国幕：对比不同防疫系统的信号处理效能差异。（制度自信）

要求：结合龙芯自主芯片进行 DSP 算法移植实操，须提交技术方案和伦理审查报告。

7. 产教融合（智能制造实训课程）

（1）问题链设计：从智能制造的基本概念和技术出发，逐步深入到具体的生产流程和工艺设计，再通过实践操作培养学生的实践能力和创新意识。

（2）提示词如下。

基于某汽车厂的真实痛点"将焊接良品率由 89% 提升至 95%"设计五阶问题链。

病灶定位：分析焊接机器人传感数据异常峰值。（工业大数据诊断）

参数优化：调整机械臂运动轨迹方程。（微分几何应用）

模拟验证：用数字孪生技术预测优化效果。（虚拟调试）

产线适配：设计新旧设备并网方案。（工业通信协议实操）

标准迭代：编制新版焊接工艺 SOP。（技术文档撰写）

要求：可使用虚拟工厂仿真 AI 进行全流程实战，须通过德国 TÜV 认证。

7.3.4　AI 辅助课堂实录制作的 14 个重要细节

在教创赛的备赛材料中，45 分钟的课堂实录是极为关键的部分。教师要仔细审视自己的课堂是否真的做到了沉浸式教学。其他的细节，如是否要进度条、穿什么衣服等，对大部分评委来讲可能没那么重要。但是，有些细节可能是评委加分或扣分的关键点。下面分享课堂实录的 14 个扣分点，并提供相应的改进建议。

（1）开场白过于平淡，难以吸引学生与评委的目光。

开场白在很大程度上影响着一节课的效果好坏。如果开场平淡无奇，学生提不起兴趣，评委也难有期待。

改进建议：

• 用一个与学生生活或社会热点相关的故事或案例开场，如"你们知道为什么 AI 可以模仿你们的声音吗"；

- 用引人深思的反问或实验演示来开场，如"如果地球停止自转，你的体重会发生什么变化"。

更多建议详见"6.1 导入吸睛：AI 辅助点燃课堂学习热情"。

（2）板书过于工整或过于混乱。

板书既不能过于工整，也不能凌乱无序。过于追求形式化容易显得死板，而凌乱无序则会让学生难以抓住重点。

改进建议：

- 采用结构化的视觉图示（如思维导图），提升板书的逻辑性和吸引力；
- 保持自然风格，用箭头、框图或手绘形式展现知识之间的联系，重在突出核心逻辑，而非追求形式完美；
- 用颜色或符号标记主次内容，帮助学生快速建立知识框架。

（3）多媒体喧宾夺主，夺走教学焦点。

华丽的 PPT、动画和视频等多媒体教学工具虽能吸引学生目光，但过度使用反而容易让教学失焦。

改进建议：

- 在多媒体中加入互动元素，如分段停顿，让学生预测接下来的内容；
- 每页幻灯片的关键信息控制在三点以内，避免给学生造成视觉负担。

（4）互动不足，学生参与感缺失。

在课堂上，教师单向讲授，学生被动听课，这是扣分大项。评委非常关注师生之间的互动。

改进建议：

- 引入实时在线投票工具（如 Mentimeter），让学生参与并回答问题；
- 使用角色代入法，让学生扮演科学家或历史人物进行互动式讨论。

更多建议详见"6.2 真实互动：AI 辅助课堂深度学习"。

（5）提问设计单一，学生思维深度不足。

只有记忆性问题，会让课堂失去挑战性；只有评价性问题，可能让学生无从下手。

改进建议：

- 使用"问题阶梯"，从简单的记忆性问题逐步过渡到创意性问题，如"你能用所学原理设计一个新产品吗"；
- 结合真实情境设计问题，如借助案例分析，让学生运用所学知识去解决实际问题。

更多建议详见"7.3.3 AI 辅助问题链教学的操作过程及提示词"。

（6）时间把控不当，导致拖堂或进度过快。

拖堂不仅影响课堂秩序，还会暴露教师时间管理能力的不足；而进度过快，则可能让学生无法跟上教学节奏。

改进建议：

- 使用定时器辅助分配每个环节的时间，并提前在课堂中明确时间计划；
- 在最后一个环节设置"压缩模式"，确保在时间紧张时能够快速总结核心内容。

（7）讨论流于表面，学生参与质量不高。

讨论流于表面或讨论内容过于空洞，学生只是在完成任务，而非真正思考。

改进建议：

- 提供具体的任务卡片，如"讨论后请画出解决问题的流程图"；
- 采用"鱼缸讨论法"，即一部分学生讨论，另一部分学生观察并记录关键点。

（8）忽略突发情况，临场应变能力不足。

课堂上随时都可能出现意外，如设备出现故障、学生提出的问题偏离课程主题等。如果教师处理不当，课堂效果会大打折扣。

改进建议：

- 准备一个备用的"无科技方案"，如用手绘示意图或课堂实验来代替多媒体；
- 利用意外创造教学契机，如"这只蝴蝶的飞行轨迹是否符合某种物理规律"。

（9）教学设计过"满"，不给学生"呼吸"空间。

课堂内容过多，会让学生没有思考和消化的时间。

改进建议：

- 安排"思考停顿点"，空出 1 分钟让学生记录或分享个人想法；
- 引入"沉浸式教学"，让学生短暂地实践知识，如做一个模拟实验。

（10）忽视非语言行为，细节暴露教学功底。

手势机械、行走路线单一，甚至用手擦黑板，这些非语言行为都会影响课堂整体表现。

改进建议：

- 使用小幅度手势强化重点，避免过于夸张或无目的的动作；
- 在学生中间移动时，与他们保持眼神交流，增强互动效果。

（11）语言形式单一，缺乏激励效果。

教师的语言是课堂中的导航仪，直接影响学生的学习体验。如果教师平铺直叙，就很难激发学生的兴趣和热情。

改进建议：

- 使用"反问式激励"，如"这个结论似乎有点问题，你能进一步完善吗"；
- 用启发性语言设置悬念，如"这个实验的结果可能超出你的想象"。

（12）照本宣科，不能动态调整。

教师应根据学生反应灵活地调整教学内容，而非机械地执行既定计划。

改进建议：

- 在课堂中引入学生的即时问题，调整教学方向，让教学内容贴近学生需求；
- 利用个人化的故事或案例，帮助学生将知识与自身体验联系起来。

（13）过于注重秩序，课堂活力不足。

在课堂上，完美的秩序并不总是最佳选择。适度的"杂乱"往往能激发更多创造力和高效协作。

改进建议：

- 鼓励小组自由辩论，但设定"时间掌控人"角色，确保讨论有序进行；
- 将"杂乱"与教学目标挂钩，如通过竞争性任务激发学生的参与热情。

（14）细微之处考虑不周。

课堂细节往往是评委考量教师综合素养的关键。

改进建议：

- 配合语言使用手势，增加表达的视觉冲击力；
- 课堂中多走到学生中间，削弱"高高在上"的距离感。

7.4 AI 辅助现场汇报的实战技巧与模拟演练

7.4.1 教创赛现场汇报评委情况及常见问题分析

教创赛评委通常都是教育界的专家、学者及从业者，如教学名师、教学管理者，或前几届教创赛一等奖获得者（正教授），他们对教育行业的发展和创新都有深刻的理解。此外，产教融合赛道还增加了企业评委。大多数评委通常具备以下特点。

（1）专业性强。评委都是教育领域的专业人士，具备深厚的教育理论知识和实践经验。

（2）客观公正。评委会对参赛材料进行客观公正的评价，不受主观偏见或情感因素的影响。

（3）严谨认真。评委会仔细地审阅每份参赛材料，从多个角度全面评估其质量和价值。

（4）开放包容。评委会保持开放的心态，重视不同的教学创新和方法，鼓励多元的教学思想和实践。

（5）与时俱进。评委具备与时俱进的意识和能力，了解最新的教育理念和技术，并能将其应用于实践。

　　笔者根据参与教创赛国赛、省赛、校赛评审活动的实际体会，总结出现场汇报过程中的 4 类典型问题，如图 7.12 所示。

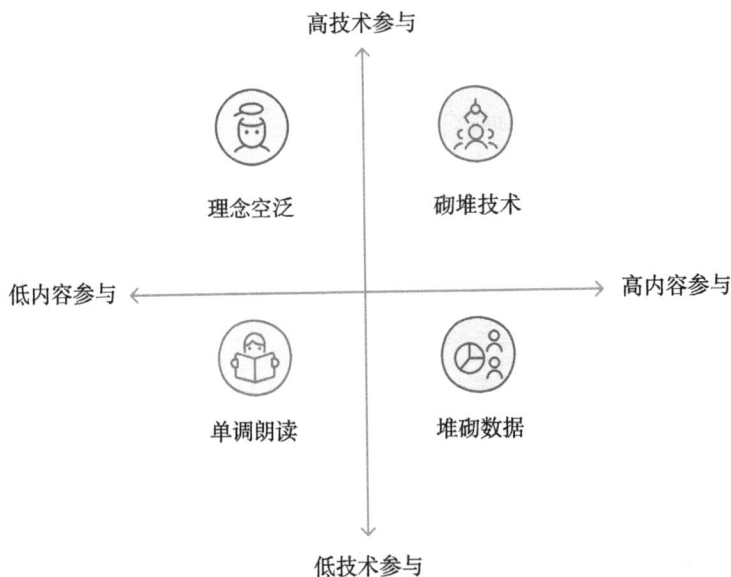

图 7.12　教创赛现场汇报的 4 类典型问题

　　（1）理念空泛，难以落地。有些教师一上台就滔滔不绝地讲述自己的教学理念，充满了各种教育学术语。然而，这些理念听起来很美好，却缺乏具体的实施细节和案例支撑。评委们听得云里雾里，不知道这些理念如何在教学中发挥实际作用。

　　（2）单调的"朗读式"汇报。有些教师站在台上，表情严肃，就如同在朗读课文，一字不落地念着 PPT 上的文字，没有投入情感，也没有眼神交流。这样的汇报，就像是给评委们播放了一段没有灵魂的录音，让人难以集中注意力。

　　（3）堆砌技术，缺乏内容。有些教师充分利用现代科技手段，PPT 上动画、视频、音效应有尽有，但仔细一看，这些内容大多与主题无关，或者过于花哨，分散了评委的注意力。教师忙着操作各种设备，却忘了讲述真正的教学创新点，让人眼花缭乱却不知所云。

　　（4）成效展示环节堆砌数据。有些教师虽然重视成效展示，但陷入了另一个误区——堆砌数据。他们列举了大量的数据、图表和统计结果，试图证明自己的教学创新取得了显著成效。然而，这些数据之间缺乏逻辑联系，他们也没有对其进行深入分析，评委们难以看出其中的规律和趋势，更无法感受到教学创新对学生成长的真正影响。

7.4.2　AI 辅助现场汇报 PPT 设计的常用提示词

下面给出了 AI 辅助现场汇报 PPT 设计过程中常用的 4 类提示词的示例。关于 PPT 设计的更多细节，请参考第 2 章的相关内容。

1. 内容优化类

（1）"提炼这段文字的核心观点，控制在 50 字以内"：用于精简大段文字，突出重点。

（2）"用更通俗易懂的语言表述这段话"：使专业内容更容易理解，适合面向非专业评委时使用。

（3）"将这几个要点合并成一句话，突出关键信息"：在要点过多时用于整合信息，避免页面杂乱。

2. 图表设计类

（1）"根据这些数据生成一个直观的柱状图，突出差异"：输入数据后，让 AI 快速生成合适的图表。

（2）"为这个折线图添加趋势线，并优化数据标签显示"：进一步完善图表内容，增强数据展示效果。

（3）"重新设计这个图表的配色，使其更具视觉吸引力且符合教学主题"：提升图表美观度，确保其与教学内容匹配。

3. 风格设计类

（1）"把 PPT 整体风格改为复古学院风，字体选择衬线字体"：根据特定风格需求，让 AI 调整 PPT 的整体外观。

（2）"设计一个符合女性评委审美的 PPT 风格，色调柔和，元素优雅"：针对不同评委偏好，选择合适的风格。

（3）"制作一个具有科技感的封面，突出教创赛主题"：对 PPT 封面进行个性化设计，以吸引评委注意力。

4. 逻辑结构类

（1）"检查这几页 PPT 的逻辑顺序是否合理，如有问题，请给出调整建议"：帮助梳理 PPT 内容逻辑，确保汇报流畅。

（2）"在这两页之间添加一个过渡页，用一句话概括前后内容关联"：增强 PPT 页面之间的连贯性，使汇报更自然。

（3）"为这个 PPT 设计一个简洁明了的目录页，体现各部分关键内容"：优化目录页设计，方便评委了解汇报框架。

7.4.3 AI 辅助现场汇报 PPT 设计的细节问题解决

许多教师在现场汇报 PPT 的设计过程中，忽视了一些看似细微却可能影响整体效果的问题。AI 可以辅助解决这些问题。

1. 设计不合理

问题：PPT 中堆砌了大量的专业术语和复杂图表，缺乏清晰的标题和结构，评委难以迅速抓住重点。

解决方案：使用 AI 工具（如 Kimi）整理 PPT 内容，提取关键信息，生成清晰的标题和结构框架。

提示词："提取 PPT 中的关键信息，生成清晰的标题和结构框架""将复杂的数据或图表简化为易于理解的要点"。

2. 演讲内容与幻灯片不匹配

问题：幻灯片内容与演讲内容不一致，评委无法获取与演讲匹配的信息。

解决方案：使用 AI 工具检查幻灯片内容与演讲内容的匹配度，确保二者的一致性。

提示词："检查幻灯片内容是否与演讲内容一致，确保两者内容匹配""优化幻灯片内容，使其与演讲内容紧密相关"。

3. 文字太多

问题：幻灯片每页文字过多，评委阅读时感到视觉疲劳，难以提取关键信息。

解决方案：使用 AI 工具精简文字、提取要点，并使用表格或图片辅助说明。

提示词："精简幻灯片文字，提取要点""将文字内容转化为表格或图片形式"。

4. 汇报时间过长或过短

问题：汇报时间不符合规定，无法深入探讨主题。

解决方案：使用 AI 工具根据时间限制优化内容，确保重点突出、汇报时间合理。

提示词："根据'汇报时间为 15 分钟'这一要求优化 PPT 内容，确保重点突出""调整内容结构，确保汇报时间合理"。

5. 缺少适当的标题和解释性文字

问题：缺少清晰的标题和解释性文本，评委难以理解要点的具体含义。

解决方案：使用 AI 工具生成清晰的标题和简明的解释性文本。

提示词："为每页幻灯片生成清晰的标题和简明的解释性文本""优化标题和文本，使其更易于理解"。

6. 缺乏互动，完全照读

问题：汇报枯燥无味，缺乏与评委的互动。

解决方案：使用 AI 工具生成演讲稿，突出重点，避免逐字念读。

提示词："生成演讲稿，突出重点，避免逐字念读""优化演讲内容，增加与评委互动的元素"。

7.4.4　AI 辅助现场汇报环环相扣的具体技巧

教师利用 AI 设计 PPT 框架、优化内容衔接、统一视觉风格，并结合有效的预演调整，可以确保现场汇报环环相扣、逻辑清晰，从而有效提升汇报的吸引力和说服力。

1. 构思演讲的框架和逻辑

使用 AI 工具整理演讲的框架和逻辑，明确开头、展开和结尾。

提示词："整理演讲的框架和逻辑，确保内容严谨有序""生成演讲框架，明确开头、展开和结尾"。

2. 确保各部分之间衔接自然

使用 AI 工具优化标题和过渡语句，确保内容衔接自然。

提示词："优化标题和过渡语句，确保内容衔接自然""生成清晰的主题和分标题，帮助评委理解演讲思路"。

3. 使用统一的风格和格式

使用 AI 工具检查 PPT 的整体风格和格式是否统一，确保视觉效果一致。

提示词："检查 PPT 的整体风格和格式是否统一""优化 PPT 的视觉效果，确保风格一致"。

4. 规划过渡效果

使用 AI 工具生成流畅的过渡效果，使幻灯片切换更自然。

提示词："生成流畅的过渡效果，使幻灯片切换更自然""优化过渡效果，确保汇报内容环环相扣"。

5. 反复审稿，检查汇报内容的逻辑性

使用 AI 工具检查汇报内容的逻辑性，确保每个环节紧密相连。

提示词："检查汇报内容的逻辑性，确保每个环节紧密相连""优化汇报逻辑，确保内容连贯"。

6. 生成预演建议，改善汇报效果

使用 AI 工具生成预演建议，增强演讲的流畅性和连贯性。

提示词："生成预演建议，增强演讲的流畅性和连贯性""优化预演内容，确保汇报效果"。

7.4.5　AI 辅助现场汇报模拟演练

通过 AI 辅助现场汇报模拟演练，教师可以更高效地做好准备，提前应对评委可能提出的问题，优化汇报内容和逻辑，提升应对突发情况的能力。AI 的反馈和建议能够帮助教师从不同角度审视汇报效果，让他们在正式比赛中更加从容自信。以下是 AI 辅助现场

汇报模拟演练的操作过程及提示词。

1. 操作过程

（1）明确演练目标。在开始模拟演练之前，要明确演练的目标，如：

• 增强汇报的流畅性和连贯性；

• 针对评委可能提出的问题进行预演；

• 优化汇报内容的逻辑性和说服力；

• 提升应对突发情况的能力。

（2）准备汇报材料。将完整的汇报内容、演讲稿及相关资料整理成文档（如 Word 或 PPT 文档），以便输入 AI 工具；提取其中的关键信息、创新点和可能被问及的重点内容，用于后续的问答模拟。

（3）选择 AI 工具。使用支持对话和内容生成功能的 AI 工具，如豆包或其他教育类 AI 工具。确保 AI 工具具备以下功能：自然语言处理、问题生成、回答评估、逻辑性分析等。

（4）输入汇报内容。将汇报内容、演讲稿或关键要点输入 AI 工具，作为背景信息；提供评委的背景信息（如专业领域、偏好风格等），以便 AI 生成更贴合实际的模拟问题。

（5）启动模拟演练。

问题生成：让 AI 根据汇报内容生成评委可能问到的问题，涵盖教学理念、创新点、实施过程、成效等方面。

回答练习：回答 AI 生成的问题，并记录回答内容。

回答评估：AI 对回答的逻辑性、完整性、说服力进行评估，并提供改进建议。

优化调整：根据 AI 的反馈，调整回答内容或汇报逻辑，以进一步优化汇报效果。

（6）多次迭代演练。重复上述过程，逐步提升汇报的流畅性和自身的应对能力。在每次演练后，总结经验教训，调整汇报策略。

（7）模拟现场氛围。如果条件允许，可结合 AI 生成的问题进行模拟演练，邀请同事或专家扮演评委角色，以增强实战感。

（8）总结与调整。在模拟演练结束后，总结 AI 的反馈和模拟演练中的问题，进一步优化汇报内容和策略。根据 AI 的建议，调整 PPT 设计和汇报内容，确保最终汇报效果达成预期目标。

2. 提示词示例

（1）问题生成："根据 PPT 内容，生成可能被评委问到的关于教学创新点的问题""请根据我的演讲稿，生成与教学成效相关的问题""模拟评委，生成关于教学方法实施过程的问题"。

（2）回答评估："评估我的回答是否逻辑清晰、完整，并提供改进建议""检查我的回答是否具有说服力，指出需要补充或优化的内容""分析我的回答是否准确回应了问题的核心，并提出改进方向"。

（3）逻辑性评估："检查汇报逻辑是否连贯，指出需要调整的部分""评估 PPT 内容是否环环相扣，并提出优化建议""分析汇报框架是否合理，确保内容由浅入深"。

（4）优化建议："根据我的回答，提供更简洁、清晰的表达方式""优化汇报语言，使其更符合评委的风格偏好""调整 PPT 设计，使其突出关键信息"。

（5）突发情况应对："生成可能的突发情况，如评委打断提问，并提供应对策略""模拟评委提出意料之外的问题，并提供快速应对的建议""如何在汇报中灵活调整内容，以应对评委的即时反馈"。

总之，教学创新是一场永无止境的探索。借助 AI，教师可以更高效地进行备赛、报告设计和现场汇报。真正的创新源于对教育的热爱和对学生的关怀，让我们以赛促教，共同点亮学生的未来。

第 **8** 章
AI 辅助智慧课程、教改论文与教材建设

本章探讨如何在 AI 的辅助下提升智慧课程、教改论文与教材建设的质量和效率。从规划到申报智慧课程，从找热点到润色教改论文，从生成框架到协同编辑教材，让我们在 AI 的辅助下一起探索教学创新的无限可能。

8.1 AI 辅助智慧课程建设与申报

8.1.1 智慧课程的定义与核心要素

目前，智慧课程尚无统一定义。简单来说，它是"技术＋教学"的有效结合。但它并不只是技术工具的简单叠加（如用 PPT 等多媒体工具讲课），而是深度融合数字化教学资源、AI 辅助工具和创新教学方法的新型课程形态。

通俗来讲，智慧课程就像一位"贴心私人家教"，可随时随地了解学生的学习情况，整合各种资源，为学生设计个性化的学习路径。

智慧课程的核心要素有以下 4 个。

（1）技术赋能。主要体现在在线平台、智能系统和学习分析等方面，如图 8.1 所示。

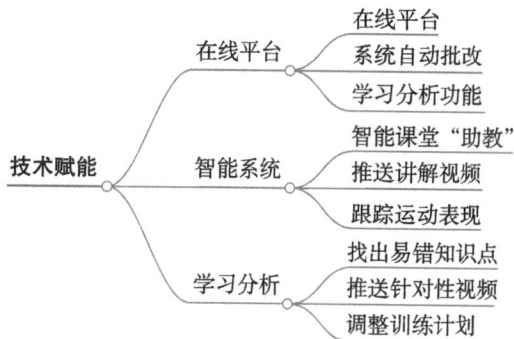

图 8.1　智慧课程的技术赋能要素

案例：智能课堂助教在线帮忙

教师讲完课后，学生将作业提交到在线平台。系统自动批改学生作业，并通过学习分析功能找出大家最容易出错的知识点。然后，平台对症下药，自动向学生推送针对这些难点的讲解视频。

（2）资源整合。主要体现在数字教材、教学视频和知识图谱等方面，如图8.2所示。

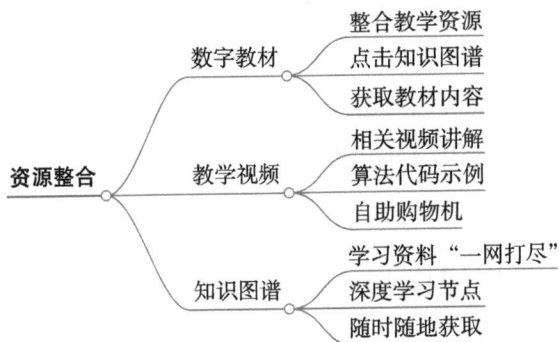

图 8.2 智慧课程的资源整合要素

案例：学习资料一网打尽

学生不再需要厚厚的教材和参考书。例如，在智能算法课程中，教师整合了数字教材、教学视频和知识图谱。学生点击知识图谱里的"深度学习"节点，就能看到相关的教材内容、视频讲解，甚至是算法代码示例。

（3）个性化教学。主要体现在根据学生表现智能推荐学习内容等方面，如图8.3所示。

图 8.3 智慧课程的个性化教学要素

案例：根据个人口味推荐菜品

甲和乙在同一堂线性代数课上学习。甲理解和掌握新知识更快，系统给他推送了矩阵运算的高级挑战题；而乙需要更多练习，系统为他安排了基础题和额外的动画讲解，帮助他巩固所学知识。

（4）创新教学设计。主要体现在翻转课堂、项目制学习和智能评估等方面，如图 8.4 所示。

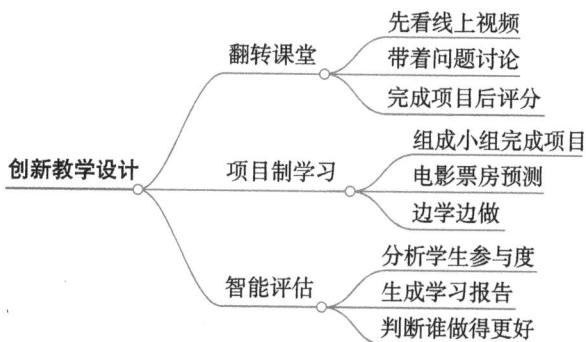

图 8.4　智慧课程的创新教学设计要素

案例：边做项目边考试，学得更快

在数据分析课上，学生分成多个小组，各组独立完成"电影票房预测"项目。课程设计为翻转课堂模式，学生先看线上的教学视频，再带着问题参与课堂讨论。完成项目后，系统自动分析每位学生的参与度并智能评分，生成个性化学习报告。

8.1.2　AI 辅助智慧课程建设的操作过程

AI 辅助智慧课程建设的操作过程覆盖课程规划、教学资源准备、教学实施与教学评价 4 个阶段（见图 8.5）。在 AI 的辅助下，教师能够精准把握学情、优化教学活动、生成个性化资源，进而增强课堂互动性和学生学习效果。

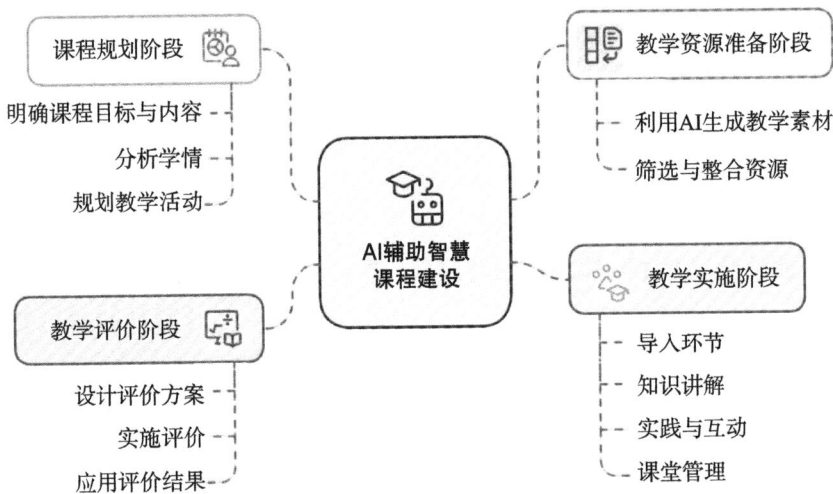

图 8.5　AI 辅助智慧课程建设

1. 课程规划阶段

（1）明确课程目标与内容。教师依据课程标准和教学大纲，梳理智慧课程的核心知识、技能与素养培养目标。例如，在计算机操作系统课程中，教师可将教学目标确定为让学生理解操作系统原理、掌握进程管理等关键内容，以及培养学生分析和解决操作系统相关问题的能力。

（2）分析学情。教师借助学情分析工具，收集学生过往的学习数据，涵盖成绩、作业完成情况、课堂表现等；利用这些数据构建学生画像，了解学生的知识基础、学习风格和兴趣偏好。例如，经 AI 分析发现，部分学生对理论知识理解困难，但对实践操作兴趣浓厚。

（3）规划教学活动。教师结合课程目标、学生学情和教学内容等规划教学活动，如确定理论讲解、实践操作、小组讨论等环节的顺序与时间分配。例如，教师在讲解进程调度算法时，安排学生进行小组讨论并模拟调度过程。

2. 教学资源准备阶段

（1）利用 AI 生成教学素材。教师运用各类 AI 工具生成丰富的教学素材。例如，将课程知识点输入文本生成 AI 工具，生成全面详尽的讲解文稿；将课程相关关键词输入图像生成 AI 工具，生成简洁高效的原理图、流程图等；将课程内容概要输入视频生成 AI 工具，生成生动形象的动画演示视频。以计算机操作系统的"内存管理"章节为例，教师可利用 AI 生成内存分配与回收的动态演示视频，帮助学生理解相关抽象概念。

（2）筛选与整合资源。教师对生成的资源进行筛选，选择质量高、与教学内容契合度高的资源，并将其与现有的优质教学资源进行整合，形成系统的教学资源库。例如，教师将 AI 生成的"内存管理"动态演示视频与教材案例、在线教程整合。

3. 教学实施阶段

（1）导入环节。在课程开始时，教师借助 AI 创设教学情境。例如，教师可播放 AI 生成的与课程内容相关的视频、音频或展示图片，激发学生的兴趣。以计算机操作系统课程为例，开场时，教师可播放 AI 制作的操作系统在各类设备中运行的视频，同时提出操作系统的作用等问题，引导学生进入课程学习。

（2）知识讲解。在讲解过程中，教师运用 AI 进行直观教学。例如，教师利用虚拟助手实时解答学生的疑问，借助智能白板的交互功能展示动态图形、进行模拟演示。以计算机操作系统课程为例，教师在讲解进程同步问题时，可利用智能白板模拟进程同步过程，帮助学生理解。

（3）实践与互动。教师组织学生进行实践活动，利用 AI 实时监测学生操作并提供个性化指导。例如，在计算机操作系统实验课上，教师利用 AI 分析学生代码，指出错误并提供修改建议；利用分组工具，根据学生能力和性格特点进行合理分组，促进小组讨论和协作学习，提高学生的团队协作意识和问题解决能力。

（4）课堂管理。教师借助考勤系统进行自动考勤；利用学习分析 AI，实时监测学生课堂参与度、专注度等数据。若发现学生注意力不集中，教师应及时调整教学节奏或方式，确保课堂教学顺利进行。

4. 教学评价阶段

（1）设计评价方案。教师根据课程目标设计多元化的评价方案，包括形成性评价和终结性评价；确定平时作业、课堂表现、项目实践、考试等评价项目的分数占比和评价标准。

（2）实施评价。教师利用 AI 自动批改作业和试卷，快速准确地给出成绩和反馈；借助学习分析 AI，对学生的学习过程数据进行深度分析，生成学生学习过程报告，包括学习进度、知识掌握情况、能力提升等方面。例如，在计算机操作系统课程中，教师可利用 AI 对学生的作业和项目实践代码进行分析，评价学生对知识的掌握程度和应用能力。

（3）应用评价结果。教师根据评价结果，了解教学效果和学生学习情况，发现教学中存在的问题；针对学生普遍掌握不好的知识点，调整教学策略，进行有针对性的辅导和强化训练，促进教学质量的提升。

8.1.3　AI 辅助智慧课程建设的提示词示例

1. 课程规划

"分析［课程名称］学生过往 × 年的学习数据，构建学生画像，总结其学习特点"：让 AI 分析学情，为教学活动规划提供依据。

"结合［课程名称］课程标准和学生学情，规划包含［具体教学方法，如讲授法、讨论法］的教学活动流程"：让 AI 协助教师规划教学活动。

2. 教学资源准备

"生成［课程名称］［章节名称］的详细讲解文稿，重点突出［核心知识点］"：让 AI 生成教学文本素材。

"以［课程知识点关键词］为主题，生成 × 张风格简洁的教学原理图"：让 AI 生成可视化教学素材。

3. 教学实施

"制作一段时长为 × 分钟，展示［课程相关场景］的视频，用于［课程名称］的课程导入"：让 AI 生成课程导入素材。

"在［课程名称］实验课中，实时监测学生代码，发现错误时给出详细修改建议"：利用 AI 进行实践教学指导。

4. 教学评价

"设计［课程名称］的形成性评价方案，包含［评价维度，如作业、课堂表现等］及各自占比"：让 AI 设计评价方案。

"分析［课程名称］学生学习过程数据，生成学习过程报告，重点分析学习难点"：让 AI 进行学习过程评价。

8.1.4　AI 辅助生成沉浸式智慧课堂示例

下面以新工科、新文科、新医科、新农科、基础课、课程思政、产教融合的 7 类课程为例，说明如何借助 AI 生成 45 分钟的沉浸式智慧课堂。

1. 新工科（AI 编程课程）

（1）开场（0：00—0：05）：制造悬念，吸引注意力。教师展示一段复杂的 AI 算法在实际生活中的应用场景视频，如智能交通系统中的路况预测，并提出问题"如何通过编程实现这样的智能预测"，引发学生的好奇心。

（2）过程（0：06—0：20）：任务驱动，共同探索。教师布置编程任务，让学生分组编写代码，实现基础的算法功能；AI 作为智能助手，为学生提供代码片段示例、算法优化思路等个性化帮助；教师在旁巡视指导，解答共性问题并引导学生的思考方向。

（3）高潮（0：21—0：35）：动态调整任务难度。AI 根据学生的编程进度和成果，动态调整任务难度，如增加数据量或算法复杂度，引导学生继续深入探索；同时，实时监测学生编写的代码的运行效率等数据，并将其展示在大屏幕上，激发学生的竞争意识和挑战精神。

（4）收尾（0：36—0：45）：课堂实录剪辑回顾与生成个性化学习报告。教师利用 AI 快速生成编程过程中的关键代码片段展示视频，回顾学生的探索历程；同时，生成每位学生的编程成果分析报告，包括代码规范性、算法创新性等方面的评价，展示学生的真实学习效果。

2. 新文科（中国古代文学课程）

（1）开场（0：00—0：10）：情感共鸣，激发思考。教师借助 AI 生成一段古代文人在特定历史背景下的创作心路历程动画，如李白在长安求仕不得的经历，然后以动画角色的口吻向学生提问："若你身处此境，会如何抒发心中情感？"

（2）过程（0：11—0：25）：角色扮演，沉浸体验。学生分组扮演古代文人，根据设定的历史情境创作诗词；AI 提供当时的文学风格、格律要求等知识讲解，并模拟其他文人或宫廷官员进行点评反馈；教师引导学生深入理解古代文学创作的背景和内涵。

（3）高潮（0：26—0：35）：挑战激发的"思维碰撞"。AI 提出一个特定的文学主题和创作要求，如以"战争与和平"为主题创作古体诗；学生在规定时间内完成创作并展示作品，AI 实时分析学生作品与经典作品在词汇运用、意境营造等方面的差异并展示数据，促进学生之间的交流和学习。

（4）收尾（0：36—0：45）：难忘深刻的"情感升华"。AI 整理课堂上学生创作的优秀作品，并配以古典音乐和画面生成展示视频；同时，生成每位学生的创作风格分析报告，总结其在文学素养提升方面的表现，展示学生对古代文学的深入理解和情感融入。

3. 新医科（人体解剖学课程）

（1）开场（0：00—0：08）：制造悬念，吸引注意力。教师借助 AI 生成一个虚拟的人体内部器官病变案例动画，展示病变器官的异常形态和患者的症状表现，并向学生提问："从解剖学角度，你能推测出是哪个器官出现了问题吗？"

（2）过程（0：09—0：22）：任务驱动，共同探索。学生分组利用 VR 设备（AI 辅助构建虚拟解剖场景）对人体器官进行虚拟解剖，识别器官结构及其位置关系；AI 提供实时的解剖知识讲解，并标注重要结构；教师在旁纠正操作误区，引导学生思考器官功能与结构之间的关系。

（3）高潮（0：23—0：32）：动态调整任务难度。AI 根据学生对器官结构的掌握程度，调整虚拟解剖任务，如增加病变器官与周围组织的解剖分析要求；同时，展示学生对器官结构识别的准确率等数据，引导学生深入探究。

（4）收尾（0：33—0：45）：课堂实录剪辑回顾与生成个性化学习报告。AI 生成学生在虚拟解剖过程中的关键操作视频，回顾学生对人体解剖知识的掌握进程；同时，生成每位学生的解剖操作评价报告，包括对器官结构的熟悉程度、操作规范性等方面的评价，展示教学效果。

4. 新农科（现代农业种植技术课程）

（1）开场（0：00—0：06）：制造悬念，吸引注意力。教师通过 AI 展示一段因气候变化导致农作物减产的视频资料，并提出问题："如何运用现代农业种植技术应对这种挑战？"

（2）过程（0：07—0：20）：任务驱动，共同探索。学生分组制定农作物种植方案；AI 提供当地土壤、气候数据及先进种植技术案例，如精准灌溉、智能施肥系统的应用实例；教师指导学生结合实际情况优化农作物种植方案。

（3）高潮（0：21—0：30）：动态调整任务难度。AI 根据学生制定的农作物种植方案，模拟不同气候条件下的农作物生长情况，要求学生根据模拟结果调整方案，如增加病虫害防治的特殊措施；同时，展示各小组方案的预期产量、资源利用率等数据对比，激发学生的竞争意识与学习激情。

（4）收尾（0：31—0：45）：课堂实录剪辑回顾与生成个性化学习报告。AI 生成学生讨论和修改农作物种植方案的视频，回顾学生对现代农业种植技术的思考与应用；同时，生成每位学生在方案制定过程中的贡献分析报告，包括对数据运用、技术创新等方面的评价，展示学生的学习成果。

5. 基础课（大学英语课程）

（1）开场（0：00—0：10）：情感共鸣，激发思考。教师播放一段外国友人在中国生活过程中因语言交流障碍而产生误会的短视频，并向学生提问："如何用英语准确表达，以避免出现这样的误会？"

（2）过程（0：11—0：25）：角色扮演，沉浸体验。学生分组进行各类主题的情景对话，通过角色扮演模拟真实交际场景；AI 模拟不同口音的外国友人与学生进行对话互动，纠正学生的发音、语法错误，并提供更准确的表达方式；教师在旁协助，引导学生注重语言交流的流畅性和准确性。

（3）高潮（0：26—0：35）：挑战激发的"思维碰撞"。AI 提出一个特定话题，如"环境保护"，学生分组进行英语辩论；同时，实时监测学生的语速、词汇量、逻辑连贯性等数据并展示在大屏幕上，促进学生在辩论中提升英语的综合运用能力。

（4）收尾（0：36—0：45）：难忘深刻的"情感升华"。AI 整理学生在情景对话和辩论过程中的精彩音频片段，生成回顾视频并配以文字说明；同时，生成每位学生的英语能力提升报告，包括口语表达、听力理解、语法掌握等方面的进步情况，展示学生在课上的真实收获。

6. 课程思政（中国近现代史纲要课程）

（1）开场（0：00—0：08）：制造悬念，吸引注意力。教师展示一段近代中国遭受列强侵略的历史影像片段，并向学生提问："面对如此困境，先辈们是如何抗争与探索的？"

（2）过程（0：09—0：20）：角色扮演，沉浸体验。学生分组扮演近代史上的不同角色，如爱国志士、普通民众等，重现历史事件场景；AI 提供历史背景资料、人物事迹介绍；教师在旁协助，引导学生体会先辈的爱国情怀和民族精神。

（3）高潮（0：21—0：30）：挑战激发的"思维碰撞"。AI 提出关于历史事件的意义、人物选择等需要深度思考的问题，学生分组讨论并提出各自的观点；AI 展示不同观点的历史依据和思想深度分析数据，促进学生对历史的深刻理解和价值观的塑造。

（4）收尾（0：31—0：45）：难忘深刻的"情感升华"。AI 生成学生角色扮演和讨论过程的视频，回顾学生对中国近现代史的感悟与思考；同时，生成每位学生的思政素养提升报告，包括对民族精神、历史使命感等方面的理解深度评价，展示教学成效。

7. 产教融合（软件工程实践课程）

（1）开场（0：00—0：05）：制造悬念，吸引注意力。教师播放一个关于某企业真实软件项目需求文档和当前面临的技术难题的视频，并向学生提问："如何在有限时间内开发出满足该企业需求的软件？"

（2）过程（0：06—0：20）：任务驱动，共同探索。学生分组按照企业项目开发流程进行软件设计与开发；AI 提供行业最新技术框架、代码模板及企业开发标准等资料；教师结合企业实际情况，指导学生进行项目管理和技术选型。

（3）高潮（0：21—0：35）：动态调整任务难度。AI 根据学生项目开发的进度和质量，模拟企业客户提出新的功能需求或技术变更要求，学生及时调整开发策略；同时，展示各小组项目的代码质量、开发进度与企业标准对比数据，增强学生的团队协作精神和应变能力。

（4）收尾（0：36—0：45）：课堂实录剪辑回顾与生成个性化学习报告。AI 生成学生在项目开发过程中的关键节点展示视频，回顾学生从需求分析到代码实现的历程；同时，生成每位学生在项目中的角色贡献、技术成长报告，包括对企业开发流程适应能力、技术创新应用等方面的评价，展示教学成果。

8.1.5　AI 辅助智慧课程申报

智慧课程作为一种教学创新模式，主要包括两种类型——基于知识图谱的课程和"人工智能+"课程，如图 8.6 所示。

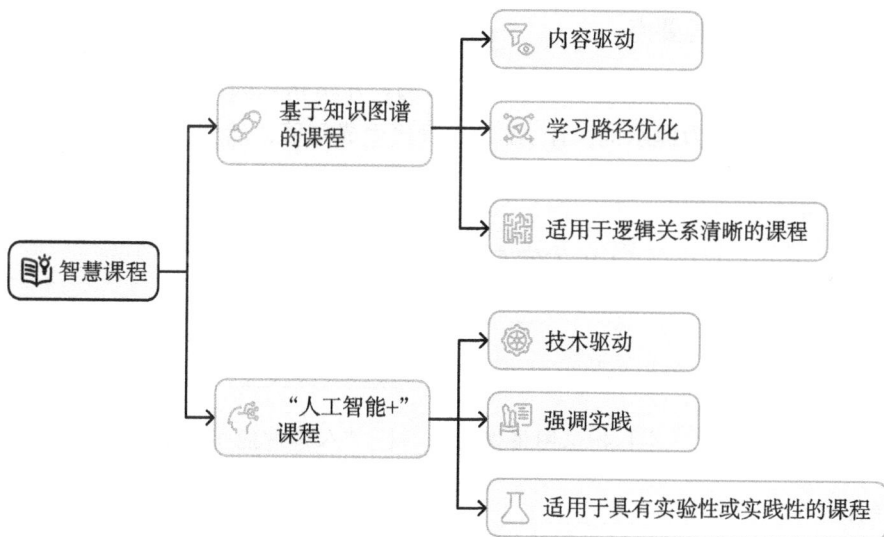

图 8.6　智慧课程的类型及其特点

1. 基于知识图谱的课程

该类课程以知识图谱技术为核心，通过构建知识节点及其关联关系，将学科内容系统化、结构化，帮助学生直观地理解和掌握知识。其主要特点如下。

（1）内容驱动：重在挖掘学科内的知识点，建立点与点之间的逻辑关系。

（2）学习路径优化：通过知识图谱发现知识盲区或薄弱环节，个性化推荐学习资源。

（3）适合的课程：适用于逻辑关系清晰、知识点层级分明的课程，如数学、物理、化学、历史等。

2."人工智能 +"课程

该类课程在学科课程中引入 AI，提升教学的智能化水平，如利用自然语言处理、机器学习和虚拟仿真等技术手段，增加课堂的互动性、创造性和深度。其主要特点如下。

（1）技术驱动：利用 AI 解决教学中的复杂问题。

（2）强调实践：侧重于 AI 赋能教学过程，如智能批改、虚拟实验等。

（3）适合的课程：更广泛，尤其适用于具有实验性或实践性的课程，如工程学、医学、艺术等。

3. 申报书示例及撰写要点

下面以某大学本科智慧课程建设申报书为例，介绍相关的撰写要点。读者也可以把申报书中的相关要求作为提示词，让 AI 工具直接生成初稿，然后结合实际情况适当修改初稿。

×× 大学本科智慧课程建设申报书

申报单位＿＿＿＿＿＿＿＿＿＿＿＿＿＿＿＿＿＿＿＿＿＿＿＿＿＿＿＿＿

申报课程＿＿＿＿＿＿＿＿＿＿＿＿＿＿＿＿＿＿＿＿＿＿＿＿＿＿＿＿＿

申报类别＿＿＿＿＿＿＿　□ 知识图谱课程　　□ "人工智能 +" 课程＿＿＿

课程负责人＿＿＿＿＿＿＿＿＿＿＿＿＿＿＿＿＿＿＿＿＿＿＿＿＿＿＿＿

联系方式＿＿＿＿＿＿＿＿＿＿＿＿＿＿＿＿＿＿＿＿＿＿＿＿＿＿＿＿＿

申报日期＿＿＿＿＿＿＿＿＿＿＿＿＿＿＿＿＿＿＿＿＿＿＿＿＿＿＿＿＿

一、课程基本情况

课程名称			
课程代码		学分 - 学时	
申报类别	□ 知识图谱课程　□ "人工智能 +" 课程		
课程类型	□ 公共基础课　□ 专业课　□ 通识教育课　□ 实验实践课		
课程性质	□ 选修课　□必修课		
开课年级			
面向专业			

（续表）

最近两期开课时间	年 月 日— 年 月 日 （插入教务系统截图） 年 月 日— 年 月 日 （插入教务系统截图）		
所属专业是否为国家级一流本科专业建设点	□ 是 □ 否	专业名称	
是否为国家级、省级一流本科课程	□ 是 □ 否		国家级一流本科课程名： 省级一流本科课程名：
是否有在线课程	□ 是 □ 否	访问方式：	
是否有数字教材	□ 是 □ 否	出版信息：	
课程负责人最近两期评教情况			

二、课程团队情况（序号 1 为课程负责人，课程负责人及团队主要成员总人数不超过 5 人）

序号	姓名	职称/职务	出生年月	教学任务
1				
2				
3				
4				
5				
教学团队教学情况	1. 近 2 年承担的教学任务（课程、学时、工作量） 2. 近 5 年的教学研究与改革成果（教学改革项目、教学论文） 3. 近 5 年获得的教学奖励（课程、教材、教学成果、教学大赛等）			

三、课程建设规划

1. 已有基础（在线课程、数字教材、"人工智能 +"等方面的建设基础）
2. 建设目标（具体描述在教育数字化背景下，结合国家经济社会发展需求和专业人才培养要求的课程定位及目标，另附课程大纲）
3. 建设内容（具体描述基于智慧课程构建的"素质—能力—知识"体系结构、教学章节设计、对资源的结构化梳理、学生个性化学习路径、教师教学设计、教学质量提升等方面的安排）
4. 建设进度安排
5. 课程特色与创新
6. 预期效果与成果（成果包括但不限于教学大纲、教学案例、MOOC/SPOC 视频、知识图谱、教材、教改论文等）

四、课程负责人承诺

本人承诺：

1. 已根据申报通知要求认真填写并检查以上材料，保证内容真实有效，符合国家法律法规要求。

2. 保证课程知识图谱建设中的内容资源无意识形态问题、版权争议问题、不规范使用地图等情况，建成后课程应用案例适合在智慧教学平台及学校微信公众号等媒体进行宣传。若填报失实或违反有关规定，本人承担相应责任。

3. 如获准，本人承诺遵守学术规范，恪守诚信，扎实开展课程建设工作，以取得预期成果。

课程负责人签字：

年　　　月　　　日

（1）课程基本情况：亮出招牌。

- 课程名称要抓人眼球。例如，"**AI 驱动的数据分析**"比"数据分析"更有吸引力。当然，课程名称不能随意改动，应以教务系统的规定为准。
- 申报类别要精准。选对类别，可以更好地展现课程的创新性。
- 已有资源别遗漏。写清楚现有的慕课、数字教材、视频课件等资源，体现项目基础内容。
- 开课历史要展示。列举最近两次的开课时间和学生覆盖面，附教务截图有加分。

（2）团队介绍：显示实力。

- 团队人数控制在 5 人以内。别罗列太多，但要把核心成员写全。
- 各人分工明确。写清楚教研、课程开发、数据分析等分别由谁负责，展现团队实力。
- 适当展示教学成果。列举教学奖项、教材出版物、获奖课程等标志性教学成果。

（3）已有基础：列出资源。

- 强调课程已经有了哪些基础资源，如在线课程平台、智慧课堂系统等。
- 特别说明已有教学经验，如团队完成的重点项目或教改成果。

（4）建设目标：说准定位。

- 课程定位要结合国家战略。例如，结合"新工科""智能＋教育"等关键政策，用专业人才培养目标打动评审人员。
- 目标要分层次。例如，"让学生掌握智能算法基础知识，具备大数据分析能力，激活创新思维"就是层次分明的目标

（5）建设内容：主打创新。

- 教学设计亮点突出。构建"知识—能力—素质"三维培育体系，如"掌握智能算法原理，具备复杂问题拆解能力，养成计算思维、数据素养及创新意识"。
- 课程模块设计清晰。列出教学章节、在线资源和智能辅导环节，显得条理分明。
- 个性化学习路径说明白。例如，根据学生的学习记录，智能推荐适合他们的学习模块。

（6）进度安排：亮明计划。

写出建设过程的时间规划。例如，第一阶段完成教学资源收集，第二阶段完成平台搭建。

（7）课程特色与创新：突出亮点。

- 教学模式创新。例如，提到"智能推送学习内容""线上线下融合教学"等新颖的教学方法。
- 智能工具应用。例如，应用具有自动批改、作业跟踪和学生分析功能的智能工具。
- 应用范围广。强调课程在多个学科、多个领域的适用性。

（8）预期效果与成果：展现未来。

- 成果多样化。提出申报成功后的成果的具体形式，如教学案例、慕课、知识图谱和教学论文等。
- 推广影响力。提到未来会通过学校官网、微信公众号等多个渠道进行宣传，扩大课程覆盖面。

（9）课程负责人承诺：表明责任。

- 语言简单但态度坚定，展现团队对项目的信心与责任感。
- 明确承诺学术诚信、版权保护及项目的持续性，给评审留下好印象。

总之，撰写智慧课程申报书时要把智慧课程的本质和特色充分展现出来。按照上述要点来写，申报书就能让评委眼前一亮。

8.2 AI 辅助教改论文撰写与发表

8.2.1 AI 辅助研究热点与创新点挖掘

在教学改革论文的撰写过程中，找到研究热点与创新点是成功的第一步。AI 能够极大地提升这一过程的效率与精准性。

1. 利用 AI 识别研究热点

（1）工具推荐：文心一言、秘塔、ChatGPT、Google Scholar、Dimensions 等。

（2）操作步骤。

第 1 步：确定关键词。先梳理论文的研究领域，如"在线教学""混合式学习"或"翻转课堂"。

第 2 步：输入查询指令。用 AI 工具找出相关领域的研究热点。示例如下

- 在 ChatGPT 中输入"列出过去两年关于混合式学习的研究热点和未解决问题"；
- 在 Google Scholar 中搜索"Blended Learning Trends 2024"，并利用 AI 总结搜索结果。

第 3 步：深挖热点趋势。结合 AI 生成的内容，进一步查询具体问题领域。例如，热点可能是"个性化学习路径的优化"，AI 可以将其细化为"基于生成式 AI 的学习路径设计"。

2. 发现创新点

（1）案例分析。假设你正在撰写一篇关于"生成式 AI 在课堂教学中的应用"的论文，你可以通过以下方式找到创新点。

对比现有研究：利用 AI 分析某一研究领域中已有方法的不足，如"目前生成式 AI 在辅助课堂教学中存在哪些局限性"。

结合实际问题：利用 AI 提出针对实际教学问题的解决方案，如"如何通过 ChatGPT 提升课堂互动"。

（2）工具及技巧。利用 AI 实践"三步创新法"。

现状：描述当前研究的主要成果。

不足：用 AI 分析未被充分解决的问题。

提案：AI 协助提出创新的解决方法。

（3）示例问题与结果。

提问："教育公平性在在线教学改革中有哪些未解决的挑战？"

AI 输出："在线教学普遍存在区域性差异，缺乏低成本、个性化的解决方案。"

创新点提炼："基于生成式 AI 开发低带宽环境下的学习助手，以增强教育公平性。"

3. 可视化辅助

通过 AI 生成图表、知识图谱或关键词云，快速总结领域热点。

（1）关键词云：使用工具（如 WordCloud 等）将研究热点可视化。

（2）趋势图表：利用 AI 分析关键词的时间变化趋势，生成可视化曲线，直观展现某领域的研究热度。

4. 实操建议

（1）每月定期利用 AI 更新领域内的研究热点，形成持续学习的习惯。

（2）关注 AI 的领域专家功能，如 ChatGPT 插件或 Dimensions 的分析模块。

8.2.2　AI 辅助论文逻辑结构优化、润色与降重

论文不仅要结构严谨，还要语言流畅、表达精准。AI 可以为论文优化提供全方位的支持。

1. 提升论文结构的逻辑性

（1）工具推荐：ChatGPT、文心一言。

（2）操作步骤。

第 1 步：生成大纲。例如，输入提示词"根据以下主题生成论文大纲——生成式 AI 在教学改革中的应用"，生成大纲示例。

引言：研究背景与意义。

文献综述：国内外研究现状与不足。

方法：基于生成式 AI 的教学实践设计。

实验结果与分析：课堂应用效果评价。

讨论：优势与改进方向。

结论与展望。

第 2 步：检查逻辑。将论文内容输入 AI 工具，并提问："这篇论文的逻辑是否连贯？有哪些改进建议？"

第 3 步：优化结构。让 AI 分析论文各章节之间的联系，调整其顺序以增强逻辑性。

2. 润色

教师可利用对比分析法和批判性思维训练来优化论文的语言表达。

对比分析法：让 AI 分析研究方法的优劣，如"基于生成式 AI 的教学法与传统教学法相比，有哪些优势"。

批判性思维训练：让 AI 充当同行评审，如"这篇论文可能会收到哪些批评意见？如何回应"。

（1）实操建议。

第 1 步：改写。对于语句不够流畅的部分，直接向 AI 工具输入提示词"请用学术语言改写以下内容"。

第 2 步：语法检测。使用 AI 工具检查语法和拼写错误。

（2）注意事项。

- 润色后，人工进行最后的审校，以确保论文的严谨性。
- 定期积累常用表达方法与典型句式，借助 AI 进行优化，随后将优化结果整合到写作模板中。

3. 降重

（1）工具推荐：PaperPass、Turnitin、Grammarly 等。

（2）初步降重。让 AI 直接重写重复率高的句子。例如，AI 将"简述如何优化教师教学行为"重写为"概述提升教师教学效率的方法"。

（3）查重分析。将论文提交至查重系统，定位重复段落，再利用 AI 对重复率较高的段落进行改写或扩展。

8.2.3　AI 辅助论文引用格式与可读性优化

1. 参考文献管理

AI 可以协助整理参考文献并将其格式化。只需提供基本信息，AI 就能生成规范的引用格式。

例如，教师提供以下文献信息，并要求 AI 转换为 IEEE 格式。

作者：J. Zhang, L. Wang, C. Chen

标题：Advanced Battery Management Systems for Electric Vehicle Applications

期刊：IEEE Transactions on Vehicular Technology

年份：2024

卷：73

页码：2145-2160

AI 会生成标准化的引用格式。

J. Zhang, L. Wang, and C. Chen, "*Advanced Battery Management Systems for Electric Vehicle Applications*," IEEE Transactions on Vehicular Technology, vol. 73, pp. 2145-2160, 2024.

---

2. 图文并茂以提升可读性

（1）工具推荐：Napkin 等。

（2）生成示意图。例如，输入提示词"生成一个展示生成式 AI 如何优化教学设计流程的示意图"。

（3）数据可视化。利用 AI 生成条形图、折线图或饼图，以更直观的方式展示研究结果。

8.3　AI 辅助教材撰写与出版

AI 可以为教材撰写与出版提供重要支持。从教材核心框架设计到案例生成，AI 可以大幅提高工作效率，确保教材内容的前沿性与实用性。以下是具体的操作方法和示例。

8.3.1　AI 辅助教材核心框架生成与内容设计

构建核心框架和做好内容设计是教材撰写过程中最重要的一环。AI 可以帮助教师快速构建科学合理的教材结构并整合最新研究成果，提升教材的学术价值与实用性。

1. 利用 AI 生成教材框架

（1）工具：文心一言、Kimi、ChatGPT、DeepSeek。

（2）操作步骤。

第 1 步：明确主题。在 AI 工具中输入教材主题，如"生成一个关于'生成式 AI 在高等教育中的应用'的教材大纲"。

第 2 步：自动生成框架。确定主题后，AI 工具会输出详细的章节。示例如下。

第一章　生成式 AI 的基本概念与发展历史

第二章　生成式 AI 应用于教学的理论基础

第三章　生成式 AI 工具与技术应用

第四章　实践案例分析与教学改革探索

第五章　未来展望与挑战

第 3 步：调整框架。根据实际需求，优化章节顺序和重点。

例如，某大学教师计划编写一本数据分析基础教材，他在 ChatGPT 中输入提示词："为一本'数据分析基础'教材生成结构化框架，包括章节名称、主要内容和教学目标。"生成结果如下。

第一章　数据分析概述

- 主要内容：数据分析的定义、意义和应用领域。
- 教学目标：帮助学生理解数据分析的基本概念。

第二章　数据预处理技术

- 主要内容：缺失值处理、数据标准化、数据可视化。
- 教学目标：帮助学生掌握数据清洗和预处理方法。

第三章　统计分析基础

- 主要内容：描述性统计与推断性统计。
- 教学目标：让学生能够利用统计方法分析数据。

2. 确保教材内容的前沿性

方法 1：AI 快速整合最新研究

例如，输入提示词："2024 年关于生成式 AI 教育应用的最新研究成果有哪些？"

AI 输出：核心论文、最新方法和应用案例。

方法 2：结合国内外实践进行分析

例如，输入提示词："国内外的生成式 AI 教育实践有哪些创新点？"

AI 输出：生成式 AI 在课堂翻转教学中的应用案例（国内），生成式 AI 辅助跨文化在线学习（国外）。

方法 3：用 AI 分析技术发展趋势

例如，输入提示词："未来 5 年，生成式 AI 在教育领域的发展方向是什么？"

AI 输出：个性化学习生态、教学全流程赋能、教育场景融合创新等发展方向。

3. 提高教材的实用性

（1）结合具体课程需求，输入相关信息，让 AI 生成具有针对性的内容。

例如，输入提示词："设计一节生成式 AI 增强课堂互动性的实践课。"

AI 输出：教学目标、方法、评估方式和注意事项。

（2）工具整合：利用 AI 工具（如文心一言），完成内容的系统整理。

8.3.2　AI 辅助教学案例与数字资源生成

丰富的教学案例与多样化的数字资源是一本优秀教材的重要组成部分。AI 不仅能够高效生成教学案例，还能设计相关的数字资源，提升教材的可读性和实用性。

1. AI 生成教学案例

（1）工具：秘塔、DeepSeek、文心一言、ChatGPT 等。

（2）操作步骤。

第一步，输入问题：明确案例需求。例如，输入提示词："生成一个关于生成式 AI 如何提升课堂参与度的案例。"

第二步，生成案例：AI 输出具体案例，包含背景、问题描述、解决方法和效果分析。

（3）案例示例。

主题：生成式 AI 辅助翻转课堂。

生成内容如下。

- 背景：某课程实施翻转课堂，但学生课前预习效果不佳。
- 问题：如何提高学生课前学习的积极性？
- 解决方案：利用 ChatGPT 生成课前引导问题，学生通过互动式问答完成预习。
- 效果：学生预习完成率提升 30%，课堂参与度显著提高。

2. AI 生成数字资源

（1）工具：秘塔、DeepSeek、文心一言、Canva 等。

（2）数字资源示例。

① 可视化图表。输入数据集，利用 AI 工具生成条形图、折线图等。

示例：使用 Python 工具（如 Matplotlib）和 ChatGPT 生成一张显示 AI 在教育领域应用增长趋势的图表。

② 交互式课件。

提示词示例："生成一个关于数据分析课程的 PPT 框架。"

AI 输出：课程框架，包括封面页、课程目标、理论部分、案例分析、总结页。

③ 视频脚本与字幕：利用 AI 生成课程视频脚本，并添加自动生成的字幕。

提示词示例："生成一段关于教学设计基本原则的视频脚本，时长 5 分钟。"

3. 设计并整合教材形式

方法 1：生成教学辅助材料

提示词示例："为一节关于回归分析的课程设计习题。"

输出：5 道不同难度的习题，附详细解答。

方法 2：开发在线交互内容

提示词示例："设计一个学生可以在线回答问题并得到实时反馈的测试题系统。"

输出：多选题、填空题、判断题示例，附代码实现建议。

方法3：优化传统内容的呈现形式

示例：根据教材文字生成可视化流程图，将复杂的内容变得更直观。

4. AI 赋能的协同编辑

AI 不仅能帮助单人生成素材，还支持多人协同创作。

（1）工具：腾讯文档、Google Docs 等。

（2）案例：教师团队将 AI 生成的大纲、内容草稿分发到协同平台，各人负责补充细节，AI 实时修正内容。

总之，在 AI 的辅助下，智慧课程、教改论文与教材的创作质量和效率可以全面提升。教师合理地运用 AI，能让教学突破传统，迈向充满无限可能的新时代。

第 9 章

AI 辅助教学成果奖与教改规划项目申报

教学成果奖、教学改革和教育规划项目的申报是具有挑战性与系统性的工作，需要教师精准挖掘创新点、高效撰写申报书并展示项目的独特价值。AI 可以为申报过程提供强有力的支持，帮助教师更快、更精准地完成申报书的撰写和优化工作。

9.1　AI 辅助教学成果奖申报与优化

申报教学成果奖是展示教学改革成效、推广成果的重要途径。AI 不仅能显著提升撰写申报材料的效率，还能辅助提炼成果名称、优化关键内容、提供数据和图表支撑、进行结构优化与细节打磨（见图 9.1），确保申报材料更加严谨且亮点突出。以下是具体的操作方法及示例。

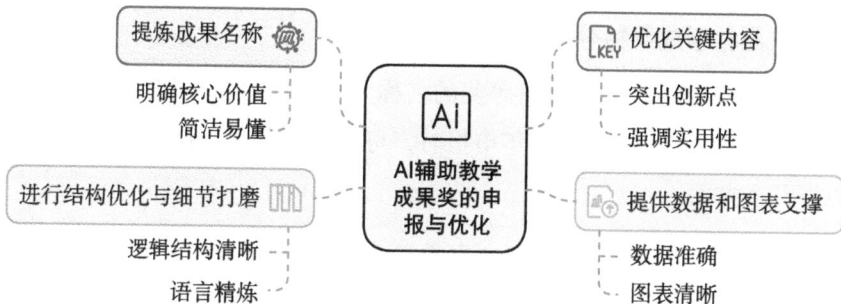

图 9.1　AI 辅助教学成果奖申报与优化

9.1.1　AI 辅助成果名称与关键点提炼

在撰写教学成果奖申报材料时，成果名称与关键点的提炼至关重要。一个优秀的名称能够清晰地传递成果的核心价值，并吸引评审专家的关注。

1. AI 辅助成果名称提炼的思路与方法

提示词示例："假设你是一位教学成果奖的评审专家，请从你的视角给出本届（2026 年）教学成果奖申报书的 5 个备选成果名称。"

AI 输出示例如下。

（1）AI 赋能产教融合：促进创业与高质量就业的协同育人模式探索。

关键词：AI 赋能、产教融合、创业、就业。

（2）深度学习驱动的"双链融合"：高层次创新型人才培养的路径优化。

关键词：深度学习、双链融合（产业链与教育链）。

（3）数字化转型下的"AI+ 创就业"教育模式：服务地方经济发展的实践探索。

关键词：数字化转型、创就业、地方经济。

（4）智能教育生态系统的构建：从课堂教学到创业实践的全过程创新。

关键词：智能教育、生态系统、全过程创新。

（5）生成式 AI 助力学生创新创业能力提升：产学研一体化路径。

关键词：生成式 AI、创新创业、产学研一体化。

2. 结合前几届教学成果特等奖的名称进行优化

例如，2022 年省部级教学成果特等奖的名称为"'泛在学·混合教·硕本联动'培养高层次应用型创业人才探索"。2026 年申报时，可以在不重复 2022 年成果名称的基础上，重点突出以下几个方面。

- AI 赋能教学与创新：充分体现 AI 在教育中的革命性作用。
- 产教融合深化：围绕产业链需求优化教育链。
- 创业促进就业：响应党的二十大关于"促进高质量充分就业"的要求。

优化后的成果名称示例如下。

- 智能化环境下的创新创业人才培养模式：AI 驱动的产教深度融合探索。
- AI 赋能混合教学：推动创业教育与就业实践的双向升级。
- 教育链与产业链的深度协同：服务区域经济发展的创业人才培养模式。

3. AI 辅助成果关键点提炼的步骤

（1）工具：ChatGPT、文心一言。

（2）操作步骤：明确成果主题，输入成果名称或核心关键词。

提示词示例："请提炼'AI 赋能产教融合：促进创业与高质量就业的协同育人模式探索'的关键点。"

（3）分析与总结。

AI 生成以下内容：

- 教学成果的核心目标；
- 实践路径与具体措施；
- 预期成效与创新亮点。

（4）生成结果示例如下。

- 核心目标：AI 赋能教育，探索校企合作、产教融合的协同育人机制。
- 实践路径：构建"AI+ 教育 + 产业"三位一体的育人模式，包括智能教学工具的应用、产业链需求驱动的课程设计等。
- 创新亮点：利用生成式 AI 构建个性化学习环境，将创业实践融入教学全过程。

9.1.2　AI 生成数据指标与展示图表

优秀的申报材料需要充分的数据支持和可视化展示，以便直观地呈现教学成果。

1. AI 生成数据指标

（1）应用场景示例：

- 教学成果实施前后学生成绩的数据对比；

- 创新创业项目孵化数量与成功率的增长趋势；
- 教师参与产教融合项目的数量及类型。

（2）工具：Excel、ChatGPT、文心一言。

（3）操作步骤：输入需求，如"为'AI 赋能产教融合'生成 5 组数据指标，并附上解释"。

（4）生成的数据指标示例：

- 学生创新创业竞赛获奖率提高 30%；
- 创业课程选修人数增长 200%；
- 毕业生平均薪资增长 15%；
- 校企合作签约企业数量增加 50%；
- 学生就业率达到 98%。

2. AI 生成图表

（1）图表类型及示例如下。

- 柱状图：展示成果实施前后的变化，如学生创新创业项目孵化数量对比图。
- 饼图：展示不同类型校企合作项目的占比。
- 折线图：展示多年来毕业生就业率的变化趋势。

（2）工具：

- Excel 或 Python 生成基础数据表格；
- Canva 或文心一言优化图表设计。

3. AI 生成图表示例

（1）提示词："生成一个展示'AI 赋能产教融合'项目成果的柱状图。"

（2）AI 输出结果如下。

- X 轴：年份（2020—2025 年）。
- Y 轴：创新创业项目孵化数量。

- 柱状图显示：从 50 个项目增长到 200 个项目。

9.1.3　AI 辅助结构优化与细节打磨

在优化环节充分运用 AI，可以确保申报材料逻辑严密、语言流畅、表达精准。

1. AI 辅助逻辑结构优化

（1）操作步骤：将初稿输入 AI，并提问："请检查以下材料的逻辑是否清晰，哪些地方需要修改或补充。"

（2）AI 提供的建议示例：

- 调整章节顺序，确保从问题提出到方案落地的逻辑递进关系贯穿始终；
- 补充关键数据或实例，增强说服力。

2. AI 辅助润色与降重

（1）工具：ChatGPT、Grammarly、文心一言。

（2）操作步骤如下。

- 降重：将重复率较高的段落输入 AI。提示词示例："将以下文本的重复率降至 50% 以下，同时确保内容的学术规范性。"
- 润色：用 AI 优化语言。提示词示例："用更流畅的语言改写以下段落。"

3. AI 生成自动校对清单

清单示例：

- 拼写和语法错误；
- 数据和图表的一致性；
- 教学成果关键词的精准表达。

教师可以利用 AI 生成的清单逐项进行检查，确保材料零遗漏。

9.2 AI 辅助教学改革项目申报

申报真正具有深度与创新意义的教学改革项目，其难度是不言而喻的。众多教师都为如何提炼出别具一格的创新点而绞尽脑汁。不过，在 AI 的辅助下，无论提炼项目名称、分析项目优势，还是从现有成果中挖掘创新点，都可以获得崭新的思路与方法。

9.2.1 AI 辅助教学改革项目创新点提炼

基于项目指南提炼项目名称、创新点及其优势时，可以使用 DeepSeek、ChatGPT、百度文心一言等工具。具体操作步骤如下。

1. 分析项目指南

上传或输入项目指南的核心要求。提示词示例："根据以下项目指南内容，提炼出 3 个适合申报的教学改革项目名称，并说明其独特价值。"

AI 输出示例如下。

（1）项目名称：基于 AI 的混合教学与个性化学习探索。

独特价值：通过生成式 AI 工具实现课程内容的个性化推送，提升学习效果。

（2）项目名称：产教融合驱动的学科交叉创新课程体系构建。

独特价值：通过深度结合企业需求与学科前沿，培养复合型人才。

（3）项目名称：教学链与产业链联动促进就业的创业教育生态。

独特价值：聚焦产业需求，为学生提供创新创业与就业一体化解决方案。

2. 从现有成果中提炼创新点

利用 AI 分析已有成果并从中提炼新方向。提示词示例："2022 年 ×× 市普通高等学校本科教学质量与教学改革项目获奖成果有哪些？基于这些成果生成新的申报方向。"

AI 输出示例如下。

2022 年成果名称："'泛在学·混合教·硕本联动'培养高层次应用型创业人才探索。"

新方向提炼："AI 驱动的泛在学习平台：实现混合教学的深度革新""智能技术赋能的硕本协同培养机制创新"。

3. 明确项目优势

利用 AI 进行对比分析，明确项目的独特优势。提示词示例："相比于传统的教学改革方案，AI 赋能的教学改革项目有哪些优势？"

AI 输出示例如下。

（1）提高教学效率：AI 自动分析学生学习数据，优化教学策略。

（2）增强互动性：AI 支持师生之间的实时问答和反馈。

（3）拓展覆盖范围：在线平台与 AI 结合，实现更多学习资源的开放共享。

9.2.2　AI 辅助教学改革项目申报书撰写的步骤

1. 搭建文本结构

上传"教学改革研究计划项目申报书"模板，AI 可以快速搭建逻辑清晰的文本结构。申报书的核心内容包括：

- 项目立项依据与研究目标；
- 项目研究内容及创新点；
- 项目研究工作方案；
- 已有工作基础及研究条件；
- 预期成果与成果应用。

2. 逐段优化与提炼亮点

示例如下。

提示词："对以下项目申报书内容进行逻辑优化并提炼亮点。"

输入原文："本项目旨在探索 AI 在教学中的应用。"

输出内容："本项目致力于探索 AI 如何重塑教学模式，特别是在提升课堂互动、优化教学资源配置方面的应用潜力。"

项目创新点提炼："通过 AI 提升课堂教学互动性，构建基于大数据的教学效果反馈系统。"

3. 提升内容逻辑性与条理性

利用 AI 分析申报书的整体逻辑，优化章节间的衔接。示例如下。

提示词："检查以下申报书内容是否逻辑清晰，并提出改进建议。"

输出内容："对研究目标与研究内容的衔接提出补充意见。"

总之，AI 可以为教学改革项目申报提供从名称提炼到申报书撰写的全方位支持，有效提升申报材料的质量。

9.2.3　AI 辅助教学改革项目申报书撰写的要点示例

下面以"天津市普通高等学校本科教学质量与教学改革研究计划项目申报书"为例，说明通过 AI 辅助撰写教学改革项目申报书的要点。

天津市普通高等学校

本科教学质量与教学改革研究计划

项目申报书

项目名称＿＿＿＿＿＿＿＿＿＿＿＿＿＿＿＿＿＿＿＿＿＿＿＿＿＿＿＿＿＿＿

项目负责人＿＿＿＿＿＿＿＿＿＿＿＿＿＿＿＿＿＿＿＿＿＿＿＿＿＿＿＿＿

学校名称＿＿＿＿＿＿＿＿＿＿＿＿＿＿＿＿＿＿＿＿＿＿＿＿＿＿＿＿＿＿

联系电话＿＿＿＿＿＿＿＿＿＿＿＿＿＿＿＿＿＿＿＿＿＿＿＿＿＿＿＿＿＿

电子邮箱＿＿＿＿＿＿＿＿＿＿＿＿＿＿＿＿＿＿＿＿＿＿＿＿＿＿＿＿＿＿

申报日期＿＿＿＿＿＿＿＿＿＿＿＿＿＿＿＿＿＿＿＿＿＿＿＿＿＿＿＿＿＿

一、立项依据与研究目标（限 600 字以内）
包括项目研究和教学实践的国内外现状分析，项目研究的理论与现实意义、研究目标等。

（续表）

二、项目研究内容（限 800 字以内）
包括主要研究思路、研究内容、研究方法、重点难点问题、主要创新点等。

三、项目研究工作方案（限 500 字以内）
包括研究工作进度安排、分工等（重点项目需要填写各课题分工及本栏目附表）。

课题基本情况

课题名称

	姓名	性别	出生年月	专业技术职务	工作单位及部门	课题中的分工	签字
课题负责人及主要成员							

本课题与项目关系，承担任务、建设内容和预期成果（限 400 字以内）

四、已有工作基础及研究条件（限 400 字以内）
包括与本项目相关的研究工作基础、本项目研究前期工作准备和为实施该项目研究所具备的其他有利条件。

五、预期项目成果、成果使用范围及效果（限 500 字以内）

1. 立项依据与研究目标（限 600 字以内）

本部分应清晰阐述项目的必要性和预期目标。

（1）要点：

- 通过国内外现状对比，引出项目研究的必要性；
- 明确项目与国家或地方教育政策的契合度；
- 分析当前教学中存在的问题和挑战；
- 提出具体、可衡量的研究目标。

（2）示例："本项目旨在解决工科学生创新能力不足的问题。通过引入'项目式学习＋虚拟仿真'的教学模式，预期在 3 年内提升学生的创新能力评分达 15%，专利申请数量增加 20%。"

（3）建议：使用数据和图表展示问题的严重性，如学生创新能力评分趋势图。

2. 项目研究内容（限 800 字以内）

本部分应详细描述项目的具体研究内容，确保内容全面且有深度。

（1）要点：

- 列出 3 ~ 5 个主要研究方向；
- 每个方向须包含具体的研究问题和方法；
- 确保研究内容之间的逻辑关联。

（2）研究方向示例：

- 设计项目式学习课程体系；
- 开发虚拟仿真实验平台；
- 构建创新能力评估体系。

（3）建议：使用思维导图展示研究的内容结构，使申报书更直观。

3. 项目研究工作方案（限 500 字以内）

本部分应说明详细的项目实施计划，包括时间节点和具体任务。

（1）要点：

- 将项目分为几个阶段，每个阶段都有明确的目标；
- 列出每个阶段的主要任务和预期成果；
- 指定负责人和参与人员。

（2）实施计划示例如下。

第一阶段（6 个月）：课程体系设计。

任务 1：调研国内外先进课程体系。

任务 2：设计适合本校的项目式学习课程大纲。

预期成果：完成 5 门核心课程的教学大纲设计。

（3）建议：使用甘特图展示项目进度，使计划更加清晰。

4. 已有工作基础及研究条件（限 400 字以内）

本部分应展示团队的研究能力和现有资源，增强申报书的可信度。

（1）要点：

- 列举团队成员的相关研究成果；
- 描述现有的硬件和软件设施；
- 说明已建立的校企合作关系。

（2）示例："团队核心成员在过去 5 年内（20××—20×× 年）发表教改论文 15 篇，其中 3 篇被 CSSCI 收录；实验室配备先进的 VR 设备，可支持 50 人同时进行虚拟仿真实验。"

（3）建议：使用表格列出团队成员的代表性成果，直观地展示团队实力。

5. 预期项目成果、成果使用范围及效果（限 500 字以内）

本部分应明确项目的预期产出和潜在影响。

（1）要点：

- 列举具体的预期成果，如教材、论文、专利等；
- 描述成果的应用范围；

- 预估成果对教学质量的提升效果。

（2）预期成果示例：

- 出版项目式学习教材 1 部；
- 开发虚拟仿真实验模块 10 个；
- 发表教改论文 5 篇，其中 2 篇被 CSSCI 收录；
- 申请教学方法相关专利 2 项。

（3）建议：使用图表展示预期成果对学生能力提升的影响，如采用雷达图对比实施前后的各项能力指标。

9.3　AI 辅助教育规划项目申报

教育规划项目申报一直是一项极具挑战性的任务。它要求申报者不仅具备宏观视野，洞察教育发展的整体趋势，还要精准把握政策动向，确保项目契合国家教育发展战略。同时，项目的时效性也极为关键，申报者必须把握时代脉搏，精准捕捉前沿热点。然而，这些要求与教师的日常教学实践存在显著脱节，导致许多教师在申报时无从下手。图 9.2 展示了教育规划项目申报的复杂性。

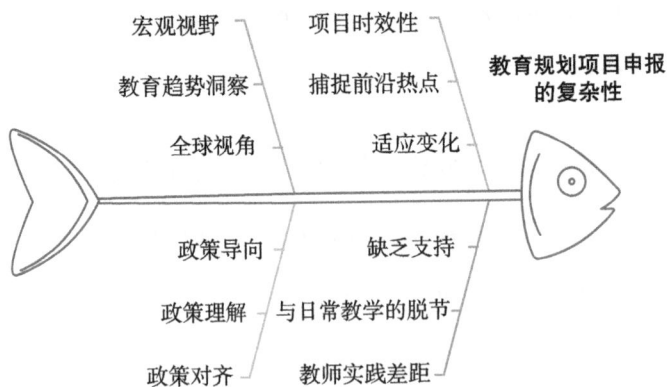

图 9.2　教育规划项目申报的复杂性

在 AI 的辅助下，教师可以简化申报流程，更高效地完成选题确定、活页撰写和细节打磨等工作。下面以 2024 年度全国教育科学规划项目为例，说明如何利用 AI 辅助申报教育规划项目。

9.3.1　AI 辅助选题确定

1. 利用 AI 快速了解大致研究趋势

《2024 年度全国教育科学规划项目选题指南》（以下简称《选题指南》）为申报者提供了丰富的选题方向，但这些选题往往偏向于宏观战略，与教师的日常教学实践存在一定的距离。例如，《选题指南》中的 "教育强国建设阶段性指标与评估研究" "AI 时代核心素养导向的基础教育课程改革研究" 等选题，虽然具有重要的政策价值，但教师可能难以直接将其与自己的研究兴趣和教学实践结合起来。

教师可以利用 AI 工具（如 ima.copilot）生成思维导图，梳理重点条目和重要方向，从而快速了解《选题指南》的大致研究趋势（见图 9.3）。

2. AI 辅助选题确定的步骤

核心问题：如何快速从上百条选题中锁定研究方向？

操作步骤如下。

（1）关键词提取与匹配。

教师可以使用 AI 工具（如 DeepSeek、ChatGPT、文心一言）解析《选题指南》中的重点条目和重要方向，提取高频关键词，如 "数字化转型" "教育公平" "产教融合" 等。例如，输入提示词："请分析《2024 年度全国教育科学规划项目选题指南》中的重点条目，提取前 10 个高频研究主题，并按相关性排序。"

AI 输出示例如下：

- 教育数字化转型（出现 5 次）；
- 教育公平（出现 4 次）；
- 产教融合（出现 3 次）；

……

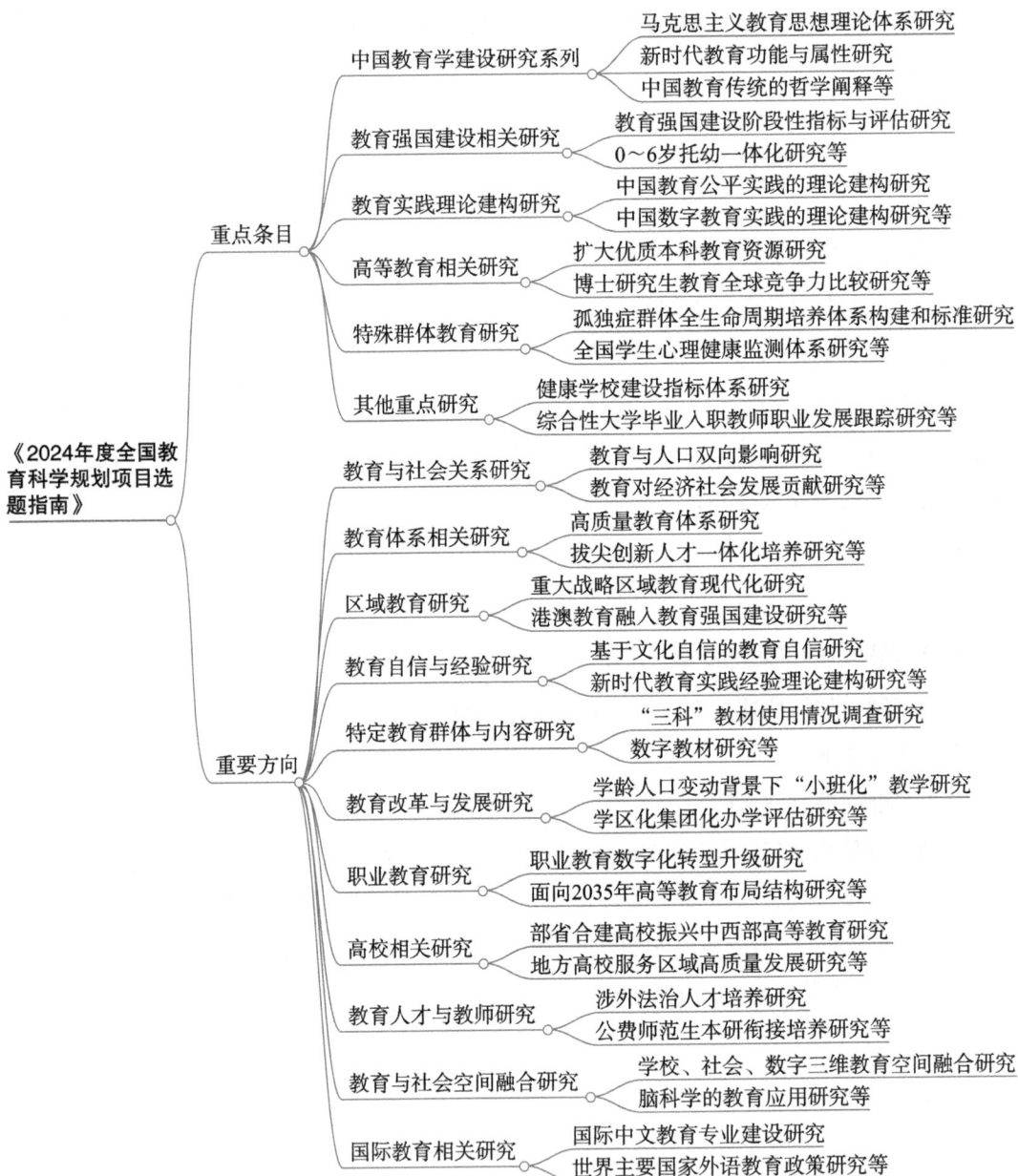

图 9.3 《2024 年度全国教育科学规划项目选题指南》的大致研究趋势

中国教育学建设研究系列
- 马克思主义教育思想理论体系研究
- 新时代教育功能与属性研究
- 中国教育传统的哲学阐释等

教育强国建设相关研究
- 教育强国建设阶段性指标与评估研究
- 0~6 岁托幼一体化研究等

教育实践理论建构研究
- 中国教育公平实践的理论建构研究
- 中国数字教育实践的理论建构研究等

重点条目

高等教育相关研究
- 扩大优质本科教育资源研究
- 博士研究生教育全球竞争力比较研究等

特殊群体教育研究
- 孤独症群体全生命周期培养体系构建和标准研究
- 全国学生心理健康监测体系研究等

其他重点研究
- 健康学校建设指标体系研究
- 综合性大学毕业入职教师职业发展跟踪研究等

《2024 年度全国教育科学规划项目选题指南》

教育与社会关系研究
- 教育与人口双向影响研究
- 教育对经济社会发展贡献研究等

教育体系相关研究
- 高质量教育体系研究
- 拔尖创新人才一体化培养研究等

区域教育研究
- 重大战略区域教育现代化研究
- 港澳教育融入教育强国建设研究等

教育自信与经验研究
- 基于文化自信的教育自信研究
- 新时代教育实践经验理论建构研究等

特定教育群体与内容研究
- "三科"教材使用情况调查研究
- 数字教材研究等

重要方向

教育改革与发展研究
- 学龄人口变动背景下"小班化"教学研究
- 学区化集团化办学评估研究等

职业教育研究
- 职业教育数字化转型升级研究
- 面向 2035 年高等教育布局结构研究等

高校相关研究
- 部省合建高校振兴中西部高等教育研究
- 地方高校服务区域高质量发展研究等

教育人才与教师研究
- 涉外法治人才培养研究
- 公费师范生本研衔接培养研究等

教育与社会空间融合研究
- 学校、社会、数字三维教育空间融合研究
- 脑科学的教育应用研究等

国际教育相关研究
- 国际中文教育专业建设研究
- 世界主要国家外语教育政策研究等

（2）研究方向推荐与独特价值说明。

① 研究方向推荐。结合个人研究基础，输入提示词："我近 5 年主要研究高职教育产教融合，请推荐适合申报的选题方向，并说明其与国家战略的关联性。"

AI 输出示例如下。

- 推荐方向：新型工业化背景下行业产教融合共同体推进路径研究（《选题指南》第 29 条）。
- 关联性：契合"制造强国"战略，符合《中华人民共和国职业教育法》深化校企合作的要求。

② 独特价值说明。输入提示词："根据《选题指南》为我推荐适合申报的教学创新项目名称，并说明其独特价值。"AI 会根据《选题指南》，结合当前教育热点和趋势，生成多个选题建议。

（3）筛选与优化。

教师可以结合自己的研究基础和兴趣，从 AI 生成的选题建议中筛选出最有潜力的选题。例如，AI 可能会推荐"基于 AI 的混合教学与个性化学习探索"，其独特价值在于通过生成式 AI 工具实现课程内容的个性化推送，以提升学生的学习效果。

在选择选题时，教师要充分考虑自己的研究基础和所在单位的资源优势。例如，如果所在学校在教育技术方面有较强的实力，就可以选择与 AI 教育应用相关的选题；如果所在地区有丰富的民族教育资源，就可以选择民族教育相关的选题。

例如，选题为"基于 AI 的民族地区教育质量提升研究"，其独特价值为"结合民族地区教育现状，利用 AI 进行教育质量监测评估与精准提升"，该选题具有很强的现实意义和创新性。

（4）政策合规性验证。

利用 AI 检查选题是否属于"必须从指南条目中选择"的类别。例如，输入提示词："若申报国家重点项目，自拟选题'乡村教师职业发展研究'是否符合要求？"

AI 输出示例："不符合。国家重点项目必须从指南条目中选择，建议调整为'市县结合的基础教育管理体制研究'（《选题指南》第 15 条）。"

案例：某高校教师原计划将选题定为"AI 伦理教育研究"，经 AI 检查后（依据《选题指南》)，将其调整为"中小学 AI 伦理教育研究"（《选题指南》第 63 条），并成功通过初审。

9.3.2　AI 辅助活页撰写的要点

1. AI 辅助梳理活页内容之间的逻辑关系

"全国教育科学规划年度项目论证活页"是项目申报的核心部分，其内容包括选题依据、研究内容、创新之处、预期成果、研究基础和参考文献等，如表 9.1 所示。

表 9.1　全国教育科学规划年度项目论证活页

项目名称：				
预期研究成果				
序号	成果名称	成果形式	成果等级	完成时间

本活页参照以下提纲撰写，突出目标导向、问题意识、学科视角，要求逻辑清晰、层次分明、内容翔实、排版规范。除"研究基础"外，本表与《申请书》表三内容一致，总字数不超过 7 000 字。
1. [**选题依据**] 国内外相关研究的学术史梳理及研究进展（略）；相对于已有研究，特别是全国教育科学规划同类项目的独到学术价值和应用价值。
2. [**研究内容**] 本项目的研究对象、主要目标、重点难点、研究计划及其可行性等（要列出提纲或目录）。
3. [**创新之处**] 在学术观点、研究方法等方面的特色和创新。
4. [**预期成果**] 成果形式、宣传转化及预期学术价值和社会效益等（略）。
5. [**研究基础**] 申请人前期相关代表性研究成果、核心观点等（略）。
6. [**参考文献**] 开展本项目研究的主要中外参考文献（略）。

以下是 AI 辅助生成的活页内容之间的逻辑关系说明。

（1）选题依据与研究内容。

选题依据中梳理的"学术史"应指向研究内容中的"研究对象"和"重点难点"。

示例：若选题依据提到"现有研究缺乏实证模型"，则研究内容应包含实证分析。

（2）研究内容与创新之处。

研究内容中的"方法论设计"（如跨学科方法）直接对应于创新之处中的"方法创新"。

示例：若研究计划中引入"情境模拟法"，则应在创新之处中强调其独特性。

（3）创新之处与预期成果。

在预期成果中应体现创新点的实际转化成果，如开发新课程、形成政策建议等。

示例：若创新点为"结合技术哲学重构目标"，则预期成果应包含相关教材或标准。

（4）研究基础与整体逻辑。

研究基础中列出的前期成果（如已发表的论文），应与选题依据中的"学术价值"相呼应，以证明项目的延续性。

2. AI 辅助活页撰写的步骤

核心问题：如何高效撰写 7 000 字的项目活页？

操作步骤如下。

（1）自动生成选题依据。

如果已有的研究主题思路模糊，尚无初步内容，那么可以向 AI 工具输入提示词："基于［研究主题，如'中小学 AI 伦理教育研究'］，生成国内外研究综述，突出学术价值和应用价值，限 500 字以内。"

AI 输出示例："近年来，AI 伦理教育成为全球热点……国内研究多集中于理论框架，缺乏实践模型（略）。本项目拟构建中小学 AI 伦理课程体系，填补政策空白，助力《新一代 AI 伦理规范》落地。"

如果已有初步的研究思路和内容，那么可以将其输入 AI 工具，并输入提示词："根据我的研究思路和初步内容，生成详细的活页内容。"AI 工具会结合《选题指南》和活页模板，生成一份结构完整、内容翔实的活页。

（2）研究内容结构化设计。

输入提示词："请以'理论构建—实证分析—对策建议'为逻辑，设计本项目的研究计划。"

AI 输出示例如下。

本项目研究计划可分为以下 3 个层次：

- 理论层——梳理 AI 伦理教育的国际经验；
- 实证层——调研 10 省市中小学课程现状；
- 实践层——开发课程标准及教师培训手册。

（3）提炼创新之处。

输入提示词："请从跨学科视角（教育学＋伦理学＋计算机科学）提炼本项目的创新点。"

AI 输出示例如下。

本项目的创新点有以下 2 个：

- 方法创新——引入"情境模拟法"，评估学生的伦理决策能力；
- 视角创新——结合技术哲学，重构 AI 伦理教育目标。

（4）以图文并茂的形式呈现。

在活页中适当插入表格和图片，可以帮助评审专家更好地理解项目内容。AI 可以辅助教师设计表格和图片。

- AI 可以生成研究框架图，展示研究的各个环节及其逻辑关系。
- AI 可以生成数据分析图，辅助说明如何利用 AI 进行数据收集和分析。

9.3.3　AI 辅助项目活页及申报书细节打磨的注意事项

1. 预算编制

教师可以利用 AI 编制预算，例如，输入提示词："国家一般项目经费为 20 万元，请按《资金管理办法》生成合理预算表，间接费用≤ 40%。"

AI 输出示例如下。

科目	金额（万元）	说明
业务费	10	调研差旅、数据购买
劳务费	3	研究生助研津贴
间接费用	7	管理费（35%）

2. 退件风险预警

教师可以使用 AI 查重工具检测活页中的敏感信息或个人信息，例如，输入提示词："检查活页中是否出现'××大学''李教授'等敏感信息。"

案例：某教师因在活页中提及"××校实验校"而被退件，经 AI 提示后，将其修改为"某东部地区试点学校"，成功提交。

3. 优化语言表达和检查内容细节

教师可以向 AI 工具输入提示词，如"帮我优化活页和申报书的语言，使其更加通顺、准确"，AI 会根据学术语言规范对相关内容进行优化，还可以检查是否有错别字、语法错误等。

总之，在申报教学成果奖与教改规划项目时，AI 不仅可以帮助教师确定选题、撰写活页，还可以优化申报书的细节，提高申报的成功率。但要注意，AI 生成的内容必须经过人工复核，以确保逻辑自洽、符合相关政策。教改规划项目的成功，终需"人机协同"——以 AI 提效，以人文立意。

第 **10** 章

AI 辅助指导学生作业、竞赛与项目

在 AI 的辅助下，教师能够更精准地指导学生完成作业、准备竞赛和实施项目，解决传统教学模式下存在的时间和资源限制问题。同时，AI 还能激发学生的创新思维，增强他们的实践能力，帮助他们为未来的职业发展做好充分准备。

10.1　AI 辅助指导学生完成作业

10.1.1　重新思考抄袭与作弊

在传统教育观念里，抄袭和作弊被明确界定为学术不端行为，它们严重破坏教育公平，并违背学术诚信。随着 AI 在学习领域得到广泛应用，这两个概念的界定正变得更加复杂。见图 10.1 展示了作业从完全由 AI 完成到完全由人类完成的一个连续范围。

在图 10.1 中，顶端部分代表完全依赖 AI 生成的内容来完成作业，这通常被认定为学术不端行为；而底端部分则代表人类完全独立完成作业，尽管这种做法值得推崇，但在实际情境中并不总是可行，或者说不是一种高效的选择。

那么，介于这二者之间的灰色地带应当如何界定呢？这正是教育领域需要深入探讨的关键议题。在这个区域里，AI 与人类智慧的协同既能够激发学生的批判性思维与深度学习能力，又可帮助其培养适应未来职业发展的核心素养。关键在于，我们要找到那个平衡点，明确哪些借助 AI 辅助完成的作业仍可被视为学生的有效学习成果。

这就需要我们对抄袭和作弊进行重新定义。

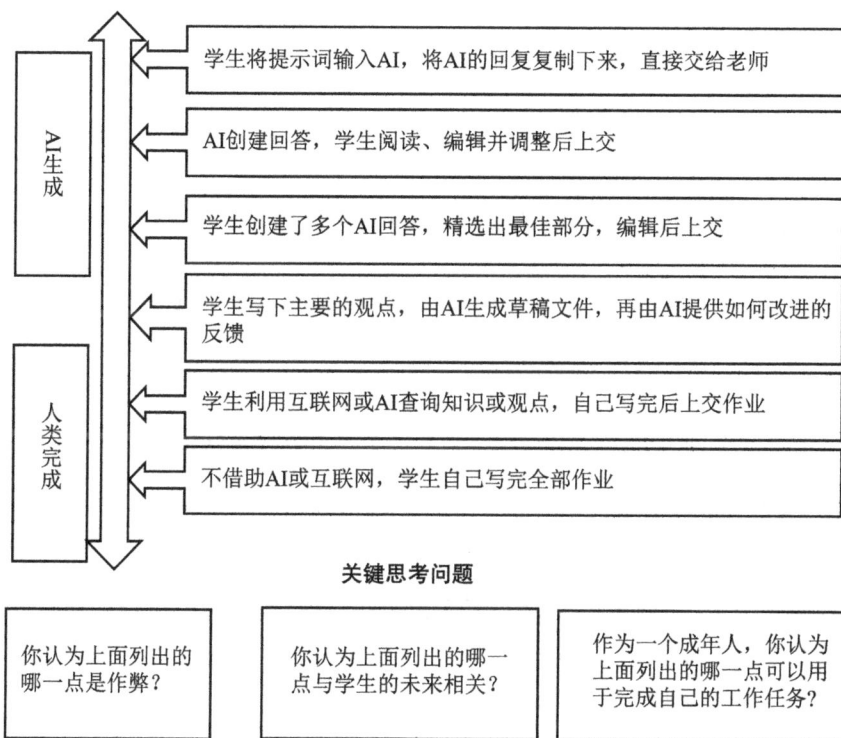

资料来源:《人工智能教学》(米歇尔·齐默尔曼著),华东师范大学,2024。

图 10.1　重新思考抄袭和作弊

(1)抄袭。在 AI 时代,AI 生成的内容通常不被视为任何个体的知识产权,它本质上更像是公共领域资源。因此,只要学生明确标注 AI 的辅助作用,并展示自己的独立思考过程和原创性贡献,这样的作业就不应被视为抄袭。例如,学生可以借助 AI 完成文献检索和数据分析,但最终的写作或内容创作仍应由学生独立完成。

(2)作弊。在传统意义上,作弊主要是指通过不正当手段来提高成绩。但在 AI 辅助的学习环境下,作弊的界定不应局限于作业完成方式,而应该更关注学生是否违背了学术诚信原则。例如,如果学生在使用 AI 时仅仅依赖其生成答案,而没有对问题进行思考或分析,那么这种行为就可以被视为学术不端行为。

美国学者肯·谢尔顿针对图 10.1 曾提出了一个富有启发性的问题:"把图中的'AI'换成学校里的'同学'或'朋友',你的观点或想法会改变吗?"这个问题引导我们去思考协作与合作的本质。在 AI 辅助学习的环境中，学生用 AI 辅助学习，与跟同学讨论或寻求教师帮助一样，都属于合理利用学习资源的范畴。关键在于，学生能否在这个过程中保持独立思考和批判性思维。

10.1.2　AI 辅助指导学生高质量完成作业

在 AI 辅助学习的环境中，教师指导学生高质量完成作业时可以采取一系列策略，如图 10.2 所示。

图 10.2　AI 辅助指导学生高质量完成作业

1. 明确作业目的与要求

教师需要明确作业的目的和要求。作业不仅是为了检验学生对课堂知识的理解程度，更是为了培养他们的独立思考能力和问题解决能力。

具体做法：在布置作业时，教师应明确说明作业的目标、预期成果，以及 AI 可以辅助的范围。

示例：在数学作业中，教师可以明确指出哪些部分可以由 AI 辅助完成，如公式推导、基础计算等；而哪些部分需要由学生独立完成，如提出解题思路、应用题解答等。

2. 鼓励学生探索与创新

教师应鼓励学生积极利用 AI 进行探索与创新。例如，在撰写论文时，学生可以利用 AI 完成文献检索、摘要提取和初步撰写等工作。但教师需要强调，这些只是辅助手段，真正的思考和创作工作仍须由学生独立完成。

示例：在科学实验报告中，学生可以使用 AI 整理实验数据和生成初步报告，但最终的数据分析和结论仍须自行独立完成。

3. 设置合理的评价标准

为了鼓励学生高质量完成作业，教师需要设置合理的评价标准。这些评价标准应既考查学生的独立思考能力，又考查他们对 AI 的有效利用程度。

示例：在评价论文时，教师可以关注学生的论点是否清晰、论据是否充分、逻辑是否严谨等，同时考查学生对 AI 生成内容的筛选、整合和批判性思考。

4. 提供具体的指导与反馈

在学生利用 AI 完成作业的过程中，教师需要提供具体的指导和反馈。例如，当学生在使用 AI 遇到困难时，教师可以提供技术上的帮助；当学生在整合 AI 生成的内容出现问题时，教师可以指导他们如何进行筛选和批判性思考。

示例：在撰写历史论文时，教师可以指导学生利用 AI 进行文献检索和初步撰写。首先，学生可以使用 AI 快速找到相关文献并进行初步筛选；其次，他们可以利用 AI 提取文献摘要以了解大致内容；最后，在撰写论文时，学生可以借鉴 AI 生成的初步框架和段落结构，但需要结合自己的思考和理解进行完善和补充。在这个过程中，教师需要向学生强调独立思考和批判性思维的重要性，并鼓励他们不断尝试和创新。

10.1.3 AI 辅助作业批改

在 AI 辅助学习的环境中，高效批改作业正面临新的挑战。以下是 AI 辅助批改作业的一些实用策略和方法（见图 10.3）。

1. AI 初步筛查与评分

为了快速识别出可能存在抄袭或作弊行为的作业，教师可以利用 AI 检测工具进行初步筛查。这些工具可以通过分析文本的语言特征、句式结构等方面来检测作业的原创性。

值得注意的是，AI 检测工具并非万无一失，它们可能会发生误报或漏报。因此，在使用这些工具时，教师需要结合自己的专业知识和教学经验进行综合判断。

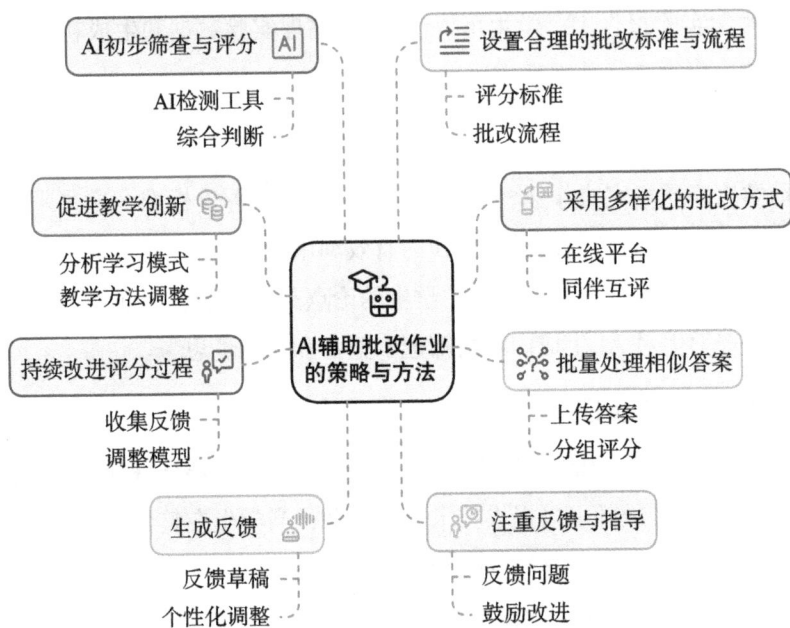

图 10.3　AI 辅助批改作业的策略与方法

示例：在批改英语写作作业时，教师可以使用 AI 检测工具来检查文章的语法和拼写错误，但仍需要根据学生的写作能力和文章内容进行综合判断，以确定最终的评分和反馈。

2. 设置合理的批改标准与流程

为了提高批改效率，教师应设置合理的批改标准和流程。这些标准和流程应既考虑作业的完成质量，又考虑批改的可行性和效率。

示例：在批改论文时，教师可以关注学生的论点是否明确、论据是否充分、逻辑是否严谨等，并制定相应的评分标准。同时，为了加快批改速度，教师可以采取分组批改、轮流批改或让助教协助批改等方式来优化工作流程。

3. 采用多样化的批改方式

除了传统的纸质作业批改，教师还可以采用多样化的批改方式来提高效率。例如，教师可以利用在线平台或软件批改作业，这样可以方便地进行文本对比和数据分析；也可以采用同伴互评的方式，让学生相互检查作业并提供反馈；还可以利用 AI 进行自动化批改，如自动检测语法错误、拼写错误等。当然，教师需要结合具体学科和作业类型灵活选用批改方式。

示例：在批改数学作业时，教师可以利用在线平台批改作业，这样不仅可以快速批改客观题，还可以通过数据分析了解学生对知识点的掌握情况；在批改文学作业时，可以采用同伴互评的方式，让学生相互阅读和评价对方的文章，以培养他们的批判性思维和写作能力。

4. 批量处理相似答案

教师可以利用 AI 识别相似的答案并进行分组评分，具体操作步骤为：上传所有学生的答案，AI 分析并将相似答案分组，教师一次性评价每组答案，AI 将评分应用于组内所有答案。

示例：在批改选择题作业时，教师可以用 AI 识别相似答案并进行分组评分，这样不仅可以节省时间和精力，还可以确保评分的公正性和准确性。

5. 注重反馈与指导

在批改作业的过程中，教师要注重给予学生及时的反馈和指导。这些反馈和指导应既关注作业中存在的问题和不足，又鼓励学生继续努力和改进。例如，在批改论文时，教师可以指出论点不清、论据不足或逻辑不严谨等问题，并提出具体的修改建议；同时，也可以肯定学生在利用 AI 完成作业方面的努力和成果，鼓励他们继续探索和创新。

示例：在编程作业中，教师可以指出学生代码中的错误和不足之处，并提供调试建议；同时，也可以肯定学生在利用 AI 编程方面取得的进步和成果，鼓励他们继续学习和探索新的编程技术和工具。

6. 生成反馈

教师可以利用 AI 生成初步反馈意见并根据需要进行修改和个性化处理。具体操作步骤为：上传学生作业到 AI 平台，AI 平台生成反馈草稿，教师审阅并调整反馈，发送最终反馈给学生。

示例：在批改英语写作作业时，教师可以利用 AI 生成初步反馈意见。例如，AI 可以指出文章中的语法错误、拼写错误，以及针对句子结构的改进建议，然后教师根据学生的具体情况，对这些反馈意见进行调整和个性化处理，然后将意见发送给学生。

7. 持续改进评分过程

教师可以定期收集学生对 AI 辅助评分的反馈，并根据这些反馈定期调整 AI 模型和评分标准，以提高评分的准确性和公正性。同时，教师也需要向学生解释清楚评分过程中 AI 的作用，以及如何保护学生的隐私和数据安全。

示例：反馈调查问题包括"AI 生成的反馈对你有帮助吗""哪些方面可以改进"；重要提示包括"AI 是辅助工具，不能完全取代教师的判断""保持透明度，让学生了解 AI 在评分过程中的作用""定期检查 AI 评分的准确性和一致性""考虑学生的隐私和数据安全问题"。

8. 促进教学创新

基于 AI 辅助作业批改的反馈数据，教师可以进一步推动教学创新。AI 能够分析大量作业数据，揭示学生的学习模式和趋势，帮助教师识别教学中的盲点和不足。通过数据驱动的决策，教师可以调整教学方法和作业设计，为学生提供更精准的学习支持。例如，如果发现学生在数学运算方面普遍存在问题，教师可以有针对性地增加相关练习题和辅导材料；如果 AI 分析显示学生对实践操作类作业更感兴趣，教师可以在课程中增加实验和项目式学习内容，也可以在作业设计中融入更多的游戏元素。

示例：在批改数学作业时，教师可以利用 AI 进行自动化批改和数据分析。首先，学生将作业照片上传至在线平台；其次，AI 自动识别并批改作业中的客观题（如选择题、填空题等）；最后，教师重点关注主观题（如解答题、证明题等）的批改和反馈。在这个过程中，AI 可以帮助教师快速筛选出可能存在问题的作业并进行重点批改；同时，教师也可以利用 AI 提供的数据分析报告来了解学生的学习情况和问题，从而制定更有针对性的教学创新措施。

总之，教师利用 AI 指导学生完成作业、批改作业并深入分析其结果，不仅能够高效地完成批改作业的任务，还能在此基础上促进教学创新，为学生提供更加精准和有效的支持，并推动教育事业的持续发展。

10.2　AI 辅助指导学生备赛

10.2.1　教师指导学生备赛的挑战与痛点

在现代教育体系中，教师不仅肩负着教学任务，还要为学生的竞赛、学术发展及未来职业发展提供指导。随着各类竞赛日益增多，教师在指导学生备赛过程中面临的挑战与痛点也愈加突出，如图 10.4 所示。

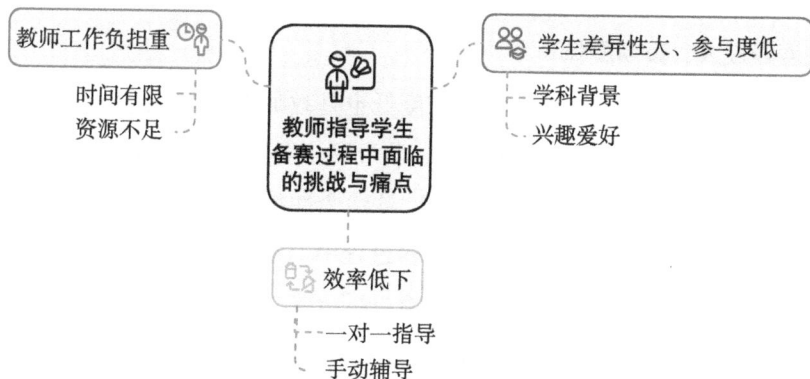

图 10.4　教师指导学生备赛过程中面临的挑战与痛点

1. 教师工作负担重

教师在指导学生参加各类竞赛时，首先面临的挑战就是时间与资源有限。大学生竞赛种类繁多，涉及的学科范围广，涵盖技术类、学术类及创新创业类等不同领域，这对教师的指导能力提出了差异化要求。如何在有限的时间内对每位参赛学生进行个性化的辅导，成了教师不得不面对的一大难题。

以中国国际大学生创新大赛为例，这是我国规模最大、参与人数最多的国家级大学生创新创业竞赛，涵盖了从科技创新到商业计划书的多个领域。每年，成千上万的学生参与其中，指导教师通常负责指导多个团队，而且每个团队的任务和项目背景各不相同。教师不仅要提供学术上的支持，还要参与项目选题、商业路径规划、团队协作优化及项目展示筹备等多方面的工作。

例如，教师可能需要帮助学生确定项目选题，不仅要考虑学生的兴趣，还要考虑市场需求、技术可行性及团队成员的优势与特长；然后，教师还要指导学生进行项目开发、数据分析、方案撰写等。这些事都需要教师在短时间内协调并安排好，确保每位学生都能得到充分的指导和支持。

然而，教师还需要承担日常的教学任务、科研项目及其他行政工作。在这么繁忙的情况下，如何进行高效的个性化指导，成为教师面临的一大挑战。尤其是在面临多个竞赛项目时，教师需要兼顾多项任务，往往会出现精力分散、时间不足的情况，进而影响指导效果。

2. 学生差异性大、参与度低

在备赛过程中，学生的差异性大、参与度低也是教师必须解决的痛点。学生的差异性体现在多个方面，如学科背景、兴趣爱好、学习风格及学习能力等。每位学生的特点不同，教师很难采取统一的教学方法进行指导，这给个性化教学带来了挑战。

例如，在全国大学生数学建模竞赛的备赛过程中，一些学生展现出较强的数学建模和推导能力，但存在编程能力不足的问题；还有一部分学生对数学建模的兴趣不高，缺乏参赛动力。如何在备赛过程中帮助这些学生弥补能力短板、提高参赛积极性，成了教师面临的重要挑战。

很多学生在备赛过程中也会遇到一些问题。例如，学生可能在理解竞赛规则或实施解决方案等方面遇到困难，如果教师不能及时发现并有效解决这些问题，学生参与比赛的热情和积极性就会急剧下降。更严重的是，长期处于困惑状态可能使学生对竞赛失去信心，进而导致其中途放弃参赛。

3. 效率低下

尽管传统的备赛模式已经比较成熟且积累了大量经验，但其效率仍然不高。传统的备赛模式主要依靠教师的手动辅导和一对一指导，存在效率低、覆盖面小、响应速度迟缓等局限性。当面对大规模参赛群体与多元化竞赛类型时，传统模式的弊端就更为突出。教师在为每位学生提供个性化指导时，往往无法迅速调整教学内容和方法，导致备赛进度缓慢。

例如，在全国大学生电子设计竞赛中，学生们需要完成从电路设计到印刷电路板

（Printed Circuit Board，PCB）制作、从软件调试到实验演示等多个环节的工作，每个环节都需要花费大量的时间和精力进行调整和优化。而传统的备赛模式往往需要教师手动检查、分析每位学生的设计，反馈修改建议并指导改进方向。这个过程不仅非常烦琐，还容易出现疏漏。

综上所述，教师在指导学生备赛的过程中面临诸多挑战。但是，AI 辅助备赛为解决这些问题提供了新的思路和方向。

10.2.2　AI 辅助指导学生竞赛的具体策略

在学生备赛的过程中，AI 不仅能够提高学生的学习效率，还能为教师提供精准的指导方案。传统的备赛模式往往依赖教师的手动指导和学生的自主学习，但在面对竞赛项目多元化、学科要求复杂化、学生个体差异化的多维需求时，其局限性愈发凸显。AI 为备赛过程带来了革命性的变化，它能够在竞赛准备和实战阶段为学生提供全方位的支持，如图 10.5 所示。

图 10.5　AI 辅助指导学生备赛的具体策略

1. 竞赛准备阶段

（1）竞赛推荐。

学生在选择适合自己的竞赛时，往往需要考虑多个因素，包括学习背景、兴趣偏好和竞赛经历等。在传统模式下，学生通常通过网络搜索或向教师咨询来了解竞赛信息，然而这些方法往往耗时耗力且效率低下。而在今天，AI 可以根据学生的具体情况推荐适配度最高的竞赛项目。

AI 推荐竞赛项目时，通常会分析学生的学习数据（如学习历史、成绩单、兴趣点）

及竞赛的具体要求，从而为学生推荐最符合其能力和兴趣的项目。这不仅提高了学生参与竞赛的积极性，还能让他们在竞赛中获得较好的成绩。

例如，学生李明有较强的数学基础和编程能力，但对创新创业类竞赛不感兴趣。AI 通过分析李明的学科背景、学习成绩及竞赛历史，推荐他参加全国大学生数学建模竞赛或 ACM 国际大学生程序设计竞赛。他可以发挥自己在数学和编程方面的优势，而且参与竞赛的兴趣也很强烈。

（2）学习计划个性化。

每位学生的学习进度、能力水平和学习风格都存在差异，这就要求教师为每位学生制订个性化的学习计划。然而，面对大量学生，教师往往无法做到逐一为学生制订精准的计划。而 AI 能够通过大数据分析，为学生量身定制学习计划，提供个性化的学习支持。

具体操作步骤如下。

第一步：输入学生信息。教师或学生可以将个人的学习背景、兴趣偏好、竞赛目标及时间安排输入 AI 工具。

第二步：分析学生数据。AI 通过分析学生的学习历史、测评成绩和学习习惯，评估学生当前的能力水平，识别学生的优缺点。

第三步：生成学习计划。AI 根据学生的学习进度和竞赛要求，自动生成个性化的学习计划，包括每日学习目标、阶段性测评、难点突破等内容。

第四步：调整和优化计划。在备赛过程中，AI 能够根据学生的实时表现自动调整学习计划，确保学生的学习路径和进度始终与竞赛目标保持一致。

例如，学生 A 擅长数学建模，但编程能力较弱，AI 为他制订的学习计划侧重于提高编程能力，AI 建议他通过模块化专项练习和系统化题库训练来强化自己的编程能力；学生 B 对数学建模感兴趣，但缺乏团队合作经验，AI 为他制订的学习计划加入了团队协作技能的培训，AI 建议他参加一些团队协作的模拟比赛，以提升其团队合作能力。

借助 AI 制订的个性化学习计划，学生能够按照适合自己的节奏高效备赛，避免因不合理的学习计划而浪费时间或走弯路。

（3）资料搜集与整理。

在备赛过程中，学生需要用到大量的学习资料和参考资料。传统的资料搜集方式往往依靠手动搜索和整理，费时费力且效率低下。而 AI 则可以自动搜集、筛选并整理与竞赛相关的资料，确保学生能够快速高效地获取相关信息。

① 资料来源：AI 可以从开放的学术资源库、在线课程平台、学术期刊、竞赛官网等多个渠道搜集资料。

② 筛选标准：AI 可以根据竞赛的主题、学生的学习需求及资料的质量标准，自动筛选出相关性和价值最高的学习资料。

③ 资料整理：AI 可以将这些资料按照主题、难度等级、相关性等进行分类，生成系统的资料库。学生可以通过 AI 快速找到自己需要的资源，避免在网络上浪费大量时间。

例如，在参与全国大学生化学实验邀请赛时，学生可能需要学习化学实验的操作步骤、常见实验问题的解决方法及相关实验材料的选择等知识。AI 可以自动从专业网站、化学期刊及线上课程中筛选相关资源，并将这些资料按照实验类型、难易程度和相关理论知识进行分类，供学生查看。

2. 竞赛实战阶段

在竞赛实战阶段，学生需要面对高复杂度和高强度的竞赛环境。AI 可以通过智能作品创作辅助、实时进度监测与动态反馈等为学生提供支持，确保其能够在竞赛过程中保持高效和冷静的状态。

（1）作品创作辅助。

在许多竞赛尤其是技术类或创新类竞赛中，学生需要创作作品或进行项目开发。AI 能够在此过程中为学生提供智能化的支持，帮助学生快速生成代码、设计元素等，从而大幅提高作品质量和创作效率。

以编程竞赛为例，AI 可以自动生成部分代码，帮助学生完成一些基础的代码框架。例如，在 ACM 国际大学生程序设计竞赛中，学生可能需要编写一段复杂的算法来解决问题。AI 可以根据题目要求和常见算法模板自动生成代码框架，并提示学生补充具体的算法逻辑或优化代码。

此外，AI 还可以根据竞赛的需求生成相关的图表、设计元素等。例如，在商业竞赛中，AI 可以根据学生提供的市场分析数据自动生成图表，并提供优化建议，以提高学生作品的竞争力。

AI 辅助创作在质量控制方面呈现出较高的标准化特征，不仅可以减少人为错误，还可以加速创作过程。与传统的手动创作相比，AI 辅助创作的作品往往具有更强的创新性和更高的技术精度。尤其是在技术类竞赛中，AI 能够帮助学生快速解决技术难题，大幅缩短备赛时间。

（2）实时进度监测与反馈。

AI 可以实时监测学生的备赛进度，并提供即时反馈，确保学生在规定时间内完成任务，并根据实际情况调整备赛策略。通过对学生学习进度的实时追踪，AI 能够帮助学生及时发现问题，避免在竞赛临近时出现拖延或偏题的情况。

① 实时数据收集：AI 可以通过分析学生的学习记录、模拟测试成绩、任务完成情况等数据，实时监测学生的进度。

② 提供即时反馈：AI 可以根据学生的实时表现提供反馈，指出学习盲点或时间管理方面的问题，并建议其调整学习策略。

③ 给出改进建议：AI 可以根据数据分析结果提出具体的改进建议，帮助学生提高学习效率。

实际效果示例如下。

使用 AI 监测前：学生在备赛过程中常常拖延，缺乏系统的时间管理，导致学习进度滞后，一直到临近竞赛才开始冲刺，备赛效果不佳。

使用 AI 监测后：AI 帮助学生设定每天的学习目标，实时跟踪学生的学习进度并提供调整建议。学生在 AI 的引导下高效复习，及时弥补知识漏洞，提高了备赛效果。

AI 凭借进度监测与即时反馈功能，能够让学生更有条理地进行备赛，确保其每个阶段的任务都能够顺利完成，帮助学生在各类竞赛中取得更好的成绩。

10.2.3　教师与 AI 协同指导学生备赛的模式探索

随着 AI 在教育领域的应用逐渐深入，教师与 AI 的协同在学生备赛过程中的作用越来越重要。AI 不仅能够提供高效、个性化的学习支持，还能减轻教师的工作负担，使教师能够专注于对学生进行情感支持、价值引导等，从而获得最佳的效果。下面从教师与 AI 的角色定位、协同指导模式的构建及其实施与优化三个方面，探索如何通过教师与 AI 的协同提升学生的备赛效果。

1. 教师与 AI 的角色定位

在学生备赛的过程中，教师和 AI 的角色定位各有侧重，各自发挥着独特作用（见图 10.6）。教师作为学生的主要引导者，在备赛过程中扮演着核心的角色；而 AI 作为辅助工具，能够从多个方面为学生提供帮助，特别是在信息筛选、学习计划制订等方面。教师与 AI 的协同能够有效提升备赛效果，确保学生在备赛的每个阶段都能得到充分的支持。

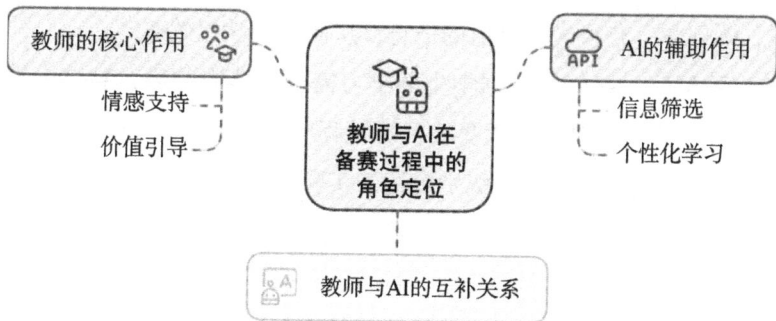

图 10.6 教师与 AI 在学生备赛过程中的角色定位

（1）教师的核心作用：情感支持与价值引导。

教师在备赛中的作用不仅限于知识传授和技术辅导，更重要的是对学生的心理支持、价值引导等。在备赛过程中，学生往往面临巨大的压力和挑战，尤其是在面对复杂的题目和激烈的竞争时，学生可能会感到迷茫和焦虑。此时，教师的情感支持尤为重要。

例如，在全国大学生数学建模竞赛中，学生不仅需要掌握大量的数学知识，还要在短时间内解决难度较大的问题。这对许多学生来说是一项巨大的挑战，尤其是那些基础较弱的学生，他们可能会产生焦虑情绪，甚至放弃继续努力。而教师通过与学生的沟通和交流，能够帮助学生缓解压力，增强他们的信心。教师还可以通过设定阶段性目标、积极反馈等方式，帮助学生保持动力。

此外，教师在学生的备赛过程中还承担着价值引导的职责。教师不仅要教授知识，还要引导学生树立正确的价值观。例如，在创新类竞赛中，教师需要强调创新思维、团队合作和解决实际问题的重要性，帮助学生理解竞赛的深层意义，而不是仅仅关注结果。

（2）AI 的辅助作用：信息筛选与个性化学习。

与教师不同，AI 在备赛过程中的作用主要体现在信息筛选、个性化学习和数据分析等方面。AI 可以通过分析学生的学习历史和能力水平，为学生提供量身定制的学习计划，自动推荐相关学习资源，帮助学生更加高效地备赛。

以"挑战杯"大学生课外学术科技作品竞赛为例，学生在备赛过程中需要搜集大量的文献、案例和研究数据。AI 可以根据竞赛主题，自动从网络和学术资源库中筛选出相关性最高的资料，并将其推荐给学生。AI 还可以根据学生的学习进度和兴趣，自动调整推荐的资料类型，确保学生获得最有价值的信息，从而提高学习效率。

在个性化学习方面，AI 能够根据学生的学习需求和能力差异，制订个性化的学习计划。例如，在全国大学生化学实验竞赛的备赛过程中，AI 可以根据学生在模拟测试中的表现，自动调整学习计划，推荐难度级别合适的实验操作和数据分析题目，确保学生在适当的挑战下不断进步。

（3）教师与 AI 的互补关系。

教师与 AI 的关系是互补的，而非替代的。教师在备赛过程中承担着引导学生思维、提供情感支持、培养创新能力等核心职责，而 AI 为教师提供了强有力的技术支持，可以帮助学生高效学习。教师和 AI 的协同能够充分发挥双方的优势，确保学生在备赛过程中的全面发展。

例如，AI 可以凭借数据分析快速定位学生的学习薄弱环节，为教师提供精准的数据支持，助力教学决策。而教师基于丰富的经验和深厚的专业知识，能够帮助学生在面对复杂的实际问题时找到正确的解决方案。在面对学生的情感问题时，AI 无法替代教师的关怀和引导作用。因此，教师与 AI 的协同不仅可以提高学生的学术能力，还能增强学生的自信心，提高其参与度，促进其全面发展。

2. 协同指导模式的构建

构建教师与 AI 的协同指导模式，旨在通过合理分工和合作，充分发挥教师和 AI 各自的优势。根据不同的竞赛类型、学生特点和备赛需求，教师可以灵活地选择不同的协同指导模式。图 10.7 展示了 3 种常见的协同指导模式。

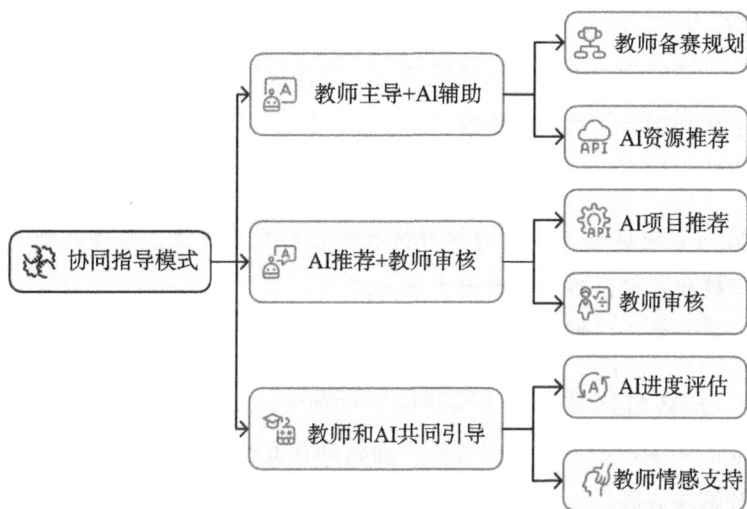

图 10.7　3 种常见的协同指导模式

（1）"教师主导 +AI 辅助"模式。

在这种模式下，教师负责备赛过程中的总体规划和个性化指导，而 AI 主要在信息筛选、学习资源推荐和数据分析等方面提供支持。这种模式适用于需要教师进行深度指导和情感支持的竞赛，尤其是在创新类、团队协作类竞赛中，教师的引导作用尤为重要。

该模式的优缺点如下。

- 优点：教师能够为学生提供定向的教学指导和个性化的情感支持，而 AI 能够在数据处理和资源推荐等方面提供支持，确保学生得到全面的帮助。
- 缺点：教师的时间和精力有限，在学生较多的情况下，可能难以关注到每位学生，也难以为每位学生提供充分的个性化指导。

实例展示：在"互联网 +"大学生创新创业大赛中，教师主导整个竞赛项目的策划和实施过程，而 AI 在竞赛资料收集、市场调研数据分析及技术方案优化等方面为学生提供支持。在这种模式下，教师可以专注于项目的战略规划和团队管理，而 AI 在技术性细节上提供帮助，确保学生能够顺利完成项目。

（2）"AI 推荐 + 教师审核"模式。

在这种模式下，AI 负责推荐适合学生的竞赛项目、学习资源和备赛计划，教师则负责审核 AI 的推荐内容，确保其科学性和针对性。这种模式适用于学生自主性较强的竞赛，如编程竞赛、数学建模竞赛等。在这种模式下，学生能够独立完成大部分的学习和备赛任务，但教师的审核和指导仍然至关重要。

该模式的优缺点如下。

- 优点：AI 可以快速分析学生的学习情况并自动推荐资源，教师只需对 AI 推荐的内容进行审核和调整，备赛效率大大提高。
- 缺点：教师的审核可能存在主观性，因此教师必须具备较强的专业知识和判断能力。

实例展示：在 ACM 国际大学生程序设计竞赛中，AI 根据学生的编程历史和能力水平，推荐适合他们的编程题目和模拟考试，而教师在此基础上审核题目难度，提供有针对性的技术辅导和解决方案。

（3）"教师 +AI 共同引导"模式。

在这种模式下，教师与 AI 共同承担备赛指导的任务：AI 在提供学习资源、评估进度等方面与教师合作，而教师在学习方案调整、问题解决和情感支持等方面发挥作用。这种模式适用于大多数学科的竞赛，能够充分发挥教师和 AI 的协同作用。

该模式的优缺点如下。

- 优点：教师和 AI 在备赛过程中互相补充，能够为学生提供全面的支持。AI 负责数据分析、资源推荐，而教师负责引导学生和解决实际问题，确保学生能够高效备赛。
- 缺点：教师与 AI 要高度协作，教师必须具备一定的技术基础，能够理解和利用 AI 提供的数据及资源。

实例展示：在全国大学生数学建模竞赛中，AI 分析学生的学习数据并推荐个性化学习计划，而教师根据学生的反馈调整学习计划，确保学生的学习进度和备赛策略符合竞赛要求。

3. 协同指导模式的实施与优化

在构建合适的协同指导模式后，实施和优化工作是确保该模式成功的关键。以下是协同指导模式的实施步骤及优化策略。

（1）实施步骤。

- 选择适合的协同模式。教师根据学生的特点、竞赛类型及自身的实际情况，选择最合适的协同指导模式。

- 建立 AI 与教师的沟通机制。教师应确保 AI 能够实时提供数据和反馈，以便及时了解学生的学习情况并做出调整。
- 定期评估学生进度。教师定期查看 AI 提供的学习报告和数据，结合学生的实际情况进行进一步的调整和辅导。
- 及时调整策略。根据学生反馈和竞赛进展情况，教师与 AI 共同调整备赛策略，确保学生以最佳状态参加竞赛。

（2）注意事项。

- 避免过度依赖 AI。虽然 AI 可以为学生提供有效支持，但教师的指导和情感支持始终不可或缺，尤其是在学生遇到困难时。
- 灵活调整模式。教师应根据竞赛的进展和学生的变化，灵活地调整协同指导模式，以充分提升学生的备赛效果。

（3）评估与优化策略。

评估协同指导模式的效果也很重要，教师可以通过以下方法进行评估。

- 收集学生反馈。教师收集学生对备赛过程、学习计划和 AI 支持的反馈，评估协同指导模式对学生的帮助。
- 参考竞赛成绩。教师通过学生在竞赛中的表现来评估协同指导模式的效果，确定哪些方面需要优化。
- 分析教师工作量。教师分析自身在使用 AI 辅助指导学生前后的工作量变化，确保自己能够更高效地进行备赛指导。

优化策略如下。

- 根据评估结果调整 AI。教师根据学生的反馈和竞赛结果，调整 AI 的功能和推荐算法。
- 增强教师培训。教师参加 AI 工具使用方面的培训，以便更好地利用 AI 进行备赛指导。

总之，通过合理选择和实施协同指导模式，教师不仅能提高指导效率，还能确保学生得到个性化的学习支持。教师更加专注于对学生的情感支持和引导，而 AI 在信息处理、学习资源推荐和进度监测等方面提供帮助，双方优势互补，共同促进学生的全面发展。

10.3　AI 辅助指导学生完成实训项目

实训项目对培养学生的实践能力和创新思维至关重要，但大量学生面临选题困难、申报书撰写不规范、项目管理能力不足等挑战。大学生创新创业训练计划项目（以下简称"大创项目"）是教育部实施的国家级大学生创新创业训练计划，分为创新训练项目、创业训练项目和创业实践项目 3 类。下面以创业训练项目为例，说明利用 AI 指导学生完成大创项目申报和实施的具体做法。

10.3.1　AI 辅助指导学生完成大创项目申报

1. AI 辅助项目选题生成

学生可以在 AI 的辅助下提出项目创意、开展市场调研、进行竞品分析。

（1）利用 AI 生成创意。教师可以指导学生使用 DeepSeek 或 ChatGPT 等 AI 工具进行头脑风暴，提出创新创业的想法。例如，学生可以输入提示词："请为大学生创业项目提供 10 个创新想法，要求既有社会价值又有商业潜力。"AI 会根据最新的市场趋势和社会需求，生成一系列创意供学生参考。教师可引导学生对这些想法进行筛选和深化。

（2）AI 辅助市场调研。选定初步方向后，学生可以利用 AI 工具快速获取相关的市场数据和行业报告。例如，学生可以输入提示词："请提供中国大学生在线教育市场的最新数据，包括市场规模、增长率、主要玩家和未来趋势。"AI 会整理出相关信息，帮助学生更好地了解目标市场。

（3）AI 辅助竞品分析。AI 还可以进行竞品分析。学生可以要求 AI 列出某个领域的主要竞争对手，并比较它们的优劣，这有助于学生找到自己项目的差异化定位。

以"智能电池管理系统申报书"选题为例，学生可以输入提示词："请列举 5 个新能源技术领域的创新项目方向，特别是与电池管理系统相关的。"

AI 可能会给出如下回答：

- 基于 AI 的电池寿命预测系统；
- 可回收利用的新型电池材料研发；
- 电动汽车快速充电技术优化；

- 分布式能源存储系统的智能调度；
- 基于区块链的电池溯源和回收管理平台。

教师可以引导学生进一步探讨这些方向的可行性和创新点。

2. AI 辅助商业计划书撰写

AI 可以辅助学生撰写商业计划书，要点如图 10.8 所示。

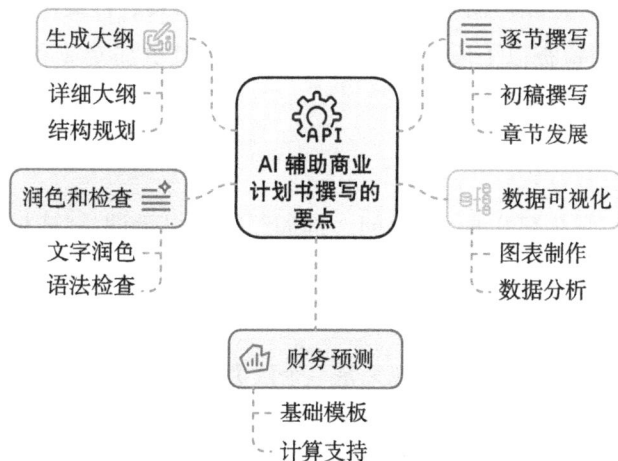

图 10.8　AI 辅助商业计划书撰写的要点

（1）生成大纲。首先，让 AI 生成一个详细的商业计划书大纲。例如，输入提示词："请生成一个详细的创业项目商业计划书大纲，包括但不限于执行摘要、公司描述、市场分析、营销策略、运营计划、财务预测等章节。"AI 会提供一个结构完整的大纲，学生可以在此基础上进行调整和完善。

（2）逐节撰写。对于每一个章节，都可以利用 AI 进行初稿撰写。例如，输入提示词："请以'新能源技术类产品智能电池管理系统'为例，撰写一份 800 字的市场分析报告，包括目标市场规模、客户需求、竞争格局和市场趋势等内容。"AI 会生成一份初稿，学生可以结合自己的调研数据对其进行修改和补充。

（3）数据可视化。学生可以利用 AI 工具，如 Canva，将复杂的数据转化为直观的图表。例如，输入提示词："请根据以下数据制作成一张信息图。新能源汽车市场份额为，纯电动占 60%，插电式混合动力占 30%，燃料电池占 10%。"AI 会生成一张美观的饼图或柱状图，提升商业计划书的可读性。

（4）财务预测。对很多学生来说，财务预测是最具挑战性的部分。AI 可以提供基础模板和计算支持。例如，输入提示词："请为一个智能电池管理系统创业项目生成未来 3 年的财务预测表格，包括收入、成本、利润等关键指标。"AI 会以表格的形式生成一个财务模型，学生可以根据实际情况调整数据。

（5）润色和检查。完成初稿后，学生可以使用 AI 工具进行文字润色和语法检查。例如，输入提示词："请检查以下段落的语法和表达，使其更加专业和流畅。"AI 会提供修改建议，帮助学生提升文案质量。

3. 案例分析

（1）项目概况。学生可以向 AI 提问。例如，输入提示词："请根据'掣电未来——新能源技术类产品智能电池管理系统'这个项目名称，生成一段 200 字左右的项目概况描述。"

AI 可能会生成如下内容："掣电未来是一个致力于开发新一代智能电池管理系统的创新项目。该系统利用先进的 AI 和物联网技术，实现对新能源汽车电池的实时监测、精确管理和优化使用。通过提高电池使用效率、延长电池寿命和增强电池安全性，本项目致力于解决新能源汽车行业面临的关键技术挑战，推动清洁能源交通的发展。"

学生可以基于这份初稿，结合自己的具体设计理念进行修改和完善。

（2）市场分析。对于市场分析部分，学生可以要求 AI 提供更详细的信息。例如，输入提示词："请提供中国新能源汽车市场的最新数据和未来 5 年的预测，包括市场规模、增长率和主要参与者。"

AI 会生成一份详细的市场报告，学生可以从中提取关键信息，并结合自己的见解进行分析："根据 AI 生成的数据，中国新能源汽车市场预计在未来 5 年将保持年均 20% 的增长率，到 20×× 年市场规模将达到 ×× 亿元。主要参与者包括比亚迪、特斯拉和蔚来等。我们的智能电池管理系统将针对这个快速增长的市场，为车企提供更高效、更安全的电池解决方案。"

（3）技术方案。对于技术方案部分，学生可以让 AI 生成一个框架。例如，输入提示词："请列出智能电池管理系统的主要技术模块和功能。"

AI 可能会给出如下回答：

- 电池状态监测模块；
- 温度管理系统；
- 充放电控制算法；
- 电池寿命预测模型；
- 故障诊断和预警系统；
- 数据分析和报告生成。

学生可以基于这个框架，详细阐述自己的技术创新点和实现方法。

（4）财务预测。对于财务预测部分，学生可以要求 AI 生成一个基础模型。例如，输入提示词："请为智能电池管理系统项目生成一个未来 5 年的财务预测模型，包括收入、成本、利润和现金流。"

AI 会以表格的形式生成一个财务模型。学生需要根据自己的市场预测和成本估算，调整这个模型中的具体数据。例如，输入提示词："根据我们的市场调研和技术成本估算结果，我们预计第一年的收入为 ×× 万元，成本为 ×× 万元。随着市场份额的扩大和规模效应的显现，我们预计到第五年的收入将达到 ×× 万元，利润率将提升到 30%。"

（5）风险分析。学生可以让 AI 帮助识别项目潜在的风险。例如，输入提示词："请列出智能电池管理系统项目可能面临的主要风险和挑战。"

AI 可能会给出如下回答：

- 技术风险——核心算法的准确性和稳定性；
- 市场风险——竞争对手的快速跟进；
- 政策风险——新能源补贴政策的变化；
- 财务风险——研发投入大，回报周期长；
- 人才风险——高素质技术人才的招募和保留。

学生可以基于这些建议，结合项目实际情况，详细阐述风险应对策略。

通过以上步骤，学生可以在 AI 的辅助下撰写一份结构完整、内容丰富的商业计划书。教师可以引导学生批判性地思考 AI 生成的内容，鼓励他们融入自己的创新思想和实际调研数据，确保最终的商业计划书既专业又富有个性。

10.3.2　AI 辅助指导学生实施大创项目

1. AI 辅助大创项目管理

有效的项目管理是大创项目成功实施的基础。AI 可以在多个方面为教师和学生提供支持。

（1）任务分解与进度跟踪。AI 驱动的项目管理工具可以帮助学生将项目目标分解为具体任务。例如，学生可以输入提示词："请将'智能电池管理系统'项目分解为主要任务和子任务，并估算各项任务的完成时间。"

AI 可以生成一个详细的任务列表，包含项目的各个阶段及其持续时间和具体任务，示例如表 10.1 所示。

表 10.1　项目任务分解与进度跟踪表

阶段	持续时间（周）	任务
需求分析	2	用户调研
		功能需求整理
系统设计	3	架构设计
		数据库设计
核心算法开发	4	电池状态估算算法
		充放电优化算法
硬件开发	6	传感器选型与集成
		PCB 设计与制作
软件开发	8	嵌入式系统开发
		移动应用开发
系统集成与测试	4	模块集成
		功能测试
性能优化	3	算法优化
		系统调优

学生可以将表 10.1 中的任务导入项目管理工具，并定期更新进度。AI 可以根据进度自动调整时间线，提醒即将到期的任务。

（2）风险预警。AI 可以通过分析项目数据，预测潜在的风险。例如，学生可以向 AI 报告项目进展："本周完成了电池状态估算算法的初步开发，但遇到了准确度不足的问题。硬件开发略有延迟，可能会影响下周的集成测试。"

AI 会分析这些信息，并提供风险预警。

- 警告：算法准确度问题可能导致整个系统性能下降。
- 建议：增加算法优化的时间和资源，考虑咨询相关领域专家，准备备选方案。
- 注意：硬件开发延迟可能造成连锁反应。
- 建议：重新评估时间线，考虑并行开发其他模块，与指导教师讨论是否需要调整项目范围。

（3）资源分配优化。AI 可以帮助学生更好地分配项目资源。例如，学生可以输入提示词："根据当前项目进度和团队成员技能，推荐最优的任务分配方案。"

AI 会考虑每位成员的专长和当前工作量，给出建议。

- 张三（擅长算法）：专注于提高电池状态估算算法的准确度。
- 李四（硬件专家）：加快 PCB 设计和制作，同时协助传感器集成。
- 王五（软件开发）：开始移动应用的用户界面设计，为后续开发做好准备。
- 赵六（项目协调）：与指导教师沟通硬件延迟问题，同时开始准备中期报告材料。

2. AI 辅助项目结题报告撰写

提交结题报告是大创项目的最后一个环节。AI 可以在报告撰写过程中提供多方面的帮助。

（1）报告大纲生成。学生可以要求 AI 生成一个详细的项目结题报告大纲。例如，输入提示词："请为'智能电池管理系统'大创项目生成一个详细的结题报告大纲。"AI 可能会生成图 10.9 所示的大纲。

（2）数据可视化。AI 可以帮助学生将项目数据转化为直观的图表。例如，输入提示词："请根据以下数据制作一张折线图。0 次循环时电池容量保持率为 100%；200 次循环时电池容量保持率为 95%；400 次循环时电池容量保持率为 90%；600 次循环时电池容量保持率为 84%；800 次循环时电池容量保持率为 78%；1 000 次循环时电池容量保持率为 70%。"AI 会生成一张清晰的折线图，展示电池容量随循环次数变化的趋势。

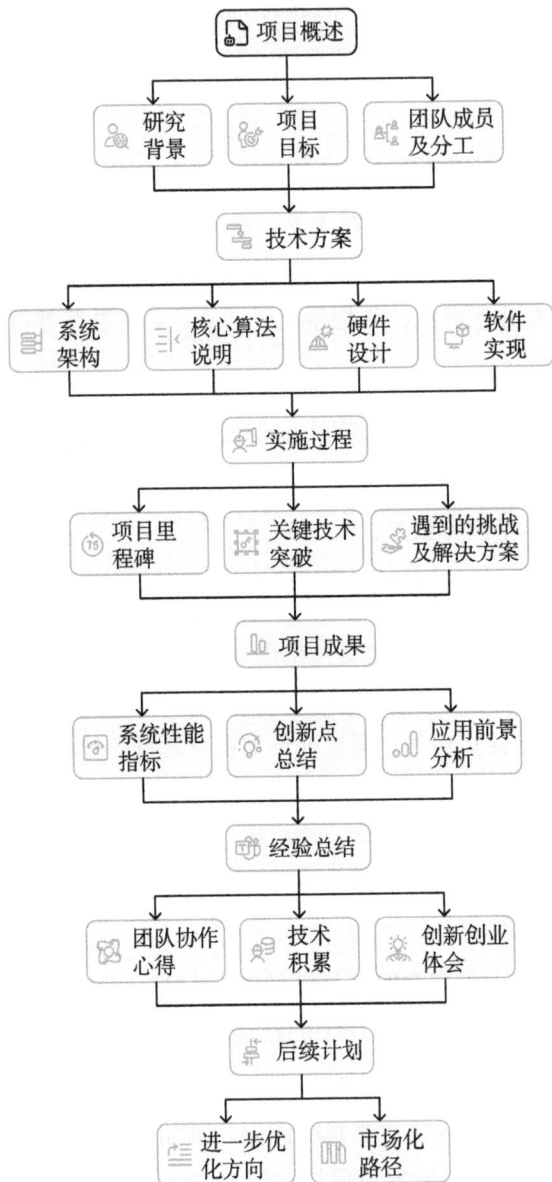

图 10.9　项目结题报告大纲

（3）文字润色。完成初稿后，学生可以使用 AI 进行文字润色。例如，输入提示词："请优化以下文字，使其更加专业和流畅。我们的智能电池管理系统用了很多新技术。它可以准确地算出电池还能用多久，还能让电池用得更久。我们觉得这个系统以后可以用在电动车上，让电动车更好用。"

AI 可能会将其优化为："我们的智能电池管理系统集成了多项创新技术。通过精确的状态估算算法，系统能够准确预测电池剩余寿命，同时优化充放电策略以延长电池使用时间。我们认为，该系统在电动汽车领域具有广阔的应用前景，有潜力显著提升电动车的性能和用户体验。"

总之，AI 可以为大创项目的申报、实施和结题提供强大的支持。指导教师要帮助学生合理地运用这些工具，同时培养他们的创新思维和问题解决能力。在 AI 的辅助下，教师可以让学生更专注于创意的本质和项目的实施，而不是被烦琐的文书工作捆住手脚。记住，AI 是一个强大的助手，但创新的源泉始终来自学生自身。

后　记

2006 年秋，经历了失业、创业失败和读博的煎熬后，我站上了讲台。纸箱里那叠未发完的名片，成了第一堂课的教具。讲台下有学生转着笔问我："老师，创业课能教人赚钱吗？"我无言以对。起初，我总想把课讲得"有用"一些——教商业计划书、融资技巧，却发现前排学生的眼皮在打架，后排传来游戏音效的声音。直到某天，我把康师傅的商战故事写成了案例（后来被评为"全国百篇优秀教学案例"），将游戏贯穿整堂课，教室里这才"炸了锅"。学生们为股权分配争得面红耳赤，督导却提醒"注意课堂纪律"。

2011 年，在国外访学期间，我整天在图书馆里查文献、找案例。某天，图书馆快闭馆时，《创业失败者的自白》扉页上的一句话突然刺进我的心里："真正的商业智慧不在成功学里，在破产清算单上。"回国后，我开始聚焦"失败案例"研究，学生们却说："这才像句'人话'。"

2015 年，接到慕课任务时，我不知道慕课是什么，更不会剪辑视频。第一个动画微课"打工还是创业"，我花了整整一个月时间来制作。后来，我的慕课被 60 万名学生选修，但最让我欣慰的是那个做校园零食盒的男生——他把月流水从 3 000 元做到 30 000 元后，给我发了一条消息："您说破产是最好的商学院，我信了。"

2024 年冬天，我和人民邮电出版社的编辑聊天，他说："您写的 AI 教学创新的书，若无人约稿，就在我社出吧。"彼时的我正在为书稿焦虑——5 年前写废的文档里，还封存着我带学生实践"互联网 +"和自己备赛全国高校教师教学创新大赛的印记。

写书写到卡壳时，我偶遇 AI 写作助手。它生成的第一句话就让我怔住："教育不是灌输，而是点燃——但火柴可能藏在教案的褶皱里。"我突然想起软件系那个开发小程序"情侣去哪了"的男生，虽然项目最终黄了，但毕业时他说："HR 说我看失败的眼神像看老朋友。"

去年，我整理计算机里面的文件时翻出 2006 年一堂课的照片：我和学生围坐在投影仪前，有一个女生举着奶茶杯改商业计划书，屏幕发出的光映在她的眼睛里。

合上书稿时，AI 助手问我："要加致谢吗？"

我写下："感谢人民邮电出版社贾福新的邀约和贾淑艳对样章的评价，让散落的星火聚成火炬；感谢孩子的技术支持和爱人的深夜热茶与包容，支撑我熬过无数个赶稿的凌晨；感谢'肯学君'微信公众号的数万名教师读者，你们的阅读与私信是我写作的根本动力；更感谢 DeepSeek、豆包、文心一言、ChatGPT、ima.copilot 和 Napkin，这些 AI 工具不仅是助手，更是灵感的催化剂与沉默的协作者，陪我逐字推敲出 16 万多字的书稿。"这大概就是我 10 年企业管理经历和 18 年讲台历程的小结。

未来，师生机同行，有无限的可能。